本书为北京市海淀区教育科学"十三五"规划群体课题（课题编号
"海淀区中小学生学习品质提升研究"子课题"提升小学生学习品质的

U0588375

探索生长密码

中国农业科学院附属小学
提升学生学习品质的实践研究

刘芳　李宁◎主编

人民日报出版社

北　京

图书在版编目（CIP）数据

探索生长密码：中国农业科学院附属小学提升学生
学习品质的实践研究 / 刘芳, 李宁主编. —北京：人
民日报出版社，2023.6
　　ISBN 978-7-5115-7839-6

Ⅰ.①探… Ⅱ.①刘…②李… Ⅲ.①小学教育—教
育研究 Ⅳ.①G622.0

中国国家版本馆CIP数据核字（2023）第087662号

书　　名：探索生长密码：中国农业科学院附属小学提升学生学习品质的
　　　　　实践研究
　　　　　TANSUO SHENGZHANG MIMA : ZHONGGUO NONGYE KEXUEYUAN
　　　　　FUSHU XIAOXUE TISHENG XUESHENG XUEXI PINZHI DE SHIJIAN
　　　　　YANJIU
作　　者：刘　芳　李　宁

出 版 人：刘华新
责任编辑：刘天一　杨　瑾
封面设计：水木创课教育

出版发行：人民日报出版社
社　　址：北京金台西路2号
邮政编码：100733
发行热线：（010）65369527　65369512　65369509　65369510
邮购热线：（010）65369530
编辑热线：（010）65369844
网　　址：www.peopledailypress.com
经　　销：新华书店
印　　刷：炫彩（天津）印刷有限责任公司
法律顾问：北京科宇律师事务所 010-83622312

开　　本：710mm × 1000mm　1/16
字　　数：400千字
印　　张：23.5
印　　次：2024年1月第1版　2024年1月第1次印刷

书　　号：ISBN 978-7-5115-7839-6
定　　价：97.00元

从关注"教"到关注"学"
——学习品质培养的实践之路

当中国农业科学院附属小学孙恩渠主任告诉我，等课题结题准备出一本书时，我感觉有点意外；当这沓厚厚的书稿真的呈现在我面前时，我感到惊喜；受邀写序，我感到非常荣幸。这本书不仅呈现了中国农业科学院附属小学两年多课题研究的成果，更是中国农业科学院附属小学多年来办学品质和教育智慧的呈现，是新时代交出的教育答卷。

开展学习品质研究与实践是海淀区落实国家政策、提升教育质量的举措之一。党的二十大报告指出："办好人民满意的教育"，"坚持以人民为中心发展教育，加快建设高质量教育体系，发展素质教育，促进教育公平"。教育是国之大计、党之大计，也是海淀的"金名片"。教育质量是衡量一个国家或地区教育发展水平的重要标志。提高教育质量是当今世界各国教育改革与发展的主流。海淀区一直在积极探索教育质量评价的"海淀模式"，目的在于落实教育评价改革政策，发挥教育评价的导向激励功能，提高教育质量，助力海淀教育优质均衡发展。2013年海淀区成为"国家中小学教育质量综合评价改革实验区"以来，在海淀区教委的领导下，海淀区教育科学研究院组建了专业队伍，积极开展中小学生学习品质评价研究。在吸收国内外相关研究成果的基础上，结合多年来在海淀区中小学开展的学习状况调研，2017年构建了中小学生"9L"学习品质评价体系，包括五大系统和九个维度。五大系统包括学习认知与体验系统、学习兴趣与动力系统、学习方法与能力系统、学习维持与监控系统、学习投入与成效系统。其中，学习认知与体验系统、学习兴趣与动力系统、学习方法与能力系统、学习维持与监控系统重点关注学习者的个体品质，而学习投入与成效系统更多表现为学习的结果，包括学习负担和学业成效。九个维度包括学习认知、学习情感、学习态度、学习动机、学习能力、学习方法、学习意志力、学习投入和学习效果。接着，开发了调研工具，连续六年对七年级新生进行学习品质调研。2021 年开展了五年级学生学习品质调研。对数据进行统计分析之后，撰写了《海淀区七年级新生学习品质调研报告》《海淀区小学毕业生学习品质调研报告》，并为每一所初中和小学撰写了分报告。总报告侧重于分析全区学生学习品质总体状况，而学校分报告进一步深入分析各校学生学习品质具体情况，为学校改进教育教学提出相应对策建议。学习品质调研只是提升教育质量的第一步，更重要的是根据学生学习品质的现状采取相应的策略，把学生学习品质的提升落实到学校教育教学的日常。基于此种考虑，2018 年 6 月，北京市海淀区教育科学"十三五"规划群体课题（课题编号为 HDQT201806）"海淀区中小学生学习品质提升研究"正式启动。课题负责人为海淀区教育科学研究院吴颖惠院长，我是课题执行人。中国农业科学院附属小学是 2020 年底第二批加入课题研究的，这也是为什么当我听到准备出一本书时会感觉有点意外。虽然加入得晚一些，但在刘芳校长的领导下，学校研究开展得很扎实，成果也非常丰富。

通过仔细研读中国农业科学研究院附属小学这一研究成果，我觉得有以下几个突出的特点。

第一，符合时代发展需求，体现教育改革发展方向。

国际竞争归根到底是人才的竞争。在基础教育阶段，教育的根本宗旨是为全体适龄儿童青少年终身学习和参与社会生活打下良好的基础。我们正处在一个日新月异的时代，新技术的出现层出不穷。2021 年，人类进入元宇宙的元年。2023 年初，ChatGPT 的出现引发了全球对人工智能的强烈关注。知识性的技能可能被 AI 取代，社会需要更多创造性的人才，需要能提出问题、分析问题、解决问题，能综合运用知识能力以及具有批判性思维的人才。教育的首要目标，应该是培养有独立思考能力，有正确的价值观、判断能力、创新能力的人，而不再仅仅是知识的"授"与"受"。"十四五"时期，我国教育进入高质量发展阶段。教育高质量发展最核心的表征是人的高质量发展。如何做到人的高质量发展？在学校教育中，要求"以学生为中心"和"以学习为中心"。"以学生为中心"体现了"坚持以人民为中心发展教育"。"以学习为中心"要求我们关注学生学习的过程，在学习过程中激发学生学习兴趣与动机，帮助学生学会学习的策略，提升思维能力，在减轻学业负担的同时提升学习效果。中国农业科学研究院附属小学在新的时代背景下，积极开展指向小学生学习品质提升的研究，通过课堂教学改革，探索提升学生学习品质的教学策略，符合时代发展需求，也体现了教育改革方向。

第二，契合学校实际情况与育人理念，具有务实性、发展性、创新性。

中国农业科学院附属小学于 1950 年建校，是一所历史悠久的名校。近年来，学校不断发展壮大，目前有本部校区、学院南路校区、气象路校区、政法路校区四个校区。海淀区学生学习品质调研结果表明，各校区学生学习品质发展的总体水平和各个维度都存在一定的差异，校区之间存在不均衡的状况。要使不同校区缩小差异，同步优质发展，必须从课堂教学入手，通过开展课堂教学研究提升教师的教育教学水平，提升办学品质和学生的学习品质，这体现了学校提升教育质量措施的务实性。

基于"教育即生长理论"，以及"教育是农业而非工业"的教育隐喻，在继承70 多年积淀的学校精神的基础上，创造性地将生物学中"生长"一词借用到教育上，将办学理念凝练为"生长教育"。"生长教育"旨在营造一个能影响儿童一生的、有正确的价值导向和充满爱的环境，充分调动学生主动发展的灵性，让学生的品德、智力、体质等正常地生长，使他们的潜能得到最大限度的发挥，能够在动态发展的过程中为自己创造美好幸福的人生打下基础。"生长教育"的核心是关注每一个学生每一天的生长：人格的生长、知识经验的生长、社会适应能力的生长、创新能力的生长，培养学生学会做人、学会学习、学会生活、学会创造。学生学习品质的培养契合学校"生长教育"理念。中国农业科学院附属小学探索出师生两方面提升学生学习品质的路径：教师高品质课堂教学和学生学习策略的学习。本研究是学校教育理念的深耕发展，是学校教育理念的实践落地，具有发展性、创新性的特点。

第三，构建了指向学习品质提升的评价体系，开展了扎实的实践研究，提高了教学水平和教育质量，成果具有可推广性。

学校构建了指向学习品质提升的评价体系，明确了评价的目的、原则，要求采用多样化的评价方法来促进学生学习品质的发展。从本研究提供的丰富的教学案例可以看到，学校把研究的重点放在课堂教学上。在育人理念上达成共识，明确了关心人的发展、立德树人的育人目标，明确了教师的角色定位是儿童生长的指导者、帮助者、合作者。最重要的是，在每一堂课中，不是把知识灌输给学生，而是确定学习品质培养的具体维度，创设贴近学生生活的问题情境，为学生搭建科学、合理的，适合学生发展水平的生长支架，开展丰富的活动，让学生主动参与到学习中来，在学习中主动思考、总结反思、探索实践、解决问题。从学生的成长故事中可以看到，他们不仅收获了知识，更重要的是在学习的过程中激发了学习兴趣，掌握了更多的学习方法与策略，体会到坚持的意义，在克服困难的过程中体验到自己的成长进步，不断突破自我，体会到学习的苦与乐。这些关注学生学习品质培养的举措提高了教学水平和教育质量，研究成果也能给其他学校一些借鉴。

总之，这是一项很好的实践研究成果。期待更多的学校、教师、家长更关心孩子学习的体验与过程，关心学习品质的培养，让孩子乐于学习。当孩子走出校门后，仍能把学习当成终身的爱好与享受。

北京市海淀区海淀教育科学研究院质量监测与评价中心

陈朝晖

聚焦学习品质　提升育人质量

我国著名的教育家叶圣陶先生说："教育是农业，不是工业。"教育要像农业一样，尊重每一棵作物的天性，不苛求整齐划一，不强制拔苗助长，而需默默浇灌，静待花开。作为农业科学院附属小学，我们坚守"教育是农业"的信条，确立了"生长教育"的特色定位，尊重每一个生命生长的规律，致力于让每一个孩子健康茁壮成长。

几十年来，我们一直在寻找让每一个生命绽放的密码，以学习品质提升为桥梁，让孩子从稚嫩懵懂的此岸走向品质生长的彼岸。

一、学习品质的概念与研究背景

1976 年，马顿和塞里欧在《论学习的本质区别：结果和过程》一文中提出了"学习品质"这一概念。学习品质是学习者在学习过程中所表现出来的相对稳定的心理及行为特质，是学生适应终身学习及未来发展所必备的个性特征和品格，是学习者学习动机、学习能力、学习方法、学习习惯等因素相互影响、交织互动而形成的综合体。

多年来，学校教育关注的重点是学生对知识、技能的掌握，但是时至今日，随着信息技术的发展，知识的绝对量、广度和深度已经无法被任何教育体系完全覆盖。"知识是教不完的，知识是学不完的"这一观点逐渐成为人们的共识，而探索知识的方法、过程与体验，颠覆以往知识的想象力和创造力，则是目前学校教育更加重视的"知识的源头"。因此，学校需要从关注学生掌握知识的情况，转变为关注培养学生的学习品质。

2017 年海淀区结合教育质量综合评价改革实验情况，构建"9L"学习品质评价体系，包括学习认知与体验系统、学习兴趣与动力系统、学习方法与能力系统、学习维持与监控系统、学习投入与成效系统五方面；包含"学习认知、学习情感、学习态度、学习动机、学习能力、学习方法、学习意志力、学习投入、学习效果"九大维度。该评价体系兼顾了学业评价与非学业评价，将过程性评价与终结性评价、定量评价与定性评价相结合，涵盖了学习全过程。[①] 从评价的角度重新审视学习品质，通过评价先行，带动教学层面的变革。

2019 年，农科院附小教育集团加入海淀区教科院"十三五"规划群体课题"海淀区中小学生学习品质提升研究"。我校将"生长教育"理念文化和提升学生学习品质相结合，深度推进学习品质的校本化研究，让学生能够全面茁壮地生长。我们指导教师以海淀区"9L"学习品质评价体系作为理论依据，以新课标作为课堂教学研究标准，从教师的教学案例和教学设计中提炼教学策略，关注学情分析数据、学生课堂活动数据、学生课后作业以及反馈数据，提炼学生学习策略，开展了提升学生学习品质的学校实践研究。

2021 年，中共中央办公厅、国务院办公厅发布《关于进一步减轻义务教育阶段学生作业负担和校外培训负担的意见》（以下简称"双减"政策），明确指出要减轻学生过重作业负担和校外培训负担，强化学校教育主阵地作用，构建教育良好生态，促进学生全面发展、健康成长。当前，学校落实"双减"政策的重心主要集中在减轻作业负担和供给课后服务。如何做好"双减"的后半篇文章，实现"双减"背景下学校教育减负提质增效的发展要求，这是每所学校必须要思考、回答的问题，更是一项要通过办学实践来实现的重要任务。学生学习品质的提升能够直接提高学习效率，减轻其学习负担，这恰恰与"双减"的目标不谋而合。而学习品质对学生的影响不止于此，拥有积极学习品质的学生，更加能够通过基础知识的学习，构建对自我、对他人、对社会、对自然关系的初步认识，掌握适应外部世界的能力，最

---

① 吴颖惠，文军庆，陈朝晖. 核心素养背景下的学习品质评价：理念、方法与启示——以北京市海淀区实践为例 [J]. 中国教育学刊 ,2021(05):80-85.

终成长为全面发展的人。

　　时光荏苒，经过对提升小学生学习品质的四年实践探索，如今，我们寻找到一条提高小学生学习品质的有效路径。

二、提高学生学习品质的学校路径

　　学生在学习阶段大部分时间是在学校度过的，因此课堂教学、师生关系、家校协同、评价体系等对提升学生学习品质具有至关重要的作用。课题组立足课堂教学，以培养学生的学习品质为出发点，根据教学内容，开展有效教学策略的研究，增进师生关系，促进家校协同，优化评价体系。在一个个鲜活教学设计、教育案例、学生成长故事的基础上，总结出有助于提高学生学习品质发展的教学策略、学习策略、评价策略等一系列实操性强，且规范化、校本化的实践策略。

（一）提炼有效教学策略和学习策略

　　课堂是学生校园生活的主要场域，教室是学生学习的主要场所。研究表明，教师作为学生学习过程中的引导者和点拨者，在学生学习以及学习品质的培养过程中起着至关重要的作用。我校通过课堂观察，从学生的学习兴趣、学习动机、课堂参与程度、学习策略运用、学习意志品质等方面，观察学生知识能力的掌握程度，分析学生的学习品质发展情况，先后从几十个教学案例中提炼出有助于学生学习品质培养的八种课堂教学策略（63 页图 2）。如：游戏化教学策略能够调动学生的学习兴趣和动机；思维可视化教学策略和支架式教学策略能够有效培养学生的学习方法；情境式教学策略能够让学生沉浸在创设的情境中，提高学生课堂参与程度；个性化教学策略关注到不同发展程度的学生。每一种学习策略都有详细的解读、案例分析以及实施要点。

　　教师的教不能代替学生的学，学生学习品质的培养与提高需要学生的主动唤醒和参与。学校课题组从学生学习视角与真实案例出发，总结出一些提升学习品质的学习策略（81 页图 12）。学习策略包括认知策略、元认知策略、资源管理策略、积累与练习策略和综合运用。这些学习策略本身是学生学习品质的组成部分，又与其他因素相互结合，不断塑造学生的学习品质。

（二）促进和谐的师生关系

师生关系和学生学习品质存在正相关的关系，具有良好师生关系的儿童，其学习品质也会得到更高的评价。同时，教师对儿童的情感支持可以缓解其他因素对儿童学习品质的消极影响。心理学家费雷和希纳研究认为，儿童若与教师建立亲密的师生关系，则能够有效地激发儿童的学习动机，他们的学习兴趣、主动性、积极情感和目标意识等方面也能够得到更好的发展。[①] 所谓"亲其师，信其道"，教师是学生校园生活的"重要他人"，良好的师生关系能够为学生营造班级和谐的氛围和安全的学习环境，学生在师生和谐关系的"催化"下，更加愿意投入到学习活动中。即使遇到了困难，良好的师生关系也能够给学生提供"安全感"，增强学生的意志力，助力学生克服学习生活中的障碍。教师在构建和谐融洽的师生关系中占据主导位置，因此每一位教师都要守护童心，站在儿童的立场，倾听他们的声音，成为学生的知己，做学生成长的引路人。

（三）增强家校协同育人

家庭教育是学生的第一课堂，学校教育的高质量发展需要家庭密切配合，家校共育形成教育合力。学习品质是影响学业成效的重要因素，学生学习品质的提高，需要转变家长的教育观与评价观，破解"唯分数论"的局限。对此，我校充分利用多种家校沟通的方式，向家长宣传学习品质的理念，引导家长关注学习过程而非只看学习结果。例如：在与家长沟通时，教师需要全面分析学生的学习兴趣、学习动机，交流学生在课堂、家庭中的表现，关注学生的学习效率及学习意志力发展；我校还利用家长会的机会，邀请专家向全体家长讲解学习品质的理念和培养案例。家长的观念认同和支持让家校间形成教育合力，有力地保障了学习品质的持续培养。

（四）完善评价体系建设

教育评价的目的不应该局限在将学生"分等""分类"，而是应该作为一种帮

---

① Furrer, C.,& Skinner,et al. Sense of relatedness as a factor in children's academic engagement and performance [J]. Journal of Educational Psychology,2003,95(01), 148−162.

助师生获取关键信息的"反馈—校正"系统,[①] 为改进教学效果、助力学生成长奠定基础。《基础教育课程改革纲要》明确提出要"建立促进学生全面发展的评价体系。评价不仅要关注学生的学业成绩,而且要发现和发展学生多方面的潜能,了解学生发展中的需求,帮助学生认识自我,建立自信。发挥评价的教育功能,促进学生在原有水平上的发展"。

对此,我校建立了一套基于提升学生学习品质的评价体系,聚焦诊断性评价、形成性评价和终结性评价,突出评价的诊断、调节与激励功能,开展实证、多元、综合的学习品质评价。引导学生明确自身学习发展情况,合理运用评价工具改进自身学习,在自我认识和自我教育中,为终身学习奠定基础;促进教师树立正确的学生评价观,了解科学的评价理论与方法,从而改进自身教学,更好地服务于学生生长需要。通过评价,促进学校教学管理改进,提升教学实效,在评价与反思中进一步优化育人模式,形成自我优化、自我完善的学校评价与管理机制,从而实现学校教育高质量发展。

三、未来展望

本书呈现了我校教师的部分研究成果,未来我校还将持续跟进这项研究,对已有研究成果进行深入论证,希望能够探索出一条更加科学、可行的学生学习品质提升之路,形成家校社协同推进学生品质提升的有效样本,促进育人质量进一步提升,以供各级同人、广大学生与家长,以及关注教育的社会各界人士参考,共同助力教育的高质量发展。

中国农业科学院附属小学校长
刘芳

---

① [美]B.S.布鲁姆,等.教育评价[M].邱渊,等,译.上海:华东师范大学出版社,1987:5.

目 录

上篇　探索生长密码

——学习品质培养的理论研究

第一章　生长寻根
——学习品质的内涵和价值

　　学习是人类区别于动物的重要方面之一，动物通过模仿与练习获得新的技能，而人类通过学习来继承前人积累的精神财富。如何更好地学习，是所有教育工作者的重要议题。本章通过对学习品质的本质内涵、意蕴价值与影响因素的探讨，对学习品质进行综述，试图寻找学生学习与生长之根基。

中国农业科学院附属小学农科院校区"生长之树"

一、学习品质的本质内涵

学习品质是影响学习者学习进程与学习成效的重要因素，对学习品质本质内涵的探讨，不仅是进行学习品质实证研究之前的必要工作，也是切实培养学生学习品质的基本前提。

（一）学习品质的概念界定

近年来，学习品质逐渐受到各国研究者的广泛关注。随着对学习品质概念的深入研究，越来越多的研究者提出了自己的观点。

1. 国内对学习品质概念的相关研究

通过对国内有关学习品质的文献梳理发现，学者对学习品质的界定并不统一，其观点也是各有侧重。

（1）学习品质是一种非智力因素

1996年，郑秉泇在《论学习教育》一书中对学习品质进行了定义："学习品质，即以什么样的精神和态度从事学习，是决定学习行为倾向性和独特性的心理素质，是思想品质、非智力因素在学习活动中的表现。"[1] 同样地，1998年，葛明贵在《试论学习品质训练》一文中，从广义和狭义两个范围对学习品质进行了界定。从广义的范围看，学习品质是个体在学习过程中表现出来的整体的精神面貌；从狭义的范围看，学习品质就是学习者在学习过程中的非智力人格因素特点。[2] 可以看出，相对于郑秉泇的概念界定，葛明贵的概念界定更加宽泛，但是，两位学者共同认为学习品质是一种在学习过程中表现出来的非智力因素。

（2）学习品质是一种发展性的特质

曹正善提出："学习品质是学习者在学习活动中形成、发展，并在学习过程中

---

① 郑秉泇. 论学习教育 [M]. 天津：天津社会科学院出版社, 1996:194.
② 葛明贵. 试论学习品质训练 [J]. 教育理论与实践, 1998(04):45.

表现出来的一种较为稳定的特征和特性。"同时他还认为："学习品质可以在学习中培养，任何人只要学习就能够形成和发展其学习品质。"[①]强调学习品质的发展性。

而彭贤智指出学习品质是一个人先天素质和后天教育的结果，主要通过学习者在学习中形成并且在学习活动中表现出来。[②]他的观点更为全面，既看到学习品质的发展性，也关注到了学习者先天因素对于学习品质的影响。

（3）学习品质是一种心理特质

班华从心理学的角度对学习品质进行了探讨，认为学习品质是学生心理素质的重要组成部分，是学习者内在的、稳定的学习心理特征。[③]桑青松也认同这一观点，他提出"学习品质是个体在学习行为中所表现出来的稳定的心理特征"。[④]班华和桑青松二人都将学习品质定义为一种心理特质，强调学习者学习品质的内在性和稳定性。

（4）学习品质是一种综合素质

汪乾荣和姚天勇认为："学习品质是个体在学习的一系列心智和情感活动中所表现的具有个性特点的心理倾向、行为特征、情绪体验和操作模式，是影响和决定学习活动的质量和效益的重要内在因素。学习品质是人的学习潜能与学习环境相互作用的结果。"[⑤]汪、姚二人认为学习品质是一种综合性的素质，并且从一种动态的视角出发，看到了学习者与学习环境的互动。

而孙旭东和关黎提出学习品质是由学生智能素质、非智能素质的均衡发展以及优势组合构成的一种学习商数。[⑥]孙、关二人的概念界定，看到了多种因素对于学习品质的影响，但是将学习者的智力水平也归纳进学习品质中，稍显宽泛。

2. 国外对学习品质概念的相关研究

国外对学习品质的研究主要集中在美国。1976 年，马顿和塞里欧在《论学习的品质差异：结果和过程》一文中，发现面对相同的试题，学习者呈现出不同水

① 曹正善 . 论学习品质 [J]. 集美大学学报（教育科学版），2001(04):16.

② 彭贤智 . 对学习品质的结构与培养策略研究 [J]. 唐山师范学院学报 ,2004(01):75—79.

③ 班华 . 心育论 [M]. 合肥：安徽教育出版社 ,1994:8.

④ 桑青松 . 学习心理研究 [M]. 合肥：安徽人民出版社 ,2010:163.

⑤ 汪乾荣，姚天勇 . 优化教育途径 培养学习品质——"学习与学习品质研究"中期报告 [J]. 南通师专学报（社会科学版）,1999(01):110—111.

⑥ 孙旭东，关黎 . 培养学习品质是帮助学生提高学习效率的关键 [J]. 中小学心理健康教育，2007(07):10.

平的学习结果，经过 64 周后的重复测验也获得了一致的结果，因而发现不同学生的学习品质有所差异。[①]1991 年，美国国家教育目标研究小组（National Education Goals Panel）在有关学前儿童"入学准备"报告中首次提出学习品质（approaches toward learning），并成为美国各州制定早期儿童学习与发展、入学标准指南的重要参考。

（1）学习品质涵盖学习倾向、态度、习惯与风格

2005 年，美国华盛顿州在本州早期儿童学习与发展标准中，将学习品质界定为：学习品质指能反映儿童以多种方式进行学习的倾向、态度、习惯、风格等。它不是指儿童所要获得的那些技能，而是儿童自己怎样使自己去获得各种各样的技能。[②]这种学习品质概念的界定，更加关注学习者学习的过程。

Sharon Lynn,Kagan 等人对学习品质的内容讨论更为细致，认为学习品质是指学习者是否对新任务或挑战好奇或感兴趣，是否对新任务或挑战具有主动性，是否能保持长时间的注意力以及是否面对困难时坚持不放弃，是否能对事物进行解释和反思，是否能在任务中表现出丰富的想象力和良好的创造力、认知风格。[③]

（2）学习品质是一系列与学习相关的行为

McDermott 等人则提出，学习品质在本质上是儿童参与课堂学习过程的独特方式，倾向于采用学习行为（learning behaviors）来加以表达。[④]

也有研究学者认为学习品质是指影响儿童获益的处于学习环境的行为，也在一定程度上反映了儿童的适应性学习行为。研究显示，当儿童对自己主动发现的问题的答案感到好奇、产生兴趣并感到自信时，他们能够最大化地从学习机会中获益。[⑤]以上两种关于学习品质的定义，共同认为学习品质是与学习相关的行为。

---

① Marton F, Saljo R.On qualitative differences in learning,outcome and process[J]. British Journal of Educational Psychology,1976,46(01):1－14.

② 鄢超云 . 学习品质：美国儿童入学准备的一个新领域 [J]. 学前教育研究 , 2009(04):9－10.

③ 瞿欢 .5 ～ 6 岁不同气质类型幼儿学习品质特点研究 [D]. 陕西师范大学 , 2014:4.

④ Bin Luo,Richard C. Wilson,Edwin R. Hancock. A spectral approach to learning structural variations in graphs[J]. Elsevier Ltd,2006,39(06).

⑤ Lee E. The Relationship between Approaches to Learning and Academic Achievement among Kindergarten Students;An Analysis Using Early Childhood Longitudinal Study Kindergarten Students (ECLS－K)[J]. International Journal of Art & Sciences,2012,5(05):305－313.

（3）学习品质是与学习相关的技能

McClelland 认为"与学习相关的技能"是学习品质研究的另一个总称性术语，也称"与学习相关的社会技能"，包括了儿童在学习中的自我控制、合作、果断、计划和自我调节技能。[①] 而在美国修订颁布的《儿童成就框架》中则认为，学习品质是儿童用于学习的技能和行为。[②] 以上两种观点认为学习品质是与学习相关的技能。

3. 学习品质概念研究的不足和问题

通过对以上文献进行分析，我们发现，国内外学者对于学习品质概念的研究较为丰富，但也存在着一定的局限。

一方面，国内外研究者们关于"学习品质"的概念界定仍旧不甚明朗。国内诸多学者的观点并不统一，像郑秉沏、葛明贵等认为学习品质是一种非智力因素；曹正善、姚天勇等则认为学习品质是学习者在学习过程中表现出来的某种特质；班华等则认为学习品质是一种心理特质；孙旭东等则认为学习品质是"一种商数"。国外学者对学习品质概念的研究也存在着不同的见解，Kagan 等人认为学习品质涵盖学习倾向、态度、习惯与风格；McDermott 等人认为学习品质是一系列与学习相关的行为；McClelland 等人则认为学习品质是与学习相关的技能。

另一方面，每位学者因为受其时代和学术背景的影响，对学习品质概念的研究在一定程度上不够全面和综合。学习品质不单单是一种心理特质，也不仅仅是学习者在学习过程中表现出来的某种特质，而是更加综合、更加全面，影响学生学习甚至终身生活的必备品格。

总体来看，尽管不同研究者对学习品质的概念认知存在一些差异，但是近年来国内外研究都强调学习品质聚焦儿童如何学习的行为，描述儿童在学习活动中的行为表现，对于代表积极学习品质的行为表现，如兴趣、动机、坚持等，具有一致性的认识。通过对国内外教育政策及研究者观点的并置和比较，本书认为学习品质是学生在其学习活动中所展现出的相对稳定的心理与行为特质，是学生学习与未来所

[①] McClelland M M, Acock A C, Morrison F J.The impact of kindergarten learning related skills on academic trajectories at the end of elementary school[J]. Early Childhood Research Quarterly，2006，21(04):471−490.

[②] U.S Department of Health and Human Services,2015.

必备的个性特征与品格，^① 是学会学习的关键环节，也是实践创新的重要基础。

（二）学习品质的内涵解读

学习品质是一个相对综合且复杂的系统。关于学习品质内涵构成，比较有代表性的如："学习品质是由学习动力、学习倾向、学习监控、学习策略、学习能力5个子系统构成"^②；"学习品质包括好奇心与兴趣、主动性、坚持与注意、创造与发明、反思与解释"^③；"学习素质的内涵系统包括学习认识系统、学习驱动系统、学习智能系统、学习操作系统、学习管理系统5个子系统"^④。

综合上述观点，我们采用北京市海淀区教科院中小学生"9L"学习品质评价体系的研究成果，即学习品质系统包括五大系统和九个维度：学习认知与体验系统（学习认知、学习情感）；学习兴趣与动力系统（学习兴趣、学习动机）；学习方法与能力系统（思维能力、学习策略）；学习维持与监控系统（学习意志力）；学习投入与成效系统（学习负担、学业成就）。^⑤

1. 学习认知与体验系统

（1）学习认知

学习认知是学习者对学习的认知，以及对自身学习能力的认知，一般反映为对学习目标的认知和对自身条件的感知。学习认知是元认知的体现。元认知概念最早由美国心理学家弗莱维尔提出。他认为元认知是"个体对自己认知状态、过程的意识和调节"，包含两类成分：一是元认知知识，二是元认知经验。布朗（Brown）等人认为，元认知包括个体对认知的知识和认知调节。认知的知识是指个体对自身状况和认知对象的了解，以及对自己与环境互动关系的觉察；认知调节包括计划、监控、评估等内容。学习者可以通过元认知来了解、检查、评估和调整自己的认知活动。

2010 年，海淀区对全体小学五年级学生进行了学习认知现状方面的调研，在

① 陆云泉. 学习品质评价：教育质量评价的"海淀模式"[J]. 中小学管理，2017(08):9-12.
② 彭贤智. 对学习品质的结构与培养策略的研究 [J]. 唐山师范学院学报，2004(01):76-77.
③ 鄢超云. 学习品质：美国儿童入学准备的一个新领域 [J]. 学前教育研究，2009(04):11-12.
④ 王光龙. 学习素质与学习型社会 [J]. 教育研究，2003(05):78.
⑤ 吴颖惠，文军庆，陈朝晖. 核心素养背景下的学习品质评价：理念、方法与启示——以北京市海淀区实践为例 [J]. 中国教育学刊，2021(05):80-85.

调研中发现，如果学生不能对自己的学习能力及学习现状有客观且正确的认知，就会把学习目标设定得过高或者过低。这样不仅会使学生在学习过程中因为过高的学习目标而体会不到学习的成就感，丧失对学习的兴趣，还会因为学习满意度的持续降低影响到最终的学习效果。

（2）学习情感

人类情感与认知加工紧密关联，对记忆、注意、思维等过程起调节作用，可以显著影响学习结果。[①] 情感是学习者对客观事物的态度体验，以个体的愿望和需要是否得到满足作为中介，对思维、判断、记忆和信息加工策略具有重要的促进作用。[②] 而在学习过程中，学生是学习的主体，因此，学习情感是伴随着学生的学习需要是否得到满足而产生的一种内心情绪体验。它与学习期望和学习满意度密切相关。只有学习期望与学习满意度达到一定的高度，学生的学习需要才会得到满足，学习情感也就自然而然地产生。

与学习情感相关联的一个概念是学业情绪，国内外学者在进行研究时，常将二者等同。2002 年，Pekrun 首次提出了学业情绪的概念，他和 Ravaja 将学业情绪划分为积极高唤醒度的情绪、积极低唤醒度的情绪、消极高唤醒度的情绪和消极低唤醒度的情绪四类。[③] 随后国内外学者也对学习者在学习过程中表现出的情绪与情感进行了分类（表1）。

表 1　学习情感分类

序号	时间	作者	分类
1	2015	孙波等人	高兴、惊讶、厌烦、困惑、疲劳、专注及自信
2	2017	Pekrun 等人	愉悦、好奇、困惑、焦虑、沮丧、厌倦、惊讶
3	2019	徐振国	常态、高兴、愤怒、悲伤、惊恐、专注和厌倦
4	2019	孙发勤	沮丧、困惑、无聊、平静、投入、喜悦

① Wu C, Huang Y, Hwang J. Review of affective computing in education/learning: trends and challenges[J]. British journal of educational technology, 2016, 47(06):1304－1323.
② Bless H, Fiedler K. Mood and the regulation of information processing and behavior[M]. New York: Psychology Press, 2006:65－84.
③ 任秀华，陆桂芝. 学业情绪对青少年心理健康发展的影响 [J]. 中小学心理健康教育，2009(07):4－5.

2.学习兴趣与动力系统

（1）学习兴趣

关于兴趣的定义众说纷纭，但总的来说，可以认为兴趣是人们愿意了解某特定事物或从事某些特定活动的心理倾向。[①] 学习兴趣属于兴趣的一种，主要表现为人们对某种事物、某种活动的选择性态度和积极的情绪反应，是可以激发人们求知欲的一种内在力量。人们对学习兴趣的重视，可以追溯到 20 世纪初。1901 年，J.H.Herbart 认为学习兴趣是教学的基础；1913 年，E.L.Thorndike 提出了兴趣理论，而 Dewey 也提出学习兴趣可以促进深度学习的观点。[②]

兴趣有一个发生、发展的过程，在 Hidi 和 Renninger 提出的兴趣发展四阶段模型里，将兴趣的发展划分为四个阶段。[③] 按情感过程和认知过程描述情境兴趣向个体兴趣的发展，如图：

图 1　兴趣发展四阶段模型示意图

国内众多学者则认为，学习兴趣分为三个阶段，即有趣、兴趣、志趣。一般是由"有趣"开始，产生"兴趣"，最后向"志趣"发展的。当学生对学习产生真正的"志趣"后，不仅可以让学生对学习燃起不灭的热情，还可以决定学生日后的发展方向，奠定学生深厚的学习基础。

（2）学习动机

国内外学者对于学习动机的研究开始较早，不同的学者对学习动机的概念有着自己的见解（表 2）。不过，从整体上来看，学习动机就是推动学生学习的一种驱动力，是学习态度最直接的制约因素，是学习活动得以顺利进行的重要条件。

---

① 何旭明.西方关于兴趣的界定与分类研究述评 [J]. 大学教育科学，2010(04):49–55.

② 章凯.兴趣发生机制研究的进展与创新 [J].心理科学，2003(02):364–365.

③ 张林，李玉婵，邢方.兴趣发展四阶段模型的研究述评 [J].宁波大学学报（教育科学版），2010，32(02)：25–29.

表2　学习动机的代表性概念

序号	时间	作者	分类
1	1993	李伯黍、燕国材	学习动机就是激发个体进行学习活动，维持已引起的学习活动，并导致行为朝向一定的学习目标的一种内在过程或内部心理状态
2	1998	Dornyei	学习动机是一个动态的过程，从刺激个体产生学习欲望、维持学习行为、达到预计目标或受到其他因素的影响而导致学习欲望减弱、终止学习行为等一系列环节
3	2001	A.E.woolfolk(2001)	学习动机就是寻求学习活动的意义并努力从这些活动中获得益处的倾向
4	2003	汪玲、郭德俊	大众对学习动机的普遍理解是认为学习动机是激发并维持学习活动的基本动力
5	2007	莫雷	学习动机是指引学生学习活动、维持学习活动，并指引学习活动趋向教师所设定的目标的心理倾向

对于学习动机的构成因素，各研究学者众说纷纭。韩进之认为学习动机可以分为两大类：第一类是间接的远景性学习动机和近景性学习动机，第二类是学习的内部动机与外部动机。[①]奥苏贝尔根据学习动机在学生学业成就态度上的影响，把学习动机分为认知内驱力、自我提高内驱力和附属内驱力三种。[②]事实上，学习动机主要从学习需要、学习兴趣、学习主动性、学习信心、学习责任心等五大方面考查。

3.学习方法与能力系统

（1）思维能力

思维贯穿于人的整体的学习过程，学习不能总是被动的，要善于主动、大胆地提出问题，并运用自己的大脑进行独立的分析和判断。而思维能力是人脑对客观事物的本质及规律的间接、概括的反映，是认识过程的高级阶段，是人类智慧的核心和支柱。[③]

思维能力不仅是获得良好学业成绩的重要条件，还可以影响人的思考方式、做事准则。它一般包括思维的广度、思维的深度、思维的敏捷度、思维的灵活度、思

① 韩进之.教育心理学纲要 [M]. 北京：人民教育出版社,1989:239-240.

② 邵瑞珍.教育心理学——学与教的原理 [M]. 上海：上海教育出版社,1983:229.

③ 叶瑞祥.简明学习科学全书 [M]. 北京：团结出版社，2017:241.

维的逻辑严密程度、思维的批判性程度、思维的创造性程度等。学生思维能力不仅直接关系到学生的学习能力，还直接作用于学生在学校甚至未来工作中的表现。思维能力强的学生在面对事情的时候会更加有主见、有计划、判断力也会更强。

（2）学习策略

学习策略作为一个完整的概念，是布鲁纳于 1965 年提出认知策略后出现在大众视野中的。时至今日，学习策略仍然没有一个公认的定义。根据已有研究，学习策略可归纳为三种观点：①学习策略是学习的程序、方法及规则；②学习策略是学习的信息加工活动过程；③学习策略是学习监控和学习方法的结合。综合上述观点，我们认为学习策略即学习者为了提高学习的效果和效率，有目的、有意识地制订的有关学习过程的复杂方案。[①]

学习策略的分类方法也是多种多样，其中比较有代表性的是单瑟洛的二分法，即把学习策略分为基本策略和支持策略；迈克卡的三分法，即把学习策略概括为认知策略、元认知策略、资源管理策略；温斯坦的四分法，即学习策略包括认知信息加工策略（如精加工策略）、积极学习策略（如应试策略）、辅助性策略（如处理焦虑）和元认知策略（如监控新信息的获得）。

科学的学习策略，不仅会使学生的学习效率得到提升，还会在一定程度上降低学习难度，促使学生获得学习的成就感，帮助其掌握符合自己学习个性的学习方法，使其更加热爱学习，形成良性循环。

4. 学习维持与监控系统

学习意志力

意志力是人自觉地确定目的，并根据目的调节支配自身的行动，克服困难，去实现预定目标的能力。[②]学习意志力（又称学习毅力），是个体为完成学习任务而持续克服困难的能力。具体表现在学习的过程中能够自我调节情绪；在明确的学习目标指引下，能够自觉主动地向着学习目标努力前进，并且在学习过程中进行学习的自我监控；能够根据自己对学习的认知不怕困难、勇于直面挑战；能够通过不断的评价和反思调整出适合自己节奏的学习策略并坚持实施。

---

① 胡忠光 . 教育心理学 [M]. 北京 : 教育科学出版社 , 2011:150-152.
② 郭贤铭 . 学习动力论 [M]. 成都 : 电子科技大学出版社 , 1994: 138, 139, 145, 255.

根据众多学者的研究，学习毅力能够影响学业成就。贝亨克（Berhenke）等人的研究指出，儿童学习的毅力与其数学能力、阅读能力的发展有着密切的联系。[①]而学习毅力，是随着学习者的成长而逐渐养成的。达克沃斯（Duckworth）等人的问卷数据分析表明，在控制学历背景因素下，学习毅力会随年纪增长而递增。[②]而学习品质的其他内部要素也会影响学习毅力。现有研究证明年龄、课后反思、成长型思维方式、自我调节、学习动机、自我效能感以及内在情绪等与学习毅力存在相关关系。[③]

5. 学习投入与成效系统

（1）学习负担

学习负担是人以个体经验的方式，在学习过程中，对认定的学习目标、承担的学习任务和责任所带来的压力的一种体验。学习负担由客观负担和主观感受两部分构成。学生学习负担的客观层面表现为学生所承担的学习及相关任务量，可用学习负荷来概括；学习负担的主观层面表现为学生对于负担的感知和适应水平，可用学习负担感来概括。学者肖建彬将学习负担分为四种类型：外加负担与自寻负担；生理负担与心理（精神）负担；学科负担与活动负担；校内负担与校外负担。[④]

而关于学习负担的压力来源，阴国恩和李勇认为其来源于三个系统，即物理技术环境、社会人际关系环境，以及与学生学习有关的学生个体的智力、非智力等因素。并且"培养优良的非智力因素"是调控学习负担的重要方式之一。[⑤]因此，我们可以总结出，影响学习负担的因素主要有两大类，一类为外部环境因素，另一类则是学生自身因素，也就是学生学习品质因素。而如果学生具有浓厚的学习动机，坚毅的学习意志力等积极学习品质，学生的学习负担感受就会有所减轻。

① Berhenke A, Miller A L, Brown E, et al. Observed Emotional and Behavioral Indicators of Motivation Predict School Readiness in Head Start Graduates[J]. Early Childhood Research Quarterly, 2011(04):430-441.

② Duckworth A L, Peterson C, Matthews M D, Kelly D R. Grit:Perseverance and Passion for Long-term Goals[J]. Journal of Personality and Social Psychology，2007(06):1087-1101.

③ 刘妍, 管秀. 顾小清. 我们真的了解学习毅力吗：基于扎根理论刻画教师视角的可塑模型研究 [J]. 全球教育展望，2022,51(02):39-58.

④ 肖建彬. 学习负担：涵义、类型及合理性原理 [J]. 教育研究，2001(05):53-54.

⑤ 阴国恩，李勇. 学习负担的压力理论与对策 [J]. 天津教育，2004(10):14-18.

（2）学业成就

关于学业成就，不同的学者有不同的定义（表3）。总体上来讲，学业成就是指学习者通过学习获得知识、技能、情感态度等方面的发展。学业成就通常通过学习成绩得以体现，但是学业成就不仅包括可测量的部分，更重要的是学习者无法被测量的部分，如隐性知识、情感、态度等。学习品质是学业成就的基石，提升学习认知与学习情感会提高学生学习的满意度；提升学习兴趣与学习动机会激发学生学习动力；提升思维能力与学习策略会使学生学习效率大幅度提高；提升学生学习意志力则会使学习行为持续发生。而这些则是促进学生达成学业成就的关键因素。

表3　学业成就概念

序号	时间	作者	分类
1	1999	金志成和隋洁	学业成就从广义上讲，指有一定的学习动机、智力正常、没有感官障碍的学生在口头表达、听力理解、书面表达、基本阅读技能、阅读理解、数学运算和数学因果关系分析等方面所表现的水平；从狭义上讲，仅指学习成绩
2	2001	崔允漷等人	学业成就指学生学习的结果，是通过测验和评价衡量出来的学生个体所取得的学习结果
3	2006	周旭玲	学业成就指学生在教师的指导下，通过学习活动所获得的成果，具体包括学生对知识、技能的掌握与应用，能力的提高以及学习态度、学习兴趣等非认知品质的发展
4	2008	诺尔曼·E.格朗伦德	学业成就指教学中学生取得预期学习效果的程度

（三）学习品质的特征表现

1. 学习品质具有稳定性

学生在学习活动中体验、习得并在不断内化中形成的学习品性和特质，能较为稳定地作用于当前和今后的学习活动及其效果。[①] 学习品质虽然是在日常积淀中逐渐形成的，具有一定的过程性，但一旦形成相关"学习品质"后，其必然会相对稳定且持续地作用于学习主体的行为中。而当正确的学习认知、积极的学习情感、浓厚的学习兴趣、高效的学习方法、持久的学习意志力等积极的学习品质，长时间地

---

① 汪乾荣,姚天勇.优化教育途径 培养学习品质——"学习与学习品质研究"中期报告 [J].南通师专学报（社会科学版）,1999(01):110-113.

围绕学生当前和未来的学习生活时，那么，一定会给学生的正常学习与生活带来翻天覆地的正向变化。

2. 学习品质具有自主性

学习品质更多是由学生主体进行主导的，因个人内在特征而产生，所以，学习品质具有极强的自主性。[①] 以学生的学习意志力为例，很多教师仅以学生注意力时间短等来判定学生在学习意志力方面的缺乏，甚至有时候总是想要学生对不太感兴趣的知识也能够坚持学习。这显然是教师没有站在学生的角度去思考问题，也在一定程度上忽视了学生自主性的作用。我们要培养的不是因受外在压力影响而强加给学生的学习意志力，而是要让学生由自主内驱力做驱动，从而产生的学习意志力，只有这样内含自主性的学习意志力才是更加具有可持续发展意义的坚毅品质。

3. 学习品质具有发展性

学习品质是学习者在学习过程中受诸多因素的影响所积淀产生的，这种形成不是一成不变的，而是可以通过自身的整合与建构，不断地向前发展的。学生的学习品质，会随着自身不同阶段对学习的认识，进行不断的调整，甚至有时会有态度或策略上的巨大转变。这种变化就会导致学生学习品质的自主发展，这种发展性也是学生自身优化学习品质的基础。在自主学习中，转变或消除自身消极的学习品质，激发、引导或发展其积极的学习品质，将其积极的学习品质从较低水平发展为较高水平，就会使学生的学习品质得到根本上的提升。当然，无论是哪一方面的积极学习品质得到了发展，都是学习者自身认知加深、自我努力的结果。

4. 学习品质具有可塑性

学生在学习活动中偶然表现出来的心理倾向和行为特征，并不完全地、合理地表征出自己的学习品质，所以，有时候需要教师的耐心引导。积极学习品质的形成是一个长期的过程。在这一过程中学生的变化不是一蹴而就的，而是需要在日积月累中逐渐养成。针对一年级到六年级学生的纵向研究结果表明，在控制学生的智商、学习成绩、母亲受教育程度等变量后，对其阅读兴趣、阅读能力进行培养的过程中，学生们的学习兴趣、认知能力、学习动机、创新思维等学习品质逐渐形成。

---

① 索长清. 学习品质概念的主要特征 [J]. 福建教育，2019(24):6.

毕业时，这些学生中 98% 的人，在阅读成绩和数学成绩中都有较为突出的表现。

5. 学习品质具有社会性

有关社会的学习原则、规范、习俗、文化心理等，会反映或者影响这个时代学生的学习认知、学习动机、学习兴趣等，这也就是我们所说的学习品质具有社会性。而学习品质，可以帮助学生更好地适应社会环境，建立更加优质的社会关系，也在一定程度上使得积极学习品质不被时间的洪流冲散，得以继承和延续下去。

6. 学习品质具有差异性

学习品质的差异性，决定学生学习活动的质量和学习成效，可用于区别不同个体的学习风貌。也正是因为学生的学习品质具有差异性，才能使这种差异性成为学习品质研究中的重要数据内容，是反映学习者学习状态甚至个体差异的重要指标，是描述学习质量的基本变量。教师通过对学习品质的差异性研究，可以更加有针对性地对学生当前或未来一段时间的学习，给予较为精准且个性化的指导，因材施教，因地制宜，使得学生积极学习品质获得提升。

二、学习品质的意蕴价值

近年来，越来越多的人认识到学习品质所具有的意蕴与价值。研究发现，学习品质不仅对学生未来人生的发展有着更为持久且关键的正向影响，而且对学校管理和社会发展具有非常重要的价值。

（一）学习品质对个人的意义

1. 激发自发学习行为的出现

学习的意义并不只在于让学生具备在现代社会中谋生的手段，更在于让学生找到相伴终身的志趣所在，获得精神的自由与满足。通过对学习品质的提升，让自身从"学海无涯苦作舟"的焦虑中脱离出来，转变为"学海无涯乐为舟"的逍遥。也就是说，如果学生能够对学习有着持续而浓厚的兴趣，就会在自觉地开始学习行为的同时，保持积极向上的进取状态。也正是因为他沉浸于学习之中，所以能够在高效率、高质量的学习中不断激发自身的潜能，如此进入一个良性循环的状态，使学习行为不断地发生。

无论是中国还是西方，人们都能够认识到积极的学习品质中，强烈的学习兴趣和快乐的学习情感的重要性。《吕氏春秋》指出："人之情不能乐其所不安，不能得于其所不乐。……反诸人情，则得所以劝学矣。"[①]意思是说，一个人若能从情感上把学习当成一件快乐的事，真正沉浸在学习的乐趣之中，就一定能学有所得。著有《淮南子》的刘安则讲得更为明白："知人无务，不若愚而好学。"[②]朱熹也说："教人未见意趣，必不乐学。"[③]而在西方，快乐教育理念的萌芽从柏拉图开始，初建于文艺复兴后的夸美纽斯，成熟于19世纪后期的斯宾塞，流行于20世纪欧美的"进步主义"和"新教育"者。正如洛克所说："儿童学习任何事情的最适宜的时机是当他们处于注意集中、兴致很高的时候……因为他兴致好的时候，就乐于花上三倍的时间来学习。"[④]学习品质中的学习兴趣是激发学生自主学习行为出现的源泉，对学习的兴趣越大，其发生学习行为的概率也就越大，成就也就越多。

正如高质量发展的社会需要的不是"分数人才"，而是全方面发展的综合素质人才。在这一人才竞争的背后，往往不是通过题海战术、高压补课的方式进行竞争，而是要真真切切地比拼学生的学习品质。

2. 维持学生学习过程的持续

积极的学习品质能够维持学生学习过程的持续。"心理学检测结果证明，在非智力心理因素中，学习品质中的意志力与学习的相关度最高。"[⑤]因此，我们认为培养学生积极的学习意志品质，对学生的学习具有相当重要的作用，甚至能够维持学生学习过程的持续。

学生在学习过程中，有时会为了达成一定的学习目标而设置相应的学习计划。但在严格执行学习计划的过程中，却常常会面临各种突发情况：如在学习过程中遇到了比较难以跨越的困难，产生了较为消极的情绪；在当初确立学习目标时，选择

---

① 吕不韦《吕氏春秋·孟夏纪》。

② 刘安《淮南子·修务训》。

③ 朱熹《近思录》。

④ 洛克. 教育片论 [M]. 熊春文译，上海：上海世纪出版集团，2005:147-148.

⑤ 周庆元. 中学语文教育心理研究 [M]. 长沙：湖南师范大学出版社，1999:84.

了一个较为合适自己的目标，从而使其他学习目标受到了暂时性的压抑，但是在执行的过程中这些目标却突然变得更加清晰，从而使学生产生了心理冲突，因此学生在学习过程中变得犹豫不决；在执行学习计划期间被自己预料之外的状况或问题所干扰，使自己被迫原地踏步，止步不前。这些情况的发生不但不能引导学生向已经设定的目标快速进发，还极有可能使原定的康庄大道变得崎岖难行。这时学习品质中的学习意志力，就可以在一定程度上调节学生所产生的消极情绪，帮助学生对现有学习目标和学习计划做出更加符合当前情况的改变的同时，维持学生学习过程的持续，从而使整体学习活动坚定不移地朝着既定目标持续前进。

"靡不有初，鲜克有终。"[1] 凡事开始总是很容易，但坚持却的的确确是一桩难事，学习亦是如此。所以，学生想要维持学习过程的持续，就一定少不了战胜学习困难的勇气与一往无前的决心，而这都在于培养学习品质。

3. 促进学生学习效果的提升

积极的学习品质是学生提升学习效果的关键性因素。换言之，要想取得良好的学习效果，除了先天智力性因素外，我们还要具备优秀的学习品质。

这也在多数学者研究中得到证实，学习效果较好的学生，很多都是受其与大多数学生相比，更好的学习主动性、学习毅力、分析问题并解决问题的思维能力等学习品质的影响。George 等人对 158 名学生的学习品质发展情况进行了较为详细的考察，在考察期间，还对学习品质与学业成绩之间的关系进行了深入研究，研究发现学习品质能够在一定程度上预测学生的学业成绩。[2] 而 McClelland 等人将学生的智商和母亲的受教育水平作为控制变量，对学生学习品质的表现做了长达七年之久的追踪研究。研究结果表明，平时学习品质各个维度表现较好的学生，在之后的学业成绩方面也会有相应提高。[3] 华东师范大学团队则在苏州十个区县的151 所中小学开展测评工作，调查了中小学 10 岁和 15 岁组的 7750 名学生，调查

---

① 《诗经·大雅·荡》。

② George J, Greenfield D B.Examination of a structured problem-solving flexibility task for assessing approaches to learning in young children:Relation to teacher ratings and children's achievement[J].Journal of Applied Develop-mental Psychology,2005,26(01):69-84.

③ McClelland M M, Cameron C E, Connor C M, et al.Links between behavioral regulation and preschooler's literacy,vocabulary,and math skills[J].Developmental Psychology,2007,43(04):947-59.

结果中发现从学业成绩来看，对 10 岁和 15 岁的孩子来说，好奇心和毅力与学业成绩呈正相关。[①]

综上所述，无论是激发学生兴趣，还是维持学习意志力，抑或是培养学生思维习惯，帮助学生找到适合自己的学习策略等学习品质的提升，都能够在一定程度上促进学生学习效果的提升。

4. 引导学生学习道德的形成

学习品质可以引导学生学习道德的形成。学习是促进学生身心健康成长的重要途径，其本质是教人向善的实践活动，但是学生在学习过程中的道德失范现状却令人担忧。日本佐藤正夫在《教学原理》一书中感慨："今日班级的儿童围绕在升学、就业的'考试、测验体制'之下，处于分裂、敌对的状态，对伙伴的失败或幸灾乐祸，或置之不理，甚至诽谤中伤，以求自己取胜。在这种弱肉强食、优胜劣汰的个人竞争中败阵下来的多数学生，学习积极性丧失，或者萎靡不振，或者习气不良，结果越来越落后，成为学习困难学生。"[②] 这些问题的出现在于学生学习动机、学习习惯等学习品质降低，从而导致学生学习道德的减弱。

那学习品质可以在哪些方面引导学习道德的形成呢？首先，学生对学习认知的正确认识可以在一定程度上防止学生作业抄袭等不良学习道德现象的发生，从根本上培养学生正确道德观的形成。其次，积极的学习品质可以使学生由被动地塑造学习道德，化为主动地养成学习道德。学习品质的提升可以使学生真正沉浸在教育教学活动中，这也使学校根据学生身心特点及道德认知发展规律所设置的德育教学活动能够真正发挥其作用。最后，学生可以利用学习意志力坚持学习，在持续的学习行为中养成积极良好的学习道德。

总而言之，当学生开始提升正确认知、主动探究、持续学习等学习品质时，他们的学习道德状态便会发生改变，他们的学习角色也会由被动的接受者转为主动的探究者，便会自然而然地养成良好的学习道德。

---

① 黄忠敬，王倩，陈唤春，高星原 . 交往能力：中国青少年社会与情感能力测评分报告之五 [J]. 华东师范大学学报（教育科学版），2021, 39(09):93–108.

② [日] 佐藤正夫 . 教学原理 [M]. 钟启泉译，北京：教育科学出版社，2001:224.

5. 帮助学生社交能力的成长

学习品质能够帮助学生社交能力的成长。在人的社会性发展过程中，社会交往是非常关键的能力和需要。从一定程度上来说，社交能力不仅确保人的生存、安全和延续，也是产生和维持正常精神活动的支柱。从功能上看，社交能力是维持我们身心健康的重要因素，是交流信息、获取知识的重要途径，是促进自我认识、个性发展和完善的条件，也是个体走向社会化的重要助推器。[①] 有研究表明，在专注力、坚持性等学习品质维度上表现较好的儿童更加容易获得良好的同伴关系及良好的情绪控制能力，而主动性较差儿童的同伴关系往往也不好。[②] 为此 Razza 等人通过纵向追踪研究探讨了 5～9 岁儿童学习品质与社交能力之间的关系，结果发现，儿童学习品质与社交能力具有显著相关关系，儿童在 5 岁时的学习品质水平（通过 ECLS-K ATL 评量）与其在 9 岁时的社会能力水平具有显著相关关系，儿童学习品质对社会情感能力影响可能遵循了累计优势模型（对技能较高的人更有帮助）。[③]

总而言之，从以上研究可以看出，拥有主动性强、学习意志力更加坚毅等积极学习品质的儿童，在社交能力上的表现往往会更加突出，也更加容易获得比较良好的同伴关系，而这对学生以后的人生发展的影响也是非常巨大的。

（二）学习品质对学校的意义

1. 提升适应能力，帮助学生过渡

早在 20 世纪末，卡根等人就已经指出，学习品质对儿童入学准备起着统领作用。[④] 无论是入学还是升学，儿童都面临对全新学习环境的适应问题。对儿童来说，学习品质远比知识技能本身重要。因为学习品质不是学到什么，而是如何学习。好奇心、主动性、坚持性等能够支持学生的学习行为，从而使学生更好地适应新的学

① 熊文华，周静. 人际交往与沟通 [M]. 苏州：苏州大学出版社，2010:10-12.

② Coolahan K，Fantuzzo J，Mendez J，et al. Preschool peer interactions and readiness to learn：relationships between classroom peer play and learning behaviors and conduct [J]. Journal of Education Psychology,2000，92(03):458-465.

③ Razza R A，Martin A，Brooks-Gunn J. Are approaches to learning in kindergarten associated with academic and social competence similarly? [J].Child Youth Care Forum,2015,44(06):757-776.

④ Kagan S L, Moore E, Bredekam S. Reconsidering children's early development and learning: toward common views and vocabulary[M]. Washington D.C : National Education Goals Panel, 1995.

习环境。

儿童的学习品质发展同样影响着其他能力的发展。美国心理学家 McClelland 等人的研究证明，学习品质支持儿童在其他领域的学习表现，是儿童其他领域发展的关键预测因素。[①]一项长期纵向研究结果显示，儿童学习品质在执行功能与学业成绩的关系中发挥中介效应。[②]而学习品质与社会情感能力的相互作用，也进一步帮助学生在学习生活中获得更好的体验，从而形成一个积极的学习循环。

儿童学习品质就如同拱桥上的拱心石支撑着整个石头的结构一样，学习品质在支持、保证儿童入学准备方面发挥着核心作用。[③]学校帮助学生养成积极的学习品质，不仅能够缩短学生入学准备时间，帮助其顺利度过适应期，还能把更多的精力投入到教育管理的其他方面。

2. 减轻教学负担，提高教学质量

一般来说，学习品质良好的学生具有较强的学习自主性与坚持性，在学习上能够达到事半功倍的效果。这样不仅能减轻学生自身的负担，也能减轻教师的教学负担，让课堂教学效果更好。

多年来，学校教育重点关注的是学生对知识、技能的掌握。但是时至今日，随着信息技术的发展，知识的绝对量、广度和深度，已经无法被任何教育体系完全覆盖。百科全书式的人才凤毛麟角，哪怕是在专门领域深耕多年的专家也得紧随学术前沿，不断更新自己的知识库。"知识是教不完的，知识是学不完的"这一观点逐渐成为人们的共识。而探索知识的方法、过程与体验，颠覆以往知识的想象力和创造力，则是目前学校教育更加值得重视的"知识的源头"。这种转变，强调在知识的习得过程中，更加注重培养学生的学习品质。而拥有积极学习品质的学生，也更加能够通过基础知识的学习，构建对自我、对他人、对社会、对自然关系的初步认识，掌握适应外部世界的能力，最终成长为全面发展的人。

---

① McClelland M M, Morrison F J, Holmes D L. Children at risk for early academic problems: the role of learning-related skills[J]. Early Childhood Research Quarterly, 2000, 15(03): 307-329.

② Sung J, Wickramak A S.Longitudinal relationship between early academic achievement and executive function:Mediating role of approaches to learning[J].Contemporary Educational Psychology,2018,54:171-183.

③ Hyson M.The role of play in promoting children's positive approaches to learning[J]. Research Connections,2008:1-5.

因此，提升学生积极的学习品质，不仅可以减轻教师的教学负担，提高学校的教学效率及教学质量，也是培养学生终身学习能力的重要方面。

3. 形成乐学文化，营造书香氛围

良好的学习品质对于营造整体的校园氛围具有重要价值。发展心理学家皮亚杰曾提出，儿童在"童年时代有两个世界"，一个是父母和儿童相互作用的世界，一个是同伴的世界。[1] 他认为，同伴对儿童的发展起着与父母同样重要的作用。除父母和教师之外，对学生产生重要影响的第三大群体就是同学、朋友等同伴。学者赵浩等人通过对 650 名小学生的调查研究发现，"学生同伴团体调节着同伴关系与学习自控力的关系。同伴团体在亲社会行为、学业成绩、攻击行为上具有很强的同质性"[2]。拥有良好学习品质的学生，表现出的对学习的强烈兴趣、对学习的坚持性，可以影响所在团体内的成员，从而形成向学、乐学的书香校园氛围。而这种乐学的氛围也可以反过来影响更多的学生，发展为一种乐学的文化，在学校的一届一届学生中传递下去。

（三）学习品质对社会的意义

1. 促进社会公平

培养学习品质的意义，还在于可以保护处境不利的儿童。处境不利儿童（困境儿童），即受到贫困、疾病、自然灾害、战争、教育不当等一种或多种（影响儿童身心健康成长）因素造成的成长障碍。有关儿童心理发展的研究表明，处境不利儿童由于生存环境较差、家庭结构失衡、家庭经济收入微薄、儿童身心发展存在障碍、物质资源匮乏、父母社会参与度低等原因，发展与同龄儿童相比有一定的滞后，如家庭结构变化，导致孩子敏感、孤僻，影响社会发展中健康自我概念的建立和情绪智能的发展。[3]

而一项针对美国早期开端计划项目的研究发现，如果来自城市低收入家庭的

---

① 皮亚杰.儿童的道德判断 [M]. 济南：山东教育出版社，1984.

② 赵浩，宋天娇.小学生同伴团体对同伴关系与学习自控力关系的影响——基于多层线性分析的多水平分析 [J].集美大学学报（教育科学版），2017,18(04):37-42.

③ 王红丽，郭亨贞.国外处境不利儿童早期家庭教育支持经验及启示 [J].甘肃教育,2021(23):113-117.

儿童拥有较多的积极学习品质，如儿童表现出注意力集中、坚持性以及自主性，那么儿童在词汇技能方面会有更强的接受能力和表达能力。[①]并且，学习品质可以降低个体不利因素对其学业表现的不利影响（如初始能力低、行为问题等）。学习品质能够对学龄儿童的严重学业失败和失调产生保护性的作用。[②]也有研究发现，儿童学习品质（通过 P1BS 评量）在早期行为问题与学业成绩的关系中具有中介效应（Dominguez,Vitiello,Maier，2010；Escalon & Greenfield，2009；Mcwayne & Cheung，2009）。

教育是阻断贫困代际传递的治本之策。在 2014 年教师节时，习近平总书记在同北京师范大学师生代表座谈时指出："教育是提高人民综合素质、促进人的全面发展的重要途径，是民族振兴、社会进步的重要基石，是对中华民族伟大复兴具有决定性意义的事业。"[③]培养学生积极的学习品质，特别是对留守儿童、流动儿童、残障儿童学习品质的培养，是缩小社会差距、促进社会公平的重要途径。

2. 推进"人才强国"战略

学习有求知、开智、立德等功能。因此，它能促进人的素质的提高，而个人素质的提高，则是社会生产力提高的重要指数。从这个意义上讲，学习具有社会价值，它能促进社会经济的发展。北宋司马光说："所谓学者，非诵章句、习笔札、作文辞也，在于正心、修身、齐家、治国、明明德于天下也。"[④]

学习的意义不仅在于个人素质的提升，学习的价值在于承担社会责任，为天下人的美好生活而奋斗。陆游也有诗云："读书本意在元元。"[⑤]元元即黎民百姓，陆游也认同读书的社会价值，学习知识的目的是改良社会。

而我国早在 20 世纪 70 年代末就关注到了人才的重要性。改革开放之初，随着

---

① Fantuzzo J, Mcwayne C, Perry M A, et al. Multiple Dimensions of Family Involvement and Their Relations to Behavioral and Learning Competencies for Urban,Low- Income Children[J].School Psychology Review,2004,33(04):467-480.

② Fantuzzo J, Mcwayne C. Perry M A, et al.Multiple Dimensions of Family Involvement and Their Relations to Behavioral and Learning Competencies for Urban,Low- Income Children[J].School Psychology Review,2004,33(04):467-480.

③ 习近平 . 做党和人民满意的好老师 [N]. 人民日报，2014-09-10.

④ 司马光《温国文正司马公集·进〈孝经〉指解札子》。

⑤ 陆游《剑南诗稿校注·读书》其二。

党和国家工作的重心转移到社会主义现代化建设上来，经济社会发展对人才的需求急剧增长，人才问题日益突出。1978 年 12 月，党的十一届三中全会之后，中央确立了"尊重知识，尊重人才"的国策，使大批知识分子和各类人才走上了经济建设的主战场。2001 年发布的《中华人民共和国国民经济和社会发展第十个五年计划纲要》则专章提出"实施人才战略，壮大人才队伍"，首次将人才战略确立为国家战略，将其纳入经济社会发展的总体规划和布局之中，使之成为其中一个重要组成部分。"人才强国"战略必然要通过教育得以实施。同年，我国启动了基础教育阶段的新一轮课程改革，培养目标和方式从注重知识单向传授向知识与技能、过程与方法、情感态度和价值观的三维目标转变，向具有创新精神、完整人格、终身学习、良好素养转变。而 2022 年 4 月发布的"2022 版新课标"，对上一版本课标进行了重新修订，以培养有理想、有本领、有担当的时代新人为培养目标，关注学生的问题解决能力与全面发展。

"少年强则国强"，培养学生积极的学习品质，是推进"人才强国"战略的必然要求。人的学习不仅仅是作用于自身，更是对国家和社会培养的一种回应。只有提升教育质量，加强教育公平，才能源源不断地培养出高质量人才，从而更好地全面建成社会主义现代化强国。

三、学习品质的影响因素

"合抱之木，生于毫末"，学生学习品质的养成是日积月累的，也是很多因素共同决定的。无论是年龄、气质等主观因素，还是家庭教育、学校教育等客观因素，都会影响学生学习品质的生长。

（一）主观因素

1. 年龄与学习品质

国内外众多学者的研究发现，儿童年龄与学习品质的发展水平呈现正相关关系，年龄较小儿童比年龄较大儿童的学习品质发展速度快，年龄较大儿童比年龄较小儿童的学习品质发展水平高。

格拉费斯的研究发现，年龄和生活经验可能是影响学习品质的有价值因素。[①]

美国儿童早期发展纵向研究考察了 22000 名 5 ~ 6 岁儿童的学习品质，研究发现老师对于不同年龄儿童的学习品质评分存在差异，在坚持性这一因素上，年龄较大儿童得分较高，6 岁儿童的学习品质表现显著优于 5 岁儿童。[②] 贝尔等人的研究结果表明，年龄较小儿童比年龄较大儿童学习品质和社会情感技能的发展速度更快，年龄较大儿童比年龄较小儿童在包括学习品质在内的入学准备中表现出更高的技能。而且，当年龄较小儿童在与年龄较大儿童混龄的教室中，年龄较小儿童的学习品质，如主动性、好奇心、专注、坚持等学习品质提高得更快，这说明年龄较小儿童在与学习相关的行为方面，会潜在地受益于年龄较大儿童。[③]

同时，神经科学家认为，大脑的成熟是儿童发展的关键因素之一。随着年龄的增长，儿童逐渐能够约束自己的行为。人的大脑在发展的过程中，需要协调大量智力运算过程，例如，组织、控制和自我管理，而这些是儿童学习品质发展的重要基础。[④]

国内有关年龄与儿童学习品质的研究与国外学者的研究结果较为一致。2013年，李燕芳等人的研究发现，年龄较大的儿童学习品质总体表现较好，尤其是在独立性、灵活性以及注意力等方面。[⑤]2018 年，张莉和周兢对儿童品质的调查研究显示，针对年龄特点的分析中，儿童在七大领域上的得分随年龄而有显著增长。[⑥]2019年，李珊珊、李莉、范洁琼的研究表明，不同年龄的幼儿学习品质存在差异，儿童学习品质各维度随年龄而呈现显著发展，儿童在学习品质各维度以及整体得分随着

① Groves M.Problem-based learning and learning approach:Is there a relationship?[J] Advances in health sciences education,2005,10(04):315.

② Waterman C. Mcdermott P A, Fantuzzo J W, et al. The matter of assessor variance in early childhood education-Or whose score is it anyway?[J],Early Childhood Research Quarterly,2012,27(01):46-54.

③ Bell E R, Greenfield D B, Bulotsky-Shearer R J. Classroom Age Composition and Rates of Change in School Readiness for Children Enrolled in Head Start.EarlyChildhood Research Quarterly，2013，28(01)：1-10.

④ Rothbart M K, Sheese B E, Posner M I. Executive attention and effortful control: Linking temperament, brain networks, and genes[J]. Child Development Perspectives, 2007, 1(01): 2-7.

⑤ 李燕芳，吕莹．家庭教育投入对儿童早期学业能力的影响：学习品质的中介作用 [J]. 中国特殊教育,2013(09):63-70.

⑥ 张莉,周兢．学前儿童学习品质发展及其对早期语言和数学能力的预测作用 [J]. 全球教育展望,2018,47(05):113-128.

年龄而增长。①2020年，学者冯丽娜的研究发现，学习品质总体及各维度均存在显著的年龄差异，总体来看，5岁以上儿童的学习品质高于4～5岁、3～4岁儿童，且4～5岁儿童学习品质高于3～4岁儿童。②

综上所述，年龄是影响儿童学习品质的重要因素。大多数学者认为随着儿童年龄的增长，身心发展逐渐完善，经验积累愈加丰富，儿童在学习中使用的方法技能，对学习持有的态度也会得到更好的发展。

2. 性别与学习品质

性别在儿童的学习品质发展过程中扮演着重要角色。2007年，凡图佐等人通过研究发现，女孩在管理自己的行为、情感和注意力方面的能力高于男孩。③2012年威特曼的研究也证实了这一点。④

国内有关性别与儿童学习品质关系的研究结果不一，部分学者的研究结果与国外学者一致，即相同条件下，女孩的学习品质优于男孩。2013年，李燕芳等人研究发现，女孩的学习品质总体表现较好，尤其是独立性、灵活性以及注意力等方面。⑤

2020年，学者冯丽娜的研究发现，总体来看，女孩学习品质整体表现较好，特别是在注意／坚持和学习策略维度上。⑥2021年，马亚玲和杜文英通过对青海省三所幼儿园的研究也证实了这一点。该地区3～6岁幼儿女生的综合得分要高于男生的得分，男女生在学习品质发展水平上存在显著差异。⑦

① 李姗姗，李莉，范洁琼．学前儿童学习品质的评估及其与早期发展的关系 [J]. 教育科学研究，2019(05):40-47.
② 冯丽娜．家庭社会经济地位与幼儿学习品质的关系：家庭学习环境的中介作用 [J]. 学前教育研究，2020(04):62-72.
③ Fantuzzo J W, Bulotsky-Shearer R, Mcdermott P A, et al. Investigation of dimensions of social-emotional classroom behavior and school readiness for low-income urban preschool children[J].School Psychology Review,2007,36:44-62.
④ Waterman C. Mcdermott P A, Fantuzzo J W, et al. The matter of assessor variance in early childhood education-Or whose score is it anyway?[J],Early Childhood Research Quarterly,2012,27(01):46-54.
⑤ 李燕芳，吕莹．家庭教育投入对儿童早期学业能力的影响：学习品质的中介作用 [J]. 中国特殊教育，2013(09):8.
⑥ 冯丽娜．家庭社会经济地位与幼儿学习品质的关系：家庭学习环境的中介作用 [J]. 学前教育研究，2020(04):62-72.
⑦ 马亚玲，杜文英．3-6岁幼儿学习品质发展现状研究 [J]. 陇东学院学报，2021, 32(06):142.

一部分学者的研究结果表明，男孩的学习品质总体上优于女孩。2015 年，李芳雪的研究发现，男孩在好奇与兴趣、主动性、创造与发明、反思与解释等因素上的得分显著高于女孩，不同性别儿童的坚持性与注意力没有显著性差异。[①]2018 年，赵婧、王喜海的研究表明，男孩的学习品质得分显著高于女孩，在专注性、想象与创造力等方面尤其明显。[②]

而另一部分学者的研究结果表明，不同性别的学生在学习品质不同方面均存在优势。2015 年，高璇研究发现，男孩在主动性、想象和创造能力、好奇心上显著好于女孩；女孩的坚持性、抗挫折能力显著好于男孩；在目标意识、专注程度、独立性上无显著性别差异。[③]2019 年，王朝蓉发现女孩在主动性、反思与解释的学习品质上高于男孩，而男孩在好奇心与兴趣的学习品质上显著高于女孩。[④]

但是，也有研究未发现二者存在显著相关性。2008 年，吕正欣在针对 529 名 5 ～ 7 岁儿童的入学准备研究中发现，儿童学习品质不存在性别差异。[⑤]2018 年，张莉、周兢的研究发现，男女童在学习品质整体发展上无显著差异。[⑥]

总体来看，国内外现有研究大多证实了性别与学习品质的相关关系。未来可以进一步控制变量验证不同性别儿童，在学习品质的不同维度、不同文化情境下发展的差异性。

3. 气质与学习品质

气质是一种典型的稳定的心理特征。气质描述个体对外界刺激的反应方式、速度和强度，这些气质特征包括儿童面对新事物的迁移能力、适应能力、抗挫能力、坚持性和注意力等。[⑦]托马斯和切斯总结出了三种婴儿气质类型：容易型、困难型和迟缓型。希波克拉底则提出了人的气质体液说，将气质分为胆汁质、多血质、黏

① 李芳雪.大班幼儿学习品质与家庭文化资本的关系研究 [D]. 天津师范大学,2015:22-23.
② 赵婧,王喜海.3 ～ 6 岁儿童学习品质观察评价量表的研制 [J]. 学前教育研究 , 2018(06):16.
③ 高璇.科学探究活动对大班幼儿学习品质的实验研究 [D]. 天津师范大学 , 2015:23-26.
④ 王朝蓉.家庭社会经济地位与幼儿学习品质的关系 [D]. 广州大学 ,2019:14.
⑤ 吕正欣.儿童入学准备发展水平对其学校适应状况的预测 [D]. 东北师范大学 ,2008:16-17.
⑥ 张莉,周兢.学前儿童学习品质发展及其对早期语言和数学能力的预测作用 [J]. 全球教育展望 ,2018,47(05):113-128.
⑦ Schmerse D.Preschool Quality Effects on Learning Behavior and Later Achievement in Germany: Moderation by Socioeconomic Status[J].Child Development,2020,1(23):1467- 8264.

液质和抑郁质。除此之外，克雷奇默、柏尔曼等人也对人的气质类型进行了研究。

不同气质的个体学习品质也表现出不同。[1] 葛明贵提出，儿童的气质、性格等心理因素是学习品质的重要组成要素，儿童的非智力因素对学习品质发展发挥定向、激励、促进以及调节的作用。[2] 翟欢的研究结果显示，不同气质类型的儿童在学习品质的 4 个维度即好奇与兴趣、主动性、坚持与注意和反思与解释上都具有显著性差异，易养型儿童的学习品质发展水平最高，难养型儿童学习品质处在最低水平。[3] 何含姣通过对儿童学习品质中的专注力进行研究发现，不同气质类型的学生出现的专注行为频次有所差异。因此，在实际教学中，我们需要根据学生的气质类型，进行更加有针对性的学习品质培养，放大其长处，补足其短处。

4. 问题行为与学习品质

儿童学习品质的个体影响因素也包括儿童的问题行为。在学习情境中，儿童表现出来的干扰学习活动正常进行或者影响学习效果的行为称为问题行为，主要包括外化问题行为（如儿童注意力不集中、多动、攻击性行为、违纪等）和内化问题行为（如儿童的退缩、焦虑与强迫等）。[4]

已有研究探讨了儿童问题行为与其学习品质的关系，认为学习品质水平与攻击行为存在负相关的关系。一方面，学习品质对攻击行为存在预测作用。2005 年，凡图佐等人考察了儿童学习品质的多个维度，结果显示儿童早期的攻击性等问题行为能够显著预测儿童较低的学习态度，儿童注意力不集中能够显著预测儿童在学习任务中能力动机、注意和坚持性的较低水平。[5] 另一方面，学生的攻击行为也对学习品质水平存在预测作用。2011 年，多明格斯等人的研究结果发现，在结构化的学习情境（如集体活动和小组活动时间）中儿童的问题行为（如儿童不参与、不会调节自己的行为、不会适当地投入）是他们较低学习品质的预测因素之一。同时，儿童在与班级同伴和教师互动中的问题行为也是他们较低学习品质的预测变量，这

---

① 何含姣. 不同气质类型幼儿专注力表现的特点研究 [D]. 陕西师范大学，2018:45.

② 葛明贵. 学习品质训练与小学生人格发展的相关研究 [J]. 心理科学，1999，22(04):339—341.

③ 翟欢. 5-6 岁不同气质类型幼儿学习品质特点研究 [D]. 陕西师范大学，2014:23—27.

④ Woolfolk A . Educational Psychology, eBook, Global Edition[J]. Pearson Schweiz Ag, 2015.

⑤ Fantuzzoj W, Bulotsky-Shearer R.Fusco R A, et al. An investigation of preschool classroom behavioral adjustment problems and social—emotional school readiness competencies[J].Early Childhood Research Quarterly,2005,20(03):259—275.

些问题行为得分较高的儿童往往其适应性学习品质的得分也比较低。[①]

综合来看，问题行为影响儿童学习品质的发展。在儿童学习品质培养过程中，教育者要根据问题行为的类型制订相应的干预方案，从而有效地促进儿童学习品质的发展。

（二）客观因素

1. 家庭的影响

（1）家庭社会经济地位对学生学习品质的影响

家庭社会经济地位是依据家庭所获取或控制的有价值资源（如教育、财富、社会地位等）而对其进行层级排名，它反映了个体获取现实或潜在资源的差异。[②] 家庭社会经济地位对于儿童的发展会产生一定程度的影响，主要是源于不同社会经济地位家庭中的儿童会受到不同的经济资源、人力资源以及社会资源的影响，从而对个体的发展产生影响，社会经济地位较低家庭中的儿童可能会因为资源的缺失而落后于其他儿童。

家庭社会经济地位会影响儿童学习品质的发展水平。王宝华在针对 143 名来自不同社会经济地位家庭的小学一年级新生进行研究时发现，来自高社会经济地位家庭儿童的学习品质表现显著优于社会经济地位较低家庭的儿童。与家庭社会经济地位较低的儿童相比，家庭社会经济地位较高的儿童在"想象力和创造力""好奇心""主动性""专注力"以及"目标意识"等方面的表现较优。简单来说，在低社会经济地位的家庭中父母和学生可能会因为家庭压力的增加，造成一定程度上的情绪困扰或行为问题，父母可能会因家庭收入等原因不能及时参与学生学习及生活中的成长，这对学生学习品质的发展明显是极为不利的因素。而高社会经济地位的家庭中父母则会在构建更加有益的亲子互动的同时，更能认识到学生内在学习品质的重要性，也更加注重对学生内在学习品质成长方面的投资，这会在一定程度上促进

---

① Dominguez X, Vitielio V E, Fuccillo J M.et al.The role of context in preschool learning:a multilevel examination of the contribution of context–specific problem behaviors and classroom process quality to low–income children's approaches to learning[J]. Journal of School Psychology,2011,49:175–195.

② 张卫，李董平，谢志杰. 低社会经济地位与儿童发展 [J]. 华南师范大学学报（社会科学版），2007(06):105.

学生学习品质的发展。

从这里可以看出，家庭社会经济地位并非直接影响儿童发展，而是通过一系列的中介变量发挥作用，这些中介变量包括认知刺激、父母期望等。[①] 而家庭经济地位也将通过中介变量来影响和调节儿童学习品质水平。

（2）父母教养行为对学生学习品质的影响

国内外学者目前研究方向大都聚焦在父母的"教养方式"上，只有极少数的研究者把目光放在"教养行为"的研究上。我们知道"教养方式"与"教养行为"虽密切相关，但还是有一定程度上的差异性。简单来说，"父母在教养子女时表现出的若干具体行为就组成了相应的教养方式"[②]。那究竟什么是父母教养行为呢？教养行为就是为了将孩子培养成自己心目中的理想状态，父母在抚养、教育孩子的过程中发生的具有稳定风格和明显倾向的行为。[③]

目前已有研究发现，父母教养行为与幼儿学习品质具有相关关系，并且教养行为能够在一定程度上预测幼儿学习品质的发展。Zigel 等人提出家长参与 Head Start 计划可能对孩子有直接的益处，但这种益处更可能是通过父母教养行为的改善而产生的间接影响；[④] 家庭参与是父母积极教养行为的重要内容，家庭参与教育已被美国确定为儿童学习的有利因素。冯丽娜、吴政达等人通过对 907 名 3～6 岁幼儿及其父母的研究发现，正向教养与幼儿学习品质中的胜任动机、学习策略存在显著正相关关系，体罚对幼儿的学习品质的胜任动机、注意力 / 坚持、学习策略存在显著负相关关系。[⑤] 也就是说，家庭参与程度与父母的情感温暖对儿童的学习品质，乃至人格的形成有正面作用，而惩罚和过度干涉等行为则有负面作用。即父母积极的教养行为与孩子的学习品质发展呈正相关，消极教养行为则与孩子的学习品质发展呈负相关。

然而，我们会发现，在日常的家庭教育实践中，一部分家长在与小学生相处的

---

① Masarik A S,Conger R D. Stress and child development: a review of the Family Stress Model[J]. Current Opinion in Psychology,2017,13:85-90.

② 汪琳琳 . 幼儿父亲教养行为、父子依恋的结构及其关系 [D]. 鲁东大学 ,2014:9.

③ 杨晓静 . 父母教养行为、亲子关系与 4-6 岁幼儿学习品质的关系研究 [D]. 华东师范大学 ,2019:9.

④ Smolensky I. Head Start. Magill's Book Reviews. January 1992:1.

⑤ 冯丽娜，吴政达 . 家庭社会经济地位、父母教养行为对幼儿学习品质之影响 [J]. 宁波大学学报（教育科学版）,2018,40(04):109-119.

过程中并不刻意调整自己的教养行为，不仅对孩子的信任感差，还一度因为自身过于消极影响孩子的情绪及价值观，这严重制约了这些小学生在学习品质方面的健康成长。

（3）亲子关系对学生学习品质的影响

亲子关系是儿童最早建立起来的人际关系，也是个体一生中持续时间最长的人际关系。目前，学者们对于亲子关系的表述方式不尽相同，但是内涵较为统一，共同强调了两个关键要素：一、形成亲子关系的主体需要是血缘关系或者是长期共同生活的关系；二、亲子双方相互影响，共同作用。王云峰、冯维认为，亲子关系建立在血缘关系和共同生活的基础之上，亲子关系是父母与子女在日常生活中相互影响、相互作用所形成的人际关系。[①] 亲子关系对儿童青少年发展的影响深远。它不仅对个体的同伴关系和师生关系有着重要的影响，还与儿童学习品质发展有着千丝万缕的联系。

良好的亲子关系有利于学生学习品质的发展。黄红以 651 名家长和高三学生为研究对象，就其亲子关系和孩子的学习品质的关系进行了研究，结果发现：良好的亲子关系有利于孩子养成良好的非智力学习品质。[②] 同样地，陈艺瑕在研究中发现，农村中小学生的亲子亲合对学习动机具有正向预测作用，亲子冲突对学习动机具有负向预测作用。[③]

由此可知，首先，良好的亲子关系可以激发学生的学习兴趣。在良好的亲子关系氛围下，学生的关注点不再放在亲子关系的内部维系上，而是更加顺其自然地放在对学习的外在探索上，使学生更容易激发学习的动机与兴趣。其次，良好的亲子关系有助于培养学生的主动性。当亲子关系中较为主导的父母一方更加尊重学生，那么，两者之间则会更加相互信任，而获得足够尊重和信任的儿童将更加独立与自主。最后，良好的亲子关系能促进学生对学习更加专注与坚持。当双方更加理解彼此时，父母可以站在学生的角度理解学生行为背后的意义，也就不会轻易在学生投入且专注时打断或打扰，而当学生完成阶段性探索或遇到挫折感觉到挫败时，父母也会在第一时间给予相应鼓励，由此提升学生的学习意志力。

---

① 王云峰, 冯维. 亲子关系研究的主要进展 [J]. 中国特殊教育, 2006(07):77-83.

② 黄红. 亲子关系对高三学生学习品质的影响 [J]. 江西教育科研, 2007(05):68-69.

③ 陈艺瑕. 农村中小学生学习动机与父母教养方式、亲子关系的研究 [D]. 湖南师范大学, 2012:34-47.

从以往的研究中可以发现，良好的亲子关系不仅会使学生与家长彼此的关系更加亲密友爱与相互尊重，还意味着儿童可以从父母那里获得足够的安全感和自信心，而这些都为学生学习品质的发展提供了强有力的支撑。

2. 学校的影响

（1）学校环境对学生学习品质的影响

学校环境创设反映出一所学校的教育理念与价值观。无论是有字的文化墙、标语栏，还是无字的校园道路规划与花坛草木种植，都会对学生产生一定的影响。校园环境告诉学生，哪些是被允许的，哪些是被禁止的，哪些是被称赞的，哪些是被唾弃的。正如苏联教育学家苏霍姆林斯基说："孩子在他周围——在学校走廊的墙壁上，在教室里，在活动室里——经常看到的一切，对于他的精神面貌的形成具有重大的意义。"[1] 学校环境对于学习品质的影响是潜移默化的，也是至关重要的。学校环境对学生的专注力和坚持性的影响尤为明显。比如对于发育期的学生，如果学校配备与学生身高不匹配的桌椅，不仅难以支持其长时间的学习，更会影响学生的身体健康。而对于一些发展迟滞或身体残疾的学生，创设怡人的学习环境，会帮助他们集中注意力到眼前的学习上。

（2）教学方法对学生学习品质的影响

教师作为学生学习过程中的引导者和点拨者，在学生学习以及学习品质的培养过程中起着至关重要的作用。有关研究表明，在以教师为主导的班级里，儿童积极参与学习活动的比例相对较低，学习动机相对较弱。这些教师不仅很少能够看到学生自身的努力，还要在课堂上花费更多的时间来限制儿童的不当行为。[2]

但奇怪的是，在某课程中无法投入学习的学生，却有可能在另一位教师的课堂上专心致志地学习。从这里可以看出，学生的学习投入水平会随着教师的教学方法产生一定的变化。

除此之外，教师的教学方法也会对其余学习品质因素产生影响。学者孙文娟的研究指出，使用手偶教学法可以促进学生某一方面学习品质的发展，比如好奇心与

① ［苏］Ｂ.Ａ.苏霍姆林斯基.帕夫雷什中学 [M]. 北京：教育科学出版社，1983:135.

② Kruif R，Mcwilliam R A，Ridley S M，et al. Classification of teachers' interaction behaviors in early childhood classrooms[J]. 2000, 15(02):268.

学习兴趣、坚持与注意等。[①] 相对于更加偏重教师活动，由教师主导的传统教学方法，能够利用学生的求知欲，让学生带着疑问参与学习的质疑激趣法，让学生进行发散思维，提出各种思路，然后进行比较、选择，集中到最优思路上来的集中发散法，以及能启发学生积极思考，主动探求新知，达到举一反三目的的自主探究法，这些方法更有利于激发学生学习兴趣与动机，改善学生学习策略与思维方式，也更有利于积极学习品质的发展。

（3）师生关系对学生学习品质的影响

研究表明，师生关系以及教师对儿童的支持方式可以预测儿童的学习品质。具有良好师生关系的儿童，在学习品质方面所得到的评价会更好，教师对儿童的情感支持可以提高儿童的学习品质，并缓解其他因素对儿童学习品质的消极影响。

伯奇和莱德的研究发现，发生在儿童幼年的师生互动可能对儿童的学习品质有着长期影响。[②] 费雷和希纳研究指出，儿童若与教师建立亲密的师生关系，则能够有效地激发儿童的学习动机，他们的学习兴趣、主动性、积极情感和目标意识等方面也能够得到更好的发展。[③] 而我国的研究者也得出了相同的结论，刘云艳认为民主平等的师生关系有利于儿童培养探究精神和创新精神，使儿童敢于冒险，并接受失败、面对失败，让儿童在学习过程中体验学到知识的快乐。[④] 综上所述，保持亲密且良好的师生关系对学生积极学习品质的发展有着促进作用。

（4）同伴关系对学生学习品质的影响

同伴关系是指与年龄相近或者心理发展水平相当的个体，在交往过程中建立和发展起来的一种人际关系。陈鹤琴指出："幼儿需要良好的伙伴来做伴侣，与他们交流相处，以获得友谊，解除孤独，活泼身心，这是成人代替不了的。"[⑤] 在学生时代，良好的同伴关系在学生学习品质的发展过程中非常重要，正所谓"独学而无友，则孤陋而寡闻"。

---

① 孙文娟. 运用手偶的故事教学活动对幼儿学习品质的影响分析 [D]. 浙江师范大学, 2014(05):40.

② Birch S H, Ladd G W.The Teacher-child Relationship and Children's Early School Adjustment.Journal of School Psychology，1997，35(01):61-79.

③ Furrer C, Skinner,et al. Sense of relatedness as a factor in children's academic engagement and performance [J]. Journal of Educational Psychology,2003,95(01):148-162.

④ 刘云艳. 好奇心的实质与教师的支持性策略 [J]. 学前教育研究, 2006(02):14-16.

⑤ 陈鹤琴. 家庭教育：怎样教小孩 [M]. 北京：中国致公出版社,2001:59-61.

一方面，同伴关系会影响学生学习品质的养成。同伴间平等的榜样关系更能让学生潜移默化地模仿，学习品质较高儿童能够带动同伴一起提升学习品质，进行深度学习。"在幼儿的深度学习活动中，同伴合作水平影响着活动的走向和进程，良好的同伴合作对幼儿深度学习具有促进作用。"[①] 有研究者认为"同伴关系的类型（积极型和消极型）同样会反作用于儿童本身，对其直接的学业表现产生一定的影响力"[②]。

另一方面，拥有积极学习品质的学生，也会在同伴关系上获得相对积极的体验。学者温赫柏的一项研究表明，幼儿学习品质与同伴交往呈正相关关系，即幼儿的学习品质越好，越会获得同伴的喜欢。能够对自身进行反省的幼儿、积极主动参与活动的幼儿、能够认真完成任务的幼儿和创造力强的幼儿更可能受到同伴的喜欢。[③] 归根结底，同伴关系与学习品质存在互相促进的关系。

（5）活动参与对学生学习品质的影响

活动参与是预测学生学习品质的重要因素之一。这些活动既包括在校内参与的活动式学习或探究式学习，如艺术节活动、社团活动等，也包括在校外根据兴趣自主参与的相关活动。

研究发现，积极参与活动的学生会比未参加活动的学生获得更多学习品质方面的提升，而且持续参与这些活动对学生学习品质的积极影响会更显著。卓别林等人的研究发现，参与艺术活动的学生在关注、遵守规则和课堂参与方面比没有参与的学生表现出更高的水平，参加活动的学生比不参加这些活动的学生课堂参与程度更高。[④] 陈杰琦等人在"搭建桥梁"项目中，选取了幼儿园、学前班、二年级共 61 名儿童作为被试，对儿童的学习品质进行观察，研究聚焦于班级环境中儿童的学习品质是否受到参与活动的影响，通过观察他们参与的六个班级活动来测评每个儿童的五种学习品质。结果表明，在学校相关的活动中儿童运用的学习品质不同，且在活

① 宋琳.幼儿深度学习的影响因素研究 [D].东北师范大学,2021:51-52.
② 杨君.浅析小学高年级同伴关系发展对学业表现的影响 [J].天津教育，2021(01): 58-59.
③ 温赫柏.幼儿学习品质与同伴交往的关系探究 [J].内蒙古教育，2017(04): 51-52.
④ Chaplin, D., Puma, M.J.What"Extras"Do We Get withExtracurriculars?Technical Research Considerations. Washington D.C.:Urban Institute，2003.

动中不断发展和进步。[①]

进行探究式学习或问题导向学习的学生，相对于其他学生而言，可能在成绩上并无明显差异，但是他们会具备更加积极的学习态度，以及更强的探究能力与多维认知能力。

3. 社会的影响

（1）文化对学生学习品质的影响

文化是影响儿童学习品质的重要宏观因素。人们从一出生开始，就要受到社会文化的影响。所以，在不同的文化背景和价值体系中，儿童所发展的学习品质也大相径庭。

冈垣和斯腾伯格发现，美国移民家庭中的父母认为，遵循外在标准塑造他们的孩子比发展孩子的自主行为更重要。相反，美国本土父母则赞成应当发展孩子的自主性，而不考虑与外在标准是否一致。[②]而这也就造成了这些家庭中的儿童学习品质发展方向的差异。除此之外，文化还会通过作用于气质而影响到个体思考、感知、理解、判断和解决问题的方式，即影响儿童如何学习。例如，害羞在某些文化中被看作无能。因此，对害羞儿童的期望不同，就可能导致他们在学习和社会情境使用不同的策略。

另外，区域文化也是影响学习品质的因素之一。简单来说，在比较重视教育的地区，人们会更加注重非智力因素——学习品质的培养，并为此寻找适合儿童学习品质提升的方法，当地的学生学习品质也会越来越高。反之，在一些并不重视教育的地区，儿童的学习品质就会相对较低，提升的速度也会相对较慢，甚至会出现学生学习品质降低的情况。可以看出，区域文化对学生学习品质的影响，是与周围人群的思想观念密切相关的。当周围人群的教育思想观念较为开放及先进，学生的学习品质就会迅速提升。反之，则会更难培养出学习品质较高的儿童。

---

① Jie-Qi Chen, Ann Masur,Gillian McNamee. Young children's approaches to learning: a sociocultural perspective[J]. Early Child Development and Care, 2011, 181(08):1137−1152.

② Okagaki L, Sternberg R J.Parental Beliefs and Children's School Performance.Child Development, 1993, 64(01):36Kagan S L., Moore E.,Bredekamp, S.(Eds.)Reconsidering Children's Early Development and Learning:Toward Common Views and Vocabulary.Washington D.C.: National Education Goals Panel, 1995:56.

综上所述，不同文化背景关于儿童认知发展、社会性发展和未来能力发展走向等的信念可以深刻影响儿童的学习品质及其发展。

（2）社会风气对学生学习品质的影响

当今社会是一个各种意识形态并存的社会，社会上存在着各种社会风气。社会风气影响着学生生活与学生学习品质，它是带有社会背景意蕴的重要社会变量，也是制约儿童发展的重要社会因素。社会风气反映社会的价值风向，有什么样的社会风向，学生就大概率地会有什么样的价值导向与行为表现。置身于其中的儿童，其学习品质无时无刻不受客观存在的社会风气的影响。

这些社会风气对学生学习品质的影响日益加深。我们发现，积极的社会风气不仅能够督促学生认识到学习的重要性，使其端正学习态度，更加热爱学习，同时，还能够使其提升自身的学习意志力，坚持学习；消极的社会风气，如功利主义、享乐主义等，则会在冲击儿童价值观的同时，使其产生扭曲的价值观，令学生重心转移，更加注重学习以外的事物，出现学习态度的改变，甚至会出现厌学等不良学习情感。因此，只有拥抱积极社会风气，抵制消极社会风气，才会更加有利于学生学习品质的发展。

第二章 生长溯源
——学习品质研究的背景分析

　　低头行路时，也需要时不时回望来处，想一想自己的初心，这样才能及时修正前进的方向。本章从中华优秀传统文化出发，结合时代发展与当前需要，再回到我校对于学习品质的研究历程与参与的多轮学习品质测试结果，追溯农科院附小进行学习品质研究的来处与初心。

中国农业科学院附属小学农科院校区

一、中华优秀传统文化对学习品质培养的引领作用

（一）中华优秀传统文化对学习品质的传承

中国作为历史悠久的文明古国，有着非常强大的文化底蕴。早在先秦时期，我国就有了关于学习理论的论述，在这一时期的文化典籍中，《论语》《孟子》《荀子》等书均有学习思想的记述。文明在学习中演进，历史在传承中绵延。千年未断绝的文化传承，使得我们有机会沟通古今，对"如何学习"这一问题进行深入思考。

1. 明确的学习目标

（1）立志为先

我们的传统文化中，非常强调"立志"的重要性。"志者，学之师也。"[1] 立志，是学习的第一步。朱熹说："立志不定，如何读书。"[2] 王守仁说："志不立，无可立之事。"[3] 坚定的目标，能够对人起到引领的作用，所以也就有了"有志者，事竟成"的说法。立志，体现着人的学习动机与学习目标。学习动机影响着学习的效率。学习目标，则决定了成就的上限。

（2）修身济世

传统文化中的学习目标存在渐进性和分层性的特点。儒家学派认为学习目标中较低的层次为做"君子"或者"士"，较高的层次则是得道成"圣"。《大学》则将这种渐进性的目标进一步细化，认为学习目标是"修身，齐家，治国，平天下"，从提升个人素养、管理家庭，到造福社会。正所谓"穷则独善其身，达则兼济天下"[4]。

---

① 徐干《中论·治学》。

② 张伯行《朱子语类辑略》。

③ 王守仁《教条示龙场诸生》。

④ 孟子《尽心章句上》。

2. 积极的学习认知

（1）义理自得

早在先秦时期，人们就意识到了自主学习的重要性。自主学习获得的知识，不仅掌握得更加牢固，在应用时也会更加游刃有余。孔子主张学习者要主动学习，并且自述："我非生而知之者，好古，敏以求之者。"① 孟子也说："君子深造之以道，欲其自得之也。自得之，则居之安；居之安，则资之深；资之深，则取之左右逢源，故君子欲其自得之也。"②

（2）乐知好学

关于学习，我们常听到的一句话是"学海无涯苦作舟"。实际上，学习并不全是苦差事，很多人发自内心地热爱学习。孔子说"学而时习之，不亦说乎"③，并且将学习分为了"知之""好之""乐之"三个层次，认为"知之者不如好之者，好之者不如乐之者"④。乐知好学的积极学习认知，能够使得学习者对学习更加投入，从而维持学习行为的持续性。

3. 科学的学习方法

（1）常思敢疑

在我国古代文化中，较为推崇质疑精神。孔子说"学而不思则罔，思而不学则殆"⑤，强调了思考在学习中的重要性。孟子认为"心之官则思，思则得之，不思则不得也"⑥，并且"尽信书，则不如无书"⑦。在学习的过程中，学习者要经过自己的思考，有选择性地吸收书中的精华部分。而这种对知识的精细加工，也让学习者对知识的掌握更加牢固。陆九渊也说："为学患无疑，疑则有进。小疑则小进，大疑则大进。"⑧ 带着思考去学习，才能有较为理想的进步。悬测读书法和疑古读书法，都是对这种质疑求真精神的集中体现，极大地锻炼了学习者的思维。

---

① 孔子《论语·述而》。

② 孟子《孟子·离娄下》。

③ 孔子《论语·学而》。

④ 孔子《论语·雍也》。

⑤ 孔子《论语·为政》。

⑥ 孟子《孟子·告子上》。

⑦ 孟子《孟子·尽心下》。

⑧ 陆九渊《陆九渊集》。

（2）虚心求问

在我们的古代文化中，非常鼓励学习者向他人请教。并且这种求问是只论知识多寡，不考虑身份差别的，"弟子不必不如师，师不必贤于弟子，闻道有先后，术业有专攻"①。孔子的"见贤思齐"与"三人行必有我师"，以及曾子的"以能问于不能，以多问于寡"，都是对这一思想的印证。如今，虚心求教、不耻下问的优良学习品质，也将引领新一代的学生走向知识的高峰。

（3）知行相辅

我国很多古代的教育家、哲学家，都讨论了理论与实践的辩证关系。孔子说："诵诗三百，授之以政，不达；使于四方，不能专对，虽多，亦奚以为？"②荀子也认为："知之而不行，虽敦必困。"③如果不经实践，即使学习了很多理论也会遇到困难。学习最终是为了实践，而在实践中也能进一步学习。

（4）朝益暮习

我国学者很早就注意到了复习的重要性。复习能够加强学习者对知识的记忆，并且获得新的理解。孔子说"学而时习之"，并且"温故而知新"。朱熹对这一学习思想进行了解读，他说"言学能时习旧闻，而每有新得，则所学在我，而其应不穷，故可以为人师"④。而在学习时间的安排上，传统文化中主张晨起时开始学习，晚上休息时进行复习，是谓"朝益暮习"⑤。《学记》中也说："大学之教也，时教必有正业，退息必有居学。"而这种朝益暮习的学习方法，也在传承中发展出了"过电影"式学习记忆法，即夜里闭眼回忆今日所学，帮助学习者巩固新识。

（5）循序渐进

在古代学习思想中，也体现了循序渐进学习的重要性，教师要根据学习者的发展水平来安排学习内容。《学记》中就提到了："幼者听而弗问，学不躐等也。"躐等，即超越学习者现有水平。孔子说"欲速，则不达"，孟子也用揠苗助长的故事来警示后人，要尊重生长规律。因此，在教学中要"不陵节而施"，尊重学生的生长规律。

---

① 韩愈《师说》。
② 孔子《论语·子路》。
③ 荀子《荀子·儒效》。
④ 朱熹《论语集注》。
⑤ 管仲《管子·弟子职》。

4.持久的学习毅力

（1）居敬持志

在我国古代关于读书学习的论述中，强调了专注力的重要性。在学习过程中，学习者需要克服外界的干扰，将全部注意力集中到眼前的学习任务中。孟子认为："不专心致志，则不得也。"[①]朱熹也认为，学习时应该"居敬持志"。并且他认为读书要"心到、眼到、口到"[②]，在学习上要"每次作一意求之"[③]，要把全部心神放在眼前的学习内容中，把眼前的知识全部消化，再开启新的学习领域。

（2）勤学如一

古代学习理论非常提倡始终如一、坚持学习的精神。孟子说："有为者辟若掘井，掘井九仞而不及泉，犹为弃井也。"行百里者半九十，只有在一日又一日的勤学中，才能获得较大的成就。而韩愈说："业精于勤，荒于嬉；行成于思，毁于随。"[④]长久如一地进行勤奋学习，最终才能获得良好的成果。

中华民族的历史源远流长，勤学如一、乐知好问等学习品质，在一代又一代人的力行中传承。以上几点，仅仅是对传统文化中积极学习品质的初步概括，传统文化中还有很多关于积极学习品质的要点，值得我们深入研究，从中汲取奋进的力量，引领新时代的学生不断学习。

（二）古今榜样人物对学习品质的示范

"所谓圣者，须学以圣。"[⑤]我们中华民族自古以来，就是一个勤于学习、善于思考的民族。在我们的成语典故中，记载了很多刻苦求学的故事。从"囊萤映雪"到"凿壁偷光"；从"圆木警枕"到"刺股悬梁"；从"挂角负薪"到"高凤流麦"；从"焚膏继晷"到"废寝忘食"。每一个成语典故的背后，都代表着一段苦学成才的人生经历。艰难困苦，玉汝于成，克服困难、专心学习的日日夜夜，最终共同造就了他们的"成竹在胸"。

因为读书条件的不足，人们抓紧一切时间进行学习，珍惜一切可以学习的机

---

① 　孟子《孟子·告子上》。

② 　朱熹《童蒙须知》。

③ 　苏轼《又答王庠书》。

④ 　韩愈《进学解》。

⑤ 　王充《论衡·求知》。

会。三国时期的董遇，苦学成名之后，有人要向他拜师学习，他拒绝了这个请求，并回答道："书读百遍，其义自见。"当被问及哪有时间读书时，他总结出了自己的"三余读书法"，"冬者岁之余，夜者日之余，阴雨者晴之余"，都可以进行读书学习。惜时、勤学的学习品质最终造就了博学的董遇。

勤学如一的精神在中华民族中代代传承。古今很多学习者在勤学之余，也创造性地总结出了科学、高效的学习策略与方法。可以说我们中华民族不仅爱学习，也非常懂学习。自学创造出"厚薄"读书法的数学家华罗庚正是如此。

华罗庚在初中毕业后考入了上海中华职业学校，但因家中经济困难，学习不到一年他就不得不辍学回家，帮助父亲打理一间小杂货铺。在这期间，他利用难得的经营间隙争分夺秒地进行着数学演算，最终在数学方面取得了国际认可的成就，被清华大学破格任命为教授。华罗庚的学习策略，非常值得我们借鉴与学习。关于读书，华罗庚说过一句著名的话："读书先读厚再读薄。"这个从"薄"到"厚"再到"薄"的过程，也是一种对书籍内容的精加工的过程，最终才能把书"吃透"。

子曰："士不可以不弘毅，任重而道远。"远大的学习理想，是鼓舞我们深入学习的不竭动力。正如苏步青的那句名言，"读书为了报国，报国不忘读书"，杂交水稻之父袁隆平的故事很好地向我们诠释了这句话。

袁隆平出生于1929年，那是一个动乱的年代，人民生活在疾病、饥饿、伤痛之中。因此袁隆平从小就过着颠沛流离的生活，跟家人一起四处逃难。他在重庆求学时，更是经历了大轰炸，自此他深感"落后就要挨打"。而在新中国成立之前，他看见因吃不饱饭而饿死的人民，彻底明白"民以食为天"的内涵，让人民吃饱饭的强烈愿望在他心中种下，于是他毅然决然地选择"农业报国"。在西南农学院（现西南大学）农学系读书时，袁隆平几乎将图书馆借空，而在工作后，也继续坚持每日阅读的习惯。他将自己深深扎根在农田，无论是严寒还是酷暑，他都坚持每天观察研究，就算自己的眼睛刚做完手术，又或是肺部感染、一天要打三次针的情况下，他也从不缺席。正是这种几十年如一日对于研究的精益求精，才培育出能喂饱数亿人的高产杂交水稻。

刻苦求学的古今榜样人物不胜枚举，他们给我们带来的启示，是一笔宝贵的精神财富，指引着新时代的学生们提升自身学习品质，走上一条乐学、勤思、有恒的学习道路。

二、时代发展对学生学习品质培养的需求

在继承中华优秀传统文化中的学习品质财富之余，我们也需要承古纳今，积极迎接时代浪潮带来的挑战。在数字时代和人工智能时代，要求人必须具备终身学习的能力和品质。因此，作为学生，为了适应终身学习及未来发展所必备的学习品质，[①] 必然成为我们重点关注的内容。

（一）社会发展对学生学习品质的需求

1.数字时代亟待提升学生学习品质

习近平总书记指出："数字技术正以新理念、新业态、新模式全面融入人类经济、政治、文化、社会、生态文明建设各领域和全过程，给人类生产生活带来广泛而深刻的影响。"[②] 而数字时代的到来，不仅使学生们的学习生活具有了前所未有的便利，在新冠疫情肆虐期间，还使学生由单纯的线下班级学习模式改革为教育与互联网融合的"线上＋线下"的学习模式。这不仅使学生的学习场所发生改变，由单一的线下学校或家庭转战到线上的各大平台，还导致了学生的学习模式也发生了巨大的变化，由原来学生在固定时间按时按班与教师面对面学习转变为形式多样的直播上课与"空中课堂"等形式。这种数字化、自由度较高的新型课堂模式，对学生的学习动机、学习兴趣、学习策略、学习意志力等学习品质的提升提出了新的要求与挑战。

在实行"线上教学"期间，我们发现有的学生在线上学习前不仅提前10分钟就会准备好进入教室，还会在前一天就做好预习，而有的学生则需要家长反复提醒，这是因为学生间学习认知与学习动机上的差异性；在线上学习过程中有的学生注意力非常集中，而有的学生注意力则极容易被其他事物所分散，这是因为学生学习专

① 学习品质评价：海淀区教育质量评价的新探索 [J]. 北京教育（普教版）,2017(05):49.
② 中国青年网. 加强数字化发展治理 推进数字中国建设（人民要论）[EB/OL]. 2022.2.15[2022.6.23]. https://baijiahao.baidu.com/s?id=1724779166136891821&wfr=spider&for=pc.

注度的差异性；在课后作业中也能看出些端倪，可以很明显地看出有的学生善于掌握学习的方法与策略，有的学生则是找不到适合自己的学习方法，这都是因为学生所具有的学习品质存在差异性。

"十四五"时期，我国教育进入高质量发展阶段。随着数字时代发展越来越深入，教育改革发展的外部环境和宏观政策环境已发生深刻变化，因此，大力发展数字教育对于加快建设高质量教育体系，构建并提升区域教育新格局，提升学生的学习品质，有着很强的现实意义。在这样的时代背景下，学生无论是借助浩如烟海的互联网学习，还是在疫情期间保持线上常态化学习，想要保证良好的学习效果，更多的是依靠学生的学习品质：学习动机决定学生能否自发学习；学习兴趣决定学生能否乐于学习；学习策略决定学生能否高效学习……所以，学生想要在日新月异的数字化社会持续发展，除了要具备中小学生必须具备的数字技能，即安全地使用电脑、手机等数字设备来检索、筛选、评估、创造和交流数字信息的能力[1]，还要保证学习品质的提升。而学校和教师则要明白，发展数字教育的内涵在于构建新技术环境下的人才培养、教育服务和教育治理新模式，以新技术激发教育活力，培育教育发展新动能，其主要途径是技术与教育教学的深度融合，而其关键则在于引导学校重组教育基本要素，激发办学活力，改变教育内在结构，改进优质资源供给，变革课堂教学常规，进而整体提升学生的学习品质。[2]

2. 人工智能时代对学生学习品质提出更高要求

2016 年，阿尔法狗（AlphaGo）战胜了围棋世界冠军，给人类上了一课，由此拉开了人工智能高速发展的序幕。最近几年，我们可以看到人工智能在语音识别、图像处理、自动翻译、自动驾驶等多个领域取得了突破性进展，伴随着大数据、云计算等新技术的快速发展，人类正在加速进入人工智能时代。[3]

针对这一情况，近年来，我国与联合国教科文组织合作发布了《北京共识——人工智能与教育》等成果文件，文件中强调了人工智能对于教育的重要作用，但同时也提出了"采用人工智能平台和基于数据的学习分析等关键技术构建可支持人人

① 李晓静，胡采嘉. 我国中小学生数字技能测评框架构建与证实 [J]. 中国电化教育，2020(07):112-118.
② 中国教育报. 时评：发展数字教育提升学生学习品质 [EB/OL]. 2021.6.24[2022.6.23]. https://baijiahao.baidu.com/s?id=1703427563713098627&wfr=spider&for=pc.
③ 肖睿，肖海明，尚俊杰. 人工智能与教育变革：前景、困难和策略 [J]. 中国电化教育,2020(04):75-86.

皆学、处处能学、时时可学的综合型终身学习体系，同时尊重学习者的能动性"。这也进一步肯定了学习者的能动性，即学生的学习品质在人工智能时代的重大作用。

在人工智能时代，学生学习的目的不再只是简单地获取一些知识内容，更多的则是需要形成对学习更加清晰的认知，培养系统且逻辑性更强的思维品质等一系列机器无法具备的相关能力。形成这样的能力，则需要学习品质方面的提升。

人工智能时代究竟对学习品质哪些方面的提升提出了要求呢？首先，对学生的学习认知提出了要求。人工智能时代带来的一大改变就是资源的异常丰富，面对这样异常庞大的资源库，学生需要对自身的学习水平、学习能力等有着清晰的认知，这样才能够选择适合自己的学习资源与学习策略。其次，对学生的主动学习提出了要求。在传统教育的班级授课制度中很难实现学生的个性化教育。而人工智能时代则不同，不仅可以根据学习者的学习过程，分析出学习中的重难点，甚至可以制订适合该学习者的学习计划。虽然人工智能解决了学生个性化学习的问题，但学生对学习的主动性却可以决定学生是否按照这个科学的学习计划按部就班地走下去。[①]只有学习主动性较强的学生，才能因为自己强烈的学习动机与学习兴趣按照人工智能反馈的学习计划一步一步走下去，从而得到真正的成长，而缺乏学习动机与学习兴趣的学生很有可能对科学的学习计划敷衍了事，最终也不会得到真正有效的成长。而这些，都是随着人工智能时代的有序发展，引发的对于学习品质提升的新要求与新挑战。

（二）终身学习理念对学生学习品质的需求

"终身学习"的理念是在"终身教育"的思想下得以延伸发展出来的。1965 年 12 月，"终身教育"这一概念在联合国教科文组织主持召开的成人教育促进国际会议期间由法国成人教育家保罗·朗格朗提出。随着"终身教育"理念的普及，联合国教科文组织于 20 世纪 70 年代发布了"富尔报告书"，该报告中首次提出了终身学习的概念。21 世纪是终身学习的世纪，这已是一个不争的事实。这也意味着学习不再

---

① 刁生富, 张艳. 智能学习：人工智能时代学习的新路径 [J]. 佛山科学技术学院学报（社会科学版）,2020,38(02):27—35.

是学生在学校中的专属活动，而是随时随地、无处不在，贯穿于人一生的事业。[①]

终身学习又对学生学习品质培养提出了哪些要求呢？首先，要求学生对学习要有正确的认知。明白学习是人类认识自然和社会、不断完善和发展自我的必由之路。无论一个人、一个团体，还是一个民族、一个社会，只有不断学习，才能获得新知，增长才干，跟上时代。所以，学习不是一个阶段性的任务，而是个人终身发展的要求。其次，要求学生拥有不断激发其稳定学习的学习动机。学生只有对学习如饥似渴，才会有随时随地都想要学习的劲头。美国心理学家爱德华·德西和理查德·弗拉斯特在实验中发现，相比多用激励手段的外在动机，内在动机对于学生而言更加重要。[②] 只有令学生时刻保持自我激励与自我决定，学生才能够坚守终身学习发展且获得自主掌控人生的力量。再次，要掌握一定的学习策略。很多学生的学习策略就是"没有学习策略"，即不做学习计划，不做学习笔记与总结。学习内容总是随性而来，随即而生。而这样往往会导致学习总是囫囵吞枣，不得要领。想要保持终身学习，提高学习效率，就要在实践中寻找到适合自己的学习方法与策略。最后，还要求学生能够拥有持之以恒的学习意志力。终身学习是一个长久性、持续性的学习过程，在这一过程中必然会遇到或大或小的学习困难，所以学习者在面对困难时的态度与精神，即保持异常坚毅的学习意志力是维持终身学习的关键性因素。无论是正确的学习认知、积极的学习动机、适合的学习策略还是坚毅的学习意志力，都是终身学习理念对学生学习品质培养提出的新要求。

三、核心素养导向下的课程改革对学习品质培养的要求

时代发展浪潮滚滚而来，对于每一个学生而言，既要迎接未来的挑战，也要立足当下每一天的学习生活。随着核心素养引领下新课程标准的颁布，新的课程理念与课程模式必然会带来学习模式的变革，而这也对学生的学习品质提出了新的要求。

① Fischer G. Lifelong Learning — More Than Training[J]. Journal of Interactive Learning Research，2000(3/4)：265-294.

② [美]爱德华·L.德西 (Edward L. Deci)，[美]理查德·弗拉斯特 (Richard Flaste). 内在动机·自主掌控人生的力量 [M]. 王正林译，北京：机械工业出版社，2020.8.

（一）"中国学生发展核心素养"为学生指明生长方向

当今时代，人们所面对的问题日趋复杂。"我们怎样才能培养适应未来社会的学生"成了国际教育工作者共同关注的问题。因此，世界各国在 20 世纪中后期陆续开始了对"核心素养"（Key Competencies，或者 Core Competencies）的研究，逐步将研究成熟的核心素养模型融入课程体系之中。我国同样密切关注着学生的未来发展问题。新中国成立以来开展的多轮课程改革，切实改进了教育教学情况，并且逐步走出了一条教育现代化之路。为了更好地落实立德树人的根本任务，提升我国教育国际竞争力，全面推进素质教育，深化教育领域综合改革，建设高质量教育体系，由北京师范大学等多所高校的近百名研究人员组成了核心素养研究课题组，并于 2016 年发布了《中国学生发展核心素养》（以下简称"核心素养"）。

核心素养，主要指学生应该具备的，能够适应终身发展和社会发展需要的必备品格和关键能力。核心素养，以科学性、时代性和民族性为基本原则，以培养"全面发展的人"为教育目标，将人的发展分为文化基础、自主发展、社会参与三个方面，综合表现为"人文底蕴、科学精神、学会学习、健康生活、责任担当、实践创新"六大素养，具体又可以细化为国家认同、社会责任等十八个基本要点（表 1）。[①]

表 1　中国学生发展核心素养基本要点

文化基础	人文底蕴	人文积淀 人文情怀 审美情趣
	科学精神	理性思维 批判质疑 勇于探究
自主发展	学会学习	乐学善学 勤于反思 信息意识
	健康生活	珍爱生命 健全人格 自我管理
社会参与	责任担当	社会责任 国家认同 国际理解
	实践创新	劳动意识 问题解决 技术运用

核心素养是社会主义育人目标的具体体现，是对"立什么德""树什么样的人"问题的深入回答。相对于以往的"双基""三维目标"，核心素养在育人目标上更加全面、科学，为学生指明了生长的方向。

---

① 核心素养研究课题组 . 中国学生发展核心素养 [J]. 中国教育学刊 ,2016(10):1-3.

（二）"素养导向"的"新课程改革"为学生生长赋能

2022 年 4 月 21 日，教育部公布了《义务教育课程方案和课程标准（2022 年版）》（以下简称"2022 版新课标"）。"2022 版新课标"的出台，是对在当前时代"怎样培养人"问题的有力回答，也标志着新一轮课程改革的开始。相对以往的课程方案，"2022 版新课标"以"核心素养"为育人目标，更加注重培养学生在真实情境下的问题解决能力。本次课标调整相对以往的课程方案版本，培养目标更加完善，课程设置更加合理，实施要求更加可行。

对于学生来说，学校是一个相对封闭的"小天地"。学生在学校的学习生活中，接触到的问题多以答案单一、解法固定的良构问题（well-structured problem）为主。而在更加开放的世界中，人们在现实生活中和工作中遇到的绝大多数问题，都是有着多种解决路径和评价标准，需要学习者表达观点或信念的劣构问题（ill-structured problem）。[1] 而"2022 版新课标"不仅在课程内容上要求加强与学生经验、社会生活的联系，也注重学科内的知识统整与跨学科主题学习的设计，真正培养学生在真实情境中综合运用知识解决问题的能力。除此之外，在"2022 版新课标"的课程设计中，也体现了对学生的信息搜集能力、逻辑思维能力、语言表达能力、社会交往能力等综合能力的培养。从课程目标、课程内容、课程实施到学业质量评价，都作出了科学、详尽的安排与解释，更加方便教师学习与使用。而教师在领会"新课程改革"精神之后，以课堂为依托，以学校教育为主要阵地，家校社协同育人，进一步促进学生核心素养的养成，赋能学生的多元化生长与全面发展。

（三）聚焦素养的新课程改革对提升学习品质的要求

在"核心素养"引领的新课程改革之下，无论是教师的教学形式，还是学生的学习方式，都需要做出调整。这就要求我们帮助学生提升学习品质，从而更好地适应未来社会的发展。

1. 与新课程改革适应的新型教学要求学生提升学习品质

（1）素养本位的大单元教学

核心素养是教学的出发点、落脚点，也是教学的着力点。在核心素养引领的新

---

① 石雨晨 . 论证式议题教学及其应用 [J]. 全球教育展望，2022(05):68-78.

课程改革之下，学生所需知识系统由实体性知识向建构性知识转型，以及学习样态从浅层走向深度的转型，倒逼教学设计将单元作为课程的最小组织方式，走向结构化的单元设计。[①] 因此，"2022 版新课标"中提到："整体理解与把握学习目标，注重知识学习与价值教育有机融合，发挥每一个教学活动多方面的育人价值。探索大单元教学，积极开展主题化、项目式学习等综合性教学活动，促进学生举一反三、融会贯通，加强知识间的内在关联，促进知识结构化。"而这种新教学方式也对学生的学习品质提升提出了要求。在大单元教学中，不仅非常注重知识迁移与思维训练，还重视教学的贯通性，这也就意味着学习者需要将所学知识进行深入加工与整合，找到学科内各知识模块之间的联系，从而形成对"大概念""大问题"的深入理解。

（2）素养本位的情景化、跨学科教学

从前，我们教授给学生机械、割裂、形而上学的知识，而在现实生活中，知识与知识之间是互相联系、互相印证的。因此，在"2022 版新课标"的基本原则中提到，要"加强课程内容与学生经验、社会生活的联系，强化学科内知识整合，统筹设计综合课程和跨学科主题学习"。而在这样的课程实施建议之下，也要求学习者调动已有经验，消化吸收新经验，同时将新形成的各类型经验融会贯通。"体验"与"综合"是学习者在情景化、跨学科的课堂中学习的关键词。因此，在这样的学习过程中，需要学习品质各个系统共同作用，才能达到良好的学习效果。情景化的教学能够唤起学生的学习兴趣，而学习兴趣也能够进一步促进学生的学习投入，从而形成良性循环。因此学生需要提升自身的学习品质，在情景化、跨学科的学习中获得发展。

（3）素养本位的支架式教学

随着知识开放性、公益性的日渐凸显，自学能力已成为一个人持续发展的必备技能。"2022 版新课标"要求："引导学生明确目标、自主规划与自我监控，提高自主、合作和探究学习能力，形成良好的思维习惯。发挥新技术的优势，探索线上线下深度融合，服务个性化学习。"要求教师指导学生自主学习与探究，支架式教学成为必然。教师需要在分析学情后，设计适合学生水平的支架性工具，在课堂中

① 雷浩，李雪.素养本位的大单元教学设计与实施 [J].全球教育展望,2022,51(05):49-59.

引导学生使用工具，从而开展自发、自主、自助式的学习。在这样的学习过程中，极大地考验了学生的学习品质，即能否在教师的引领下，通过自己的努力完成相应的学习任务。

2. 开放、多元的学业质量测评要求学生提升学习品质

（1）新型评价观念

相对于以往，"2022版新课标"中的评价观念产生了重大改变，其中提到要"强化素养导向，注重对正确价值观、必备品格和关键能力的考察，开展综合素质评价。倡导评价促进学习的理念，注重提高学生自我评价、自我反思的能力，引导学生合理运用评价结果改进学习"。从这里可以看出，以后的教育教学活动中会更加注重综合素质的考量，以及学生自我反思的能力养成。因此学生必须提升学习品质，更好地发展自身的核心素养，同时加强自我觉察、自我反思与自我评价。

（2）多元评价方式

将核心素养作为育人目标，与之配套的也一定是多元化、全面化的教育评价系统。"2022版新课标"中提到要"加强对话交流，增强评价双方自我总结、反思、改进的意识和能力，倡导协商式评价。注重动手操作、作品展示、口头报告等多种方式的综合运用，关注典型行为表现，推进表现性评价"。新课程改革之下的教育评价，从教师评价的"单一主体"走向教师评价、学生自评、学生互评、家长评价的"多元主体"，并且由传统的纸笔测验走向笔试、动手操作、口头展示的多元、全面的测评方式。因此，只有对自己的学习情况了如指掌，学习维持与监控系统工作良好，才能对自身做出客观的评价，有针对性地查漏补缺。

（3）高质评价实施

关于评价实施，"2022版新课标"要求："增强日常考试评价的育人意识，注重伴随教学过程开展评价，捕捉学生有价值的表现，因时因事因人选择评价方式和手段，增强评价的适宜性、有效性。提高作业设计质量，增强针对性，丰富类型，合理安排难度，有效减轻学生过重学业负担。优化试题结构，增强试题的探究性、开放性、综合性，提高试题信度与效度。"而在这样的评价要求之下，无论是日常的表现性评价，还是阶段性评价，都对当前学生提出了挑战。相对于以往试题中重点考查记忆能力，当前更具开放性、综合性的试题，则是考查学生思维能力与表达能力。因此，学生必须提升自身的学习品质，让自己获得更好的发展。

四、农科院附小对学习品质的研究

无论是中华优秀传统文化给我们留下的精神遗产，还是时代发展与当下新的教育样态，都需要我们将关注点集中在学生学习品质的培养上。因此，我校基于"生长教育"办学理念，开展了学习品质相关研究。

（一）"生长教育"为学习品质的提升提供土壤

1. "生长教育"办学理念

中国农科院附属小学成立于 1950 年。建校初期，第一任校长提出"精雕细刻，为祖国输送社会主义事业的建设者和接班人"的办学目标，在关注学生获得知识的同时，更关注学生的人格和品行。20 世纪 80 年代，第二任校长提出"三主、和谐"的办学理念：以学生为主体，以教师为主导，以发展为主线；强调人与人的和谐，人与自然的和谐，人与社会的和谐。此时的办学理念不但关注学生如何做人、如何学习，还关注学生的社会适应能力。2004 年，在贯彻落实新课程改革"为了民族的复兴，为了学生的发展"的理念的过程中，我们将"三主、和谐"的办学理念进一步丰富为"1234"的办学理念：创建一所安全无障碍的学校，重视两个教育关注点，结合三种受教育主体，牢记四条师德原则。我们认为，为了使每一个学生健康成长，学生、教师、家长、社会必须通力合作，为学生营造安全、健康的环境。纵观学校 70 余年的发展历程，我校的办学理念也在不断丰富和完善。尽管时代不同，但每一代农科院附小人都有一个共同的目标，就是把学生培养成自主、健康、全面发展的人。

图1　正在阅读课文的学生

2007 年，我校加入了北京市海淀区教委提出的"学校文化创建项目"。我们开始思考在新的时代背景下，该以怎样的办学理念为指导，促进学生全面、健康发展。基于"教育即生长理论"，以及"教育是农业而非工业"的教育隐喻，在继承农科院附小 70 余年来积淀的学校精神的基础上，我们创造性地将生物学中"生长"一词借用到教育上，将办学理念精练为"生长教育"。"生长教育"旨在营造一个能影响儿童一生的、有正确的价值导向和充满爱的环境，充分调动学生主动发展的灵性，让学生的品德、智力、体质等正常生长，使他们的潜能得到最大限度的发挥，能够在动态发展的过程中为自己创造美好幸福的人生打下基础。

2. "生长教育"塑造良好学习品质

生长教育的社会主义核心价值观是"健康成长"。我们提出生长教育，并不是要把教育与生长混为一谈。我们的根本目的在于关注儿童、尊重儿童，使教育和教学适合于儿童的心理发展水平，满足他们的兴趣和需要。同时，这种尊重绝不是放纵，如果只是放任儿童的兴趣，儿童就很难健康生长。也就是说，我们真正追求的是儿童健康、自主、和谐生长。而在这个过程中，就需要教育者和守护者及时为学生提供方向的指引，帮助儿童养成优良的学习品质。

图2 正在填写学习单的学生

教育之功在于陪伴、引导、启迪、点化和养成。基于学校生长教育的核心理念，根据学生的生长规律，我们明确了学校的育人目标：关注学生人格的生长，培养学生以德为先，学会做人；关注学生知识经验的生长，培养学生学会学习；关注学生社会适应能力的生长，培养学生学会生活；关注学生创新能力的生长，培养学生学会创造。"善学者，师逸而功倍"，帮助学生提升学习品质，能够帮助其更好地适应充满变化的世界。而基于"生长教育"的理念，尊重生长的规律去育人，也一定能够使学生成为当下以及未来美好生活的创造者。

图3 积极参与课堂活动的学生

（二）农科院附小对学习品质的研究

1. 研究背景

从 2013 年以来，海淀区申请加入教育部"国家中小学教育质量综合评价实验区"，开展系统的教育质量综合评价研究。2017 年，结合教育质量综合评价改革实验情况，海淀区构建出"9L"学习品质评价体系。该评价体系兼顾学业评价与非学业评价，将过程性评价与终结性评价、定量评价与定性评价相结合，涵盖了学习的全过程。

2017 年 9 月，海淀教科院对全区所有七年级学生进行了测评，结果显示，海淀区学生学习品质在整体较好的基础上，不同学校存在明显的校际差异，不同学生群体之间、非学业指标各维度之间存在一定差异。如何缩小差距，实现教育均衡发展，成为下一步工作的方向。为此，海淀教科院于 2018 年成立了海淀区教育科学"十三五"规划群体课题"海淀区中小学生学习品质提升研究"，众多学校积极参与，我校也是其中之一。

2. 研究过程

我校对于学习品质的研究主要分为以下三个阶段。

①第一阶段：学习理论，更新认识

该阶段为 2019 年 6 月到 2020 年 9 月，这一阶段课题主要解决认识问题。厘清学习品质的概念内涵，加深对学习品质的认识，了解海淀区的学习品质的测评。这个过程是自上而下的推进过程，先是从干部入手，课题组邀请了海淀区教科院的专家对全体干部进行培训，之后再面向全体教师进行培训。与此同时，也邀请了项目校的其他老师进行了实践分享，例如 2020 年 1 月邀请十一龙樾学校马积良老师和海淀实验中学卢明主任开展专题讲座，关于激发学习动机和关于学习投入干预的研究。引导老师们从过去关注教学向关注学生学习转变，同时利用家长会，引导家长关注学生学习品质。

图 4　海淀区教育科学研究院文军庆老师进校开展学习品质讲座

②第二阶段：聚焦研究选题，让学习品质研究落地

该阶段为 2020 年 10 月至 2021 年 9 月，经过一年多的理论学习，我校教师对学习品质有了初步的了解和认识。接下来，课题组经过慎重思考，将选题定在与学习策略、学习动机都有关联的学习意志品质。虽然对学习意志的研究遇到很多的困难，但是课题组还是从校园活动和体育两项内容寻求提高学生坚毅品质的培养途径。

③第三阶段：关注多项学习品质，开展多轮课堂实验

该阶段为 2021 年 9 月至 2022 年 10 月，这个阶段课题组在学习坚毅品质的研究中遇到了困惑：学习坚毅品质的研究在很多情况下，不直接作用在学生身上，而是通过学习动机、学习策略具体体现。研究过程中也发现许多新教师在教学中缺少对学生的关注，对学习品质的了解比较缺乏。引导新教师研究学习品质，可以迅速帮助新教师提高教学能力，因此总课题组将研究的范围扩大，以学习品质"9L 理论"作为基础，关注教师的教学行为——指向学生学习品质提升的教学设计与改进。2022 年开始，我校带领一批"青苗"教师，推进了培养学生学习品质的教学研究计划，开展了多轮教师行动研究。

本书呈现了我校师生的一部分研究成果，未来我校还将持续跟进这项研究，希望能够探索出一条科学、可行的学生学习品质提升之路，以供各级同人、广大学生与家长，以及关注教育的社会各界人士参考。

第三章　生长有道
——学习品质提升的综合策略

　　只有来源于实践、作用于实践的理论，才具有强大的生命力。因此，我校从自身实践中总结出了提升学习品质的策略。提升学习品质，首先，要从观念出发，更新参与者的观念；其次，要在实践中摸索可行之道；最后，需要进行全过程的科学评价与反馈。在看似平常的日复一日的教学中，潜移默化地提升学生的学习品质。

中国农业科学院附属小学学院南路校区"书写新篇章"雕塑

一、提升学生学习品质的六个转变

改变，从转变观念开始。想要提升学生学习品质，首先要做的并不是学习更多方法策略，而是要转变参与者的观念。随着"2022 版新课标"等文件的颁布，在新的教育环境下，学习与遵循国家倡导的教育理念，更新自身思想是每一位教育工作者的必要工作。

（一）从分数质量观向综合质量观转变

习近平总书记说："教育，无论学校教育还是家庭教育，都不能过于注重分数。分数是一时之得，要从一生的成长目标来看。如果最后没有形成健康成熟的人格，那是不合格的。"长期以来，我国一直存在教育发展不均衡的问题，并且这种不平衡会一直延续到学习者的就业发展阶段，享受优质的教育资源的学习者，往往会获得更多就业与人生发展的机会。因此，"唯分数论"的应试教育观念愈演愈烈，人们狭隘地追求高分，忽视了学生能力与品格的养成，"高分低能""有才无德"现象频出。随着时代的发展，人们逐渐认识到这一教育观念需要更正。

近年来，教育部接连发布了《关于推进中小学教育质量综合评价改革的意见》《关于进一步减轻义务教育阶段学生作业负担和校外培训负担的意见》等文件，将"全面实施素质教育，促进学生的全面发展"作为当前教育改革与发展的重要目标，大力减轻学生负担，严格治理校外培训机构，引导学生、家长、教师等由受限的分数质量观转变为科学的综合质量观。作为一个"立体"的人，鲜活的人，学生从学校走向社会，需要具备多方面的能力与素质。教育评价不应该只看能够精准测量的智力因素部分，也应该关注无法被准确测量的如情感、品格等非智力因素部分。而我校也在不断完善教育评价制度，丰富评价形式，目前的评价形式不仅有传统的终结性评价，而且还有关注个体成长进步的表现性评价、增值性评价，真正做到了关注每一个孩子的生长。

（二）从研究"教"向研究"学"转变

在传统的教学模式中，教师的教学研究总是围绕着"怎样教"来进行，教师将大量的精力放在如何把自身已有知识传授给学生，如研究怎样设计导语，引入新课；研究如何分析知识点；研究怎样提问学生等。这虽在一定程度上能够提高教学的效率，但却背离了教育的初衷，忽视了学生的主观能动性。我们在现实的教学过程中会发现，即便是处于同一阶段的学生，其学习兴趣、已有知识掌握程度、思维能力等方面也会存在差异，并且这些差异还会随着时间的变化而变化。教育的根本目的是为国家和社会培养人才，是引导学生成为更好的人。研究"怎样教"的确是十分重要的，研究"怎样学"则会使我们的教学获得事半功倍的效果。

这一点在"2022版新课标"中体现得十分明显，"2022版新课标"除了主张要强化课程的综合性和实践性，还要求关注和支持学生个性化、多样化的学习和发展需求。国家课程标准的发布，进一步从实践层面推动教师由研究"教"向研究"学"转变。教师需要明确，教师的"教"只是引导学生学习的手段与策略，而学生的"学"才是教育真正的目的。课堂教学应是以学生"学"为前提的，教师应该关注学生如何学、学到了什么，把研究"学"作为研究"教"的根本出发点，要从"教师将知识教授给学生"向"教师引导学生自己去发现、学习知识"转变。我校的"青苗"教师们在授课前会对学生进行前测，了解学生当前学习的问题与困难，根据学情设计各种单子、游戏等，给学生提供课堂教学支架，一步一步引导学生自主发现与掌握新知。教师不应是教学过程中知识的灌输者，而应是课堂的组织者和引导者；学生也不应是知识的被动接受者，而应是知识的主动建构者和学习过程的实践者。带着对学生的体贴与关怀去开展教学工作，能够给学生带来积极的学习体验，从而让学生更加热爱学习，形成积极的循环，而这也是我们的初衷所在。

（三）从基于经验教学向基于数据和科学的教学转变

以往，教师教学往往更加依托于教师经验，即教师在过往教学实践中形成的对教学的认知、理解和行为方式作为开展教学的基础。教师的教学经验主要来源于自身的授课经历和观摩其他教师授课。这种经验大多是模糊的、个人化的，需要大量时间进行积累与沉淀。随着信息技术的进步，学生掌握知识的来源逐渐被拓宽，学生在学校之外掌握的知识很可能超过课堂所得。那么，如果教师持有"旧"的经验盲目指导"新"的学生，就会出现一种错位。破题之道，唯有从经验转向数据与科学。

随着现代信息技术的发展，在信息技术的加持之下，为学生提供个性化的教学服务成为可能。2011 年 5 月，全球著名咨询公司麦肯锡（McKinsey&Company）在其研究报告《大数据：创新、竞争和提高生产率的下一个领域》中指出："数据，已经渗透到当今每一个行业和业务职能领域,成为重要的生产要素。"[1] 伴随着数据时代的降临，教育领域也迎来了新的契机。教育和大数据的深度融合，不仅弥补了教师长时间遵循经验式教学而造成的教育缺憾，还从真正意义上满足了学生对个性化教育的需求。例如，在传统经验式教学中，教师受自身精力与时间的限制，往往只能关注于所教学生的整体水平，很难了解每个学生的具体学习状况，而通过数据却可以较为翔实地了解每位学生的生长足迹，使教师能够清楚每位学生个体在学习方面的独特经历，再针对其生长历程设置出适合其学习成长的个性化方案，真正实现因材施教。在我校教师的教学实践中就是如此，通过前测数据与后测数据的对比，真正将教学的成果显化，不仅解答了"我们的教学是有效教学吗""学生的进步在哪里"等问题。也能够通过数据解读出自身教学设计的不足，从而调整下一次授课的方向。

当然，我们也要注意，数据只是一种工具，其目的是更好地服务教学。经验与技术是相辅相成、相互补充的关系。我们不能为了某些原因一味关注数据，从而陷入技术主义的窠臼。数据的作用在于帮助我们了解学生，改进自身的教学。因此，我们要善用数据，为课堂增色。

（四）从统一性教学向个性化服务转变

自 16 世纪以来，班级授课制的出现，使得知识传承的效率大大提升。但是这种高效率的教育形式，目的是面向大多数人开展统一化的教学，并不能满足所有学生的个性化生长需求。

儿童不只是抽象的群体性文化存在，同时也是鲜活的个体性生命存在，是文化"共相"与生命"气象"的统一。[2] 教育的目的就在于让每一个受教育者根据预设的教育目标，通过逐渐生成的学习，获得知识、技能及情感态度的全面生长。我们国家自古以来，就有"因材施教""学不躐等"等为学生个体发展服务的教育思想。"2022 版新课标"更是在基本原则中提到，要"面向全体学生，因材施教"，即要

---

① Mickinsey Global Institute, Big Data: The Next Frontier for Innovation,Competition and Productivity. May 2011.

② 何建军 , 刘慧 . 成为"这一个"：儿童定制学习实践研究 [J]. 江苏教育研究 , 2020(Z4): 29-36.

"为每一位适龄儿童、少年提供适合的学习机会"。

而在实际教学中，需要教师在了解学生的基础上，在教学设计中进行分层授课设计，根据学生学情进行针对性授课，满足不同发展水平学生的需要。比如，我校安燕飞老师在进行前测后，将学生学习的掌握程度分为三类水平，在教学中由简单到复杂层层深入，帮助学生更好地掌握"围绕一个中心表达观点"的写作方法；而张瑞晨老师在教学设计中，进行了"基础—拔高"的分层作业设计，满足了不同水平的练习需要。除此之外，作为教师，不仅要关注到学生的知识基础，还应该了解学生的家庭背景、学习习惯、对于学习的喜好等试卷无法体现的部分。只有在这样的关注、关切与关怀之下，才能给学生带来积极的情感体验。

（五）从注重知识传授向注重能力发展、全面育人转变

多年来，我们的教育更加关注学生对知识的掌握程度与习得知识的效率。但在以信息化、数据化为显著特征的当代社会，知识传播变得简单、迅速，知识的无限性和易得性，使得人们越来越少选择从学校获取感兴趣的知识。因为这一特性，任何教育体系都不能"把一切知识教给一切人"。因此，学校教育必须将重点从关注学生对知识的占有量，转移到对学生的学习品质和学习兴趣的培养上，使学生在获得基础知识与基本技能的过程的同时，构建对自我、对他人、对社会、对自然关系的初步认识，掌握解决问题的基本技能，从而为全面发展奠定基础。

《教育——财富蕴含其中》提出，教育应围绕四种基本学习加以安排，这四种学习将是每个人一生中的知识支柱，教育的四个支柱分别为：学会认知；学会做事；学会共同生活；学会生存。[①] 培养全面发展的人，不仅需要关注知识的积累，更需要的是培养学生走向社会的能力。正如我校生长教育的育人目标："关注学生人格的生长，培养学生学会做人；关注学生知识、经验的生长，培养学生学会学习；关注学生社会适应能力的生长，培养学生学会生活；关注学生创新能力的生长，培养学生学会创造。"自 2014 年起，我校经调研开设了 200 多门学生喜爱的选修课程，基本覆盖了学生全方位的兴趣发展。同时，我校还拥有丰富的学生社团，仅艺术社团一类就有超过 33 个，为学生的全面发展提供了肥沃的土壤。

---

① 联合国教科文组织编 . 教育——财富蕴藏其中 [M]. 联合国教科文组织总部中文科译，北京：教育科学出版社，1996:49.

图 1　学校金帆管乐团训练

（六）从传统课堂教学向双线混融教学转变

目前，课堂教学已经逐渐打破时空限制，从传统的课堂教学，走向"双线混融教学"，即线上教学与线下教学两条线混融共生的教学实现形式。① 随着 2020 年新冠疫情的暴发，因防疫要求，各级各类学校积极响应教育部"停课不停学"号召，纷纷组织师生开展在线教学工作，充分利用在线教育平台和资源，以解决延期开学阶段学生的居家学习问题。

而居家学习这样一种新的学习方式，也对学生的自主学习能力提出了挑战。如果学生的学习品质较为薄弱，在没有教师监管的情况下，无法自主学习，那么该学生就会难以完成学习任务，长此以往，又会带来不良的情绪体验，从而形成恶性循环。我校学生服务部在学生疫情居家学习期间，研发了 1 ~ 6 年级系列德育课程方案，为学生创造有利于居家自主学习的条件，提供了涵盖道德与法治、年级德育课程、家务劳动、传统文化等多个领域的课程的学习资源包。我校学生根据自己的实际情况和需求，自主选择学习内容和方式，圆满完成了"停课不停学、居家线上认真学习"的学习任务和要求，取得了良好的学习效果。不仅如此，我校教师还会引导学生制订自己的学习计划，并提出指导性的建议。在我校学生制订的 2020 年暑期学习计划中，包含作息时间、学科学习、体育锻炼和家务劳动等内容，不仅为学

① 李政涛 . 基础教育的后疫情时代，是"双线混融教学"的新时代 [J]. 中国教育学刊，2020(05): 5.

生自主学习能力的培养创造基础，而且还在潜移默化中实现了"五育并举"。在后疫情背景下，双线混融的教学形式将是未来的新兴教学，在给教师以及学生们带来新的教学挑战的同时，也是促进学生学习品质提升的重要教育时机。

　　未来教育要求我们看见学生学习的过程和个性差异，重视其参与学习的质量而非结果，重视学生终身学习能力、创新能力和综合素质的培养，特别是其学习品质的发展情况。只有给学生提供更加多元、开放、愉快的学习体验，才能帮助其提升学习品质，形成正向的学习循环，为终身发展奠基。

二、提升学生学习品质的多元路径

　　英国作家培根曾说"天赋如同自然花木，要用学习来修剪"，而学生的向上生长需要自身努力与外界引导共同促成。因此，提升学生学习品质的多元路径，主要体现在两大方面：一方面是来自教师的高品质课堂教学，另一方面是学生在教师指导下或者自己领悟相应学习策略，从而获得学习品质的提升。

（一）教师教学策略

　　作为学生而言，学校生活占据日常生活的大部分时间，因此教师的引导对于学生学习品质的培养尤为重要。下图是教师总结出的培养学生学习品质的教学策略。

图 2　教师教学策略思维导图

1. 路径一：思维可视化教学策略

（1）理论简介

思维可视化（Thinking visualization），是指将发生在大脑内的不可视的思维方式、思考路径等，运用一系列图示技术呈现出来，使其外化并清晰可见的过程。研究表明，人类获得的外部信息 80% 以上是通过视觉通道获得的，人类处理视觉信息比处理文字信息快 6000 倍，使用视觉辅助能够将学习效率提高 400%。[①] 正如俗话所说，"一图胜千言"，大脑对于图像的识别比文字更加敏感。在学习过程中，图像表征能够让学习者更清晰地抓住主要思想与其内在联系，厘清主要信息和次要信息，从而使单一、无联系的知识，通过自身的分析、综合、归纳，与自身原有经验发生同化、顺应，创造出更加牢固的知识结构，从而内化为自身经验的一部分。

（2）实施要点

①根据内容，选择工具

思维可视化工具众多，表 1 是我们在课堂教学中常用的一些图表及对应的侧重功能。

表 1   常用思维可视化工具及其作用

名称	作用
鱼骨图	鱼头一方写上问题，多用于反思问题，归纳原因
思维导图 / 树状图	以一个主题为起点，开始辐射型书写，多用于发散思维，总结归纳。比如，用来归纳人物关系，制作家族树等
流程图	主要用来说明某一过程。这种过程既可以是生产线上的工艺流程，也可以是完成一项任务必需的管理过程
时间轴 / 情节曲线图 / 情节梯	按照时间或故事发展，提炼关键词，归纳文章情节
表格	将事物进行归类呈现，一目了然
维恩图	整理、分析、归类几件事物之间的相似性和差异性
要点图	要点图又称锚图，主要用图来组织语义记忆。作用是提供信息来支持教师所教的课程或提醒学生课堂上的常规和期望
……	

我们可以根据教学目标和教学内容的特点，选用合适的可视化工具。如小学低

[①]   林慧君. 思维可视化及其技术特征 [C]// 中国人工智能学会计算机辅助教育专业委员会 . 计算机与教育：实践、创新、未来——全国计算机辅助教育学会第十六届学术年会论文集 . 北京：新华出版社，2014.

年级的学生经常有作文没有东西可写、缺乏灵感等问题，那么就可以使用气泡图来开启思维；有时候，一道题有多种解题方法，教师可以选择表格、思维导图等引导学生总结策略；学生对课文中心思想理解困难，教师可以采用情节曲线图、鱼骨图、情节梯等引导学生归纳课文内容。

案例1：使用情节曲线图，深入理解课文

在语文和英语等语言类学科的教学过程中，情节曲线图对于学生来说是一种非常好用的思维工具。使用情节曲线图可以帮助学生理顺整本书的故事情节，明晰讲述内容；实现对故事角色的定义，准确评价人物；深入感悟故事情感，把握故事主旨；模仿创作故事，迁移叙述模式等。

我校教师在讲授六年级上册《盼》这篇课文时，借助情节曲线图（图3），引导学生掌握策略。本课的情节曲线图可以分三层，第一层是对事件的概括，第二层是描述主人公心情的变化，第三层是分析作者的写作方法。使学生厘清作者的写作思路，学习这种写作方法，从而更好地应用于自身的写作之中。[①]

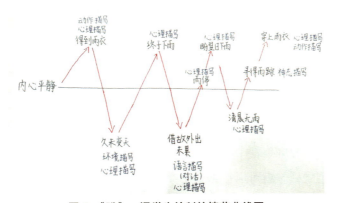

图3 《盼》一课学生绘制的情节曲线图

同时，教师选择可视化工具时，也要考虑到不同层次学生的需求，力求做到灵活机动。例如，对于英语水平稍弱的学生，教师应该立足学生现有的读写水平，以普适性图表来引导学生进行阅读或写作；对于英语水平高的学生，教师应不断简化结构，并在后期逐渐撤销细节，使可视化思维工具能真正提高不同层次学生的水平。

---

① 详情可见下篇 第二章 安燕飞"借助支架，曲线梳理，提升品质——《盼》教学案例"。

案例2：使用思维导图，将思维可视化

我校一教师在教学 *Around the World* 一课时，让学生通过自主绘制思维导图梳理不同国家的城市、地理位置、著名景点、饮食等文化，加深学生对多个信息（知识）的组织和关联。学生根据国家在地球上的地理位置设计了思维导图，既训练了左脑的词语、逻辑等功能，同时也开发了右脑的色彩、图像、符号、空间意识等功能，实现全脑开发。[①]

②教师示范，引导理解

在给未接触过可视化工具的学生进行授课时，教师需要亲自示范可视化工具的使用，来帮助学生对可视化工具建立认知，避免学生出现认知断层。等学生熟练后，教师可以逐步放手，从教师进行完整填写示范、教师提供半开放式图表（图4），逐步过渡到学生自主设计、填写图表。

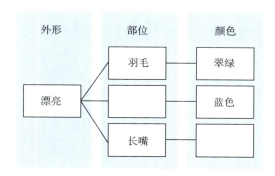

图4　半开放式图表示例

③学生练习，教师反馈

在教师示范之后，就可以让学生用类似的题目来进行模仿与练习。只有通过大量练习，才能让学生彻底掌握相应的知识点，并且教师也需要对学生的练习进行针对性的反馈。一方面，教师可以对学生进行指导；另一方面，教师可以评估学生掌握情况，从而安排接下来的教学工作。下面是我校教师在课堂教学中使用直观模型进行教学的一个案例。

案例3：借助直观模型，培养学生数感

数学家华罗庚说："数缺形时少直观，形缺数时难入微。"对于数学

[①]　李春璇 2020-2021 年北京市基础教育科研论文 11。

这门科学，很多抽象的概念可以通过特殊的图形促进人的理解。特别是对于小学低年级学生而言，大脑尚未发育完全，抽象思维能力比较欠缺。将抽象的逻辑、概念，用较为直观的学具和图画计算替代，能够减轻学生的认知负担，助推学生从具体形象思维走向抽象逻辑思维。

郝丽廷老师[①] 在讲授一年级《采松果》一课时，借助小棒（图5）、计数器等直观模型对比探究，帮助学生理解两位数加一位数和整十数的计算方法，体会算法多样性，并通过对两个算式及算法的联系、对比，让学生在求"同"存"异"中自主交流讨论，逐步加深对算法的理解、对算理的感悟，发展学生的运算能力。

【教学实录】

师：请你用学具摆一摆、拨一拨或写一写你是如何计算 25+4 的？

生：小棒。

师：你是怎么摆的？

生：25+4：先摆 2 捆小棒，表示 2 个十，再摆 5 根小棒，表示 5 个一，合起来是 25，再摆 4 根小棒，表示 4 个一，把它们加在一起就是 29。

图 5　小棒图示

2. 路径二：支架式教学策略

（1）理论简介

"支架"（Scaffolding）一词最早源于建筑行业的"脚手架"，用来指在大型建筑物的建造时施工作业用的临时结构架。教学支架的诞生，主要依托于维果茨基的"最近发展区"理论，即学生存在"跳一跳就可以够到"的发展空间。教学支架的搭建，旨在将原本复杂的学习任务分解，给学生提供可以一步一步攀爬的"脚手架"，使之顺利从当前的发展阶段，跃向下一发展阶段（图6）。

---

① 详情可见下篇 第二章 郝丽廷"对比探究，理解算理，培养品质——《采松果》教学案例"。

在支架教学中，学习者明确成为学习活动的主体，学习和发展是运用"支架"完成内在素质的自我建构。通过在课堂中引入学习支架，引导学生通过支架辅助学习，提升自身学习品质，逐渐自主地完成学习的过程，成为积极的、有动力、有方法的人，为终身学习奠定基础。

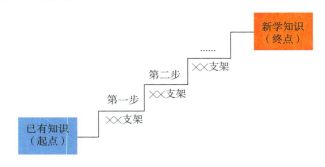

图 6　支架教学示意图

（2）实施要点

在教学实践过程中，教师在课前能否设计出适合学生学习需要的学习支架，是顺利开展教学活动的关键。一般来说，好的教学支架应该既要指向目标、浓淡适宜，也要适时使用、及时撤退。

①指向目标

教师应该根据教学的目标来设计和搭建教学支架，使支架围绕统一的目标来发挥功能。目标明确的支架可以为学生新经验的生成提供支持，也能有效地引导学习活动，提高教学质量和效率。但是要注意的一点是，教学支架一定是与课程内容紧密相连的。特别是在设计资源支架时，课程内容的拓展要有边界，扩展的内容一定是和课程内容有密切联系的。

②数量合理

教师在进行教学设计时，设置教学支架的数量要合理。一方面，教师在设计和搭建支架时，应根据学习活动的特点，为学生的学习活动提供多样化的引导和帮助，让学生用各种各样的方法来展开学习进程，从多角度来感知、理解和体验学习内容，获得丰富的学习成果，实现整体性的发展；另一方面，多样并不意味着"越多越好"，过多教学资源的插入有可能会妨碍学生自主感知课程内容。

③适时使用

教学支架的安排要发挥最大的效用，就需要寻求最经济化的使用时机。支架建得过早，容易使学生产生依赖心理；建得过晚，又容易使学生产生挫败感。比如在讲课文的时候，当学生不能很好地体会作者情感时，或者体会得不够深刻时，教师再放作者生平经历，教学支架的价值便很好地凸显出来。

④及时撤退

教师在提供支架的同时，也应该在恰当的时机撤出支架。教师在教学初始时根据学生现有水平、教学内容和教学目标确定支架的类型并搭建支架，随着教学过程中学生现有水平的不断提升，所提供的支架也相应地提高一个层次，那么所提供的支架总量也应逐步减少，这个减少的过程就被称作"撤"。撤得过早，学生还来不及思考；撤得过晚，学生容易产生倦怠感。[1] 因此，教师需要根据自身教学经验与课堂实施现状，灵活把控教学支架的建立与撤退。

（3）支架类型

在现实教学中，我校教师常用的教学支架主要有情境支架、问题支架、资源支架、策略支架、评价支架等。

①情境支架

情境支架要求教师为学生提供真实或仿真的教学情境，让学生在和情境的交互中获得知识、增长技能。这里的真实，并不代表学习情境一定要是逼真的、校园以外的，而是指可以让学生获得真实的情感和认知体验的。情境支架的搭建一般以故事为主，角色扮演就是一种经典的情境支架。学生们在进行角色扮演时，能更深入地理解角色的思维和内涵，获得身临其境的体验。

②问题支架

问题支架是依据知识点分解课程内容，以紧密贴合教学内容的问题的形式，为学习者提供学习与思考的方向，促进其完成自身知识建构的一种教学支架。在设计问题支架时，既可以是相互平行、相互补充的问题链，也可以是逐渐深入、层层递进的问题链，需要根据课程内容进行合理安排。

③资源支架

资源支架是为支持学生完成学习任务、实现学习目标而提供的系列资源。教学常用的有各种视频、图片和文字材料等。在实际教学中，因为学生发展的需要，我

---

① 盛艳，张伟平．从系统方法的视角看支架式教学的实践 [J].当代教育科学,2011(20):38-40.

们在充分利用教材已有教学内容之外，还需要适时为学生补充一些额外的资源。

案例 4：视听资料补足学生想象

在讲授《慈母情深》一课时①，因学生当前生活的年代、所处的环境与文本的创作背景之间存有较大差距，学生难以理解课文，教师在授课时，就可以适时为学生展示作者梁晓声的朗诵片段与采访片段。这样的资源支架不但拉近了学生与作者的距离，激发了学生的学习兴趣和阅读期待，也能促进学生理解课文。

④策略支架

策略支架是为学生提供多种策略范例与指导，帮助学生掌握多种解决问题的方法，更顺利地执行学习任务，进而达成教育目标。学习策略是学生学习品质的重要组成部分，掌握丰富多样的学习策略能够促进学生取得更好的学业成就。因此，教师有必要在教学设计时，考虑帮助学生掌握多种学习策略。

案例 5：学习单为学生提供策略支架

在讲授 Animals 这篇课文时，教师通过设计形式新奇、信息丰富的学习单（如图 7），促进学生自主梳理提取文本关键信息，实现对文本内容的理解。不仅如此，学生也能够在学习单的支持下，对文本内容进行对比、分析，归纳总结出写作结构，从而提升自主探究的学习品质。②

My Favourite Animals

Name: _____   Class: _____

1. Read and fill in the blanks.

on the ice / fish / black and white；in the forest, on the grassland / long teeth, big nose；in the bamboo forest；tiger

图 7　Unit 3 *Animals* Lesson 3 学习单

① 详情可见下篇 第二章 段月芬"巧用学习支架，助力学生表达自觉——《慈母情深》教学案例"。
② 详情可见下篇 第二章 张安琪"立足学情，巧设支架，提升品质——Animals 教学案例"。

⑤评价支架

学习效果评价是支架式教学的最后一步。在这一环节中，教师要彻底拆除支架，让学生去展开真实的评价，自主发现学习中的问题。评价支架的形式较为多样，可以通过师生问答的形式引导学生明晰自己的掌握程度，也可以设计丰富多彩的评价单，让学生自主填写。

案例6：教学后测见证教学成果

我校一位科学教师授课结束后，为更好地了解学生在游戏化学习的策略下，学生学习效果如何的问题，将3个前测问题重新进行后测。学生通过自身前测后测的答案对比，也更加明确了解自己对于新知识的掌握情况。①

3. 路径三：诊断式教学策略

（1）理论简介

诊断式教学（Diagnostic Teaching），是指教师对自身教学与学生学习进行综合诊断与分析，从而结合诊断结果调整教学策略的一种教学方法。教师对学生的现状进行诊断，是为了开具更加具有针对性的、有益于教育实践的处方。教师在教学前对所教学生进行诊断，就可以在教学设计与教学实施时基于每个学生、每个知识点，配置相应的学习资源。

（2）实施要点

①吸收前人经验

同伴资源是我们经常忽视的资源，无论是新手教师，还是新接手班级的教师，都可以请教曾经教授过同科课程的同事。通过请教他人或者参加学科集体备课等集体教研活动，不仅可以了解学生对学习内容的理解深浅、学习上的进度，还可以获取资深教师总结的特定年龄段学生的特点信息。当然，他人的总结可以作为我们教学设计的参考，但是我们在教学时需要具体问题具体分析。

②评价贯穿全程

教师不仅要在课前了解学生的基础，也需要在课中和课后掌握学生的学情。在课前可以通过访谈、问卷等调研方式来了解学生关于动力系统、能力系统方面的情

---

① 详情可见下篇 第二章 张宏伟"小游戏 大成效——《光的反射现象》教学案例"。

况；课中可以通过设计课堂活动以及根据学生在课堂中的表现，比如：回答问题、参与程度、听讲情况、完成任务情况等了解学生课堂习得情况，以上这些方面也能反映出学生在动力系统、能力系统、监控系统方面的学习品质；课后可以通过练习反馈了解学习效果，了解学生的思维能力和学习策略。

　　案例 7：针对问题设计趣味导入

　　在我校很多教师的教学设计中，学情分析都是十分重要的一环。比如我校一位语文教师通过观察，发现学生出现的问题在于缺乏对文言文课文学习的兴趣。于是她针对这些问题，以学生学过的神话故事为导入，介绍《山海经》，激发学习兴趣，聚焦题目，点明本课学习内容、人物和事件。针对前测发现的学生普遍难以很好地表述课文大意的问题，她安排了个别学生发言作为范例，台下生与同桌对练的教学环节，给学生提供充足的练习机会。[①]

　　了解学生的学情之后，就可以在本次或者下次教学设计时重点攻破学生的薄弱环节。要注意的是，在问题设计时，教师需要根据测试内容设计不同程度的评价标准，如"不了解、我知道、我能讲、我能应用"等，才能更好地评测出学生的掌握水平。

　　③妥善保存数据

　　教师应妥善保存前测、后测等测试的相关数据，为自身的教学反思与优化积累素材。可以为班级建立档案，有条件的教师也可以为学生建立个人档案，对学生的成长进行追踪。通过积累数据，进行多年的数据化分析，也可以看到自身教学设计的进步与问题。

4.路径四：情境式教学策略

（1）理论简介

　　情境教学是指利用外界的环境，实现和学生心境共鸣的教学方法。世纪之交，世界教育实践出现了大变革，以"情境"为中心的课程设计理论就此诞生。英国课程论专家丹尼斯·劳顿是其代表。而在我国，早在 20 世纪 70 年代，特级教师李吉林就开始了情境教学的探索，创立了情境教育理论体系及操作体系。李吉林认为，

---

① 详情可见下篇 第一章 张博昊《〈精卫填海〉教学设计》。

情境课程的独特优势源于"意境说"民族文化的滋养。

（2）实施要点

①情境创设要有生活感

情境创设要贴近学生的现实生活。教师要把社会生活与儿童的生活连接起来，架设一座书本知识和儿童视界的桥梁，建立教育教学与现实生活的联结。在课堂上，教师需要把文本情境转化成形象的生活情境。生活感如何体现？一是连接学生的经历与体验；二是选取学生感兴趣的事件、材料等；三是选取能够体现时代性的素材。

　　案例 8：巧选素材设计贴近学生的情境

　　在讲授《有多少观众》一课时，因涉及估数的知识点，于是在前测时，就可以创设一个估算书架书目的情境测试题，让学生更加有代入感。[1] 而另一位数学教师选取了学生感兴趣的动画片，作为情境创设的素材，设计了《跟着黑猫警长来探案》一课，使枯燥的解题过程变为趣味的破案环节，极大地激发了学生的学习兴趣，使学生获得良好的学习情感体验，从而乐于去做练习。[2]

②情境创设要有实效性

情境创设要有实效性。即情境创设应着眼于它的实际功效，始终以教学目标和教学内容为依据，切不可华而不实、本末倒置。同时，也要留给学生思考的时间和探索的空间，使学生从自身已有的知识储备中提取有价值的信息来消化知识，从而让他们自己去探索、去学习、去发现、去领悟。

③情境创设要有意境美

情境创设要优选典型场景，创设具有意境美的场景。爱美是人的天性，艺术具有丰富的美感，教师可以适时借助图画、音乐、戏剧等资源完成情境创设，充分利用艺术的魅力，使学生在学习中感悟美、理解美、创造美。

---

[1] 详情可见下篇 第二章 武文颖 "设计情境，挑战思维，提升水平——《有多少观众》教学案例"。

[2] 详情可见下篇 第二章 张瑞晨 "复习课，也很有趣——《除法复习课》教学案例"。

5. 路径五：启发式教学策略

（1）理论简介

启发式教学是指教师在教学过程中根据教学任务和学习的客观规律，从学生的实际出发，采用多种方式，以启发学生的思维为核心，调动学生的学习主动性和积极性，促使他们生动活泼地学习的一种教学指导思想。

（2）实施要点

①设置挑战性任务

教师为学生设置的任务、问题、作业、目标的难度，都应是有挑战性但付出努力又能够实现的程度，这样不至于因为太过困难而使学生丧失挑战的信心，也不会使学生因为太过容易而感到不值得花费时间学习。因此，教师需要事先评估适合班级群体的学习水平，再去设置相应难度的挑战。如遇到比较难却又必须掌握的学习内容，可以把有难度的目标，拆解为分散的小目标，让学生在成功中激发学习的动力。

②巧用教材资源

教材的留白处也是一种资源，值得深入挖掘。比如在语文教学时，教材中有许多留白的地方，教师引导学生填补空白，对文本进行有效的"诠释"，能够使文本所塑造的形象更立体地展现在学生的眼前。学生透过语言文字，在脑海中读出了画面，肺腑之言喷涌而出，学生用自己的思想感情触摸了文本，课堂便拥有了生命的活力。

③拓展想象空间

实施启发式教学，就需要教师充分激发学生的想象空间。例如在语文教学中，可以借助诗中提到的画面，诗中有画，画中有诗，即便面对同一首诗，因个体认知存在差异，导致所看到的画面也有所不同。教师在教学中可以通过诗中的意象来引发学生的联想，请学生去猜测作者所见。

6. 路径六：游戏化教学策略

（1）理论简介

教育游戏是专门针对特定教育目的而开发的游戏，具有教育性和娱乐性并重的特点，其种类丰富、趣味性足，在一项游戏中通常会考查儿童多项技能。游戏化教学主要指教学过程中教师根据学生的心理特征，通过对游戏教育功能核心价值的总结，将游戏的趣味性、参与性和情境性的特点与教学实践结合起来，并将教学策略和评价方法与之相配合的一种教学模式。①

（2）实施要点

①明确本课知识点

教师使用游戏化教学设计之前，需要明确本课的核心知识点。游戏只是一种手段，不能是我们的教学目的。单纯地玩游戏并不能体现教育性。因此，教师需要充分了解本课的教学重点，才能围绕着教学重点进行游戏的选择与设计。

②选择合适的游戏载体

教师需要根据本课的知识点，选择合适的游戏。我们既可以选择他人设计的成熟的游戏，将经典游戏与自己的教学恰当地结合起来，也可以给学生提供主题与支架，让学生自己生成、创造游戏。下面的案例就是我校教师在结合本课内容，自主设计出的一个简单的游戏活动。

案例 9：树木游戏让学生深入理解课文

在《树之歌》一课的前测中，教师发现学生对于树木的识别较为薄弱，因此设计了两个游戏：1. 通过"我给树木挂名牌"的方法，加强学生对树木外观及生字的记忆，图片更为直观，也有助于学生理解诗歌；2. 通过"我给树木代言"的游戏，帮助学生提取树木的主要特点和价值，在增强表达能力的基础上，帮助学生更好地理解诗歌。②

图 8　《树之歌》教学实录

① 张晓英 . 对小学语文游戏化教学的现状分析及对策探讨 [J]. 小学教学参考，2010(30):74—75.
② 迟妮 "青苗" 教师反馈表 第二版教学设计。

③完善游戏规则

游戏之所以好玩，是因为其能够在较短的时间内，使人获得成功的感受。因此教师在开展游戏教学时，需要根据情况，设计适合学生水平的挑战，安排竞争机制，及时奖励获得成功的学生，鼓励尚未取得成功的学生，这样才能让学生获得良好的学习体验。

案例 10：打靶游戏大闯关

在讲授《光的反射现象》这一课时，教师通过前测得知学生对于《光》这一单元的学习兴趣较为欠缺，因此在探索环节将"打靶游戏"设置为由易到难的闯关游戏。随着游戏难度的增加，涉及知识由浅入深，也使得探究活动步步深入，让学生的认知由点及面，富有挑战性的同时又极具乐趣，让学生在玩中学、学中玩，真正做到"寓教于乐"。

图 9 《光的反射现象》教学实录

④把控课堂氛围

爱游戏是儿童的天性，在玩有趣的游戏时，儿童难免会开心、兴奋，以至于难以自持。因此，教师作为辅助者与管理者，需要在学生过于兴奋的时候，及时让学生冷静下来，这样才能让学生更好地投入学习进程。

7. 路径七：目标导向式教学策略

（1）理论简介

目标导向教学法是一种以教师为主导、以学生为主体、以教学目标为主线的教学方法。在进行教学设计时，应用一种"逆向教学设计"方法，其基本设计过程可分解为"解读课标→确定教学目标→评价设计→解析教材→分析学情→选择教法或学法→确定教学活动设计方案"[1]。在教学实施时，教师以教学目标为导向，在整个教学过程中围绕教学目标展开一系列教学活动，并以此来激发学生的学习兴趣与积极性，激励学生为实现教学目标而努力学习。

（2）实施要点

①明确教学目标

目标导向式教学策略要求在课程开始，就要明确学习者在教学结束时应该掌握的知识与技能，并强调围绕知识与技能进行重点教学。只有确定了课堂教学目标，教师才能使学生明确学习目标，激发学习动机。在学习情境中，学习动机不只是引导学生学习活动的发生，还深度影响着其持续性与质量。优秀的课堂教学目标，一定是具有指向性、整合性与可测量性的。

案例 11：综合确定单元学习目标

我校一位英语教师根据英语课程标准要求，通过教材内容、学情分析和单元基本问题的讨论，最终以"感悟成长"为主题，确定了本单元预期的学习目标（表2）。

表 2 Growing Up 学习目标

单元学习目标
1.学生能够听、说、读、写有关成长历程的词汇、句型和语段。
2.学生能够用擅长的方式，用一段话（不少于 5 句）展示自己的成长故事。
3.学生能在单元学习和故事分享中进一步理解成长、感悟成长。

②划定评价标准

教师在明确教学目标之后，下一步是确定能证明学生达到预期学习结果的证据，即确定课程评价的标准和方式。教师通过设计多种评价方式测试、考查学习者是否达到标准，以判断学习者是否已经掌握预期的学习结果。确定的评价方式可以使教师更加清醒地知道在教学活动中如何运用评价方式布置实践性、操作性的任务；明确的评价标准可以使教师在教学中快速、准确地了解学生的学习效果，以便及时调整教学方法、教学策略。

---

① 杨通智. 通过逆向教学设计实现基于课标的教学 [J]. 贵州教育,2014(08):26-28.

③设计教学活动

目标和评价都设计完成后，教师需要安排相关的教学活动来实现预期的学习结果。所有的教学目标几乎都指向促进学生对所学内容的理解。因此，在设计教学活动时，教师需要根据教学目标，选择核心的教学内容，这样可以帮助教师在教学活动过程中把主要精力放在最重要的内容上。

8. 路径八：个性化教学策略

（1）理论简介

个性化教学是一种尊重学生个性的教学，即学生需要什么，教师便授予什么。在西方，18世纪法国启蒙主义思想家卢梭，其个性化教育思想在其专著《爱弥儿》中尽显。而在中国，自古就有"长善救失""因材施教"的教育理念。个性化教学是一种以学习者为中心的教学模式，最终目的是使学生成为更好的自己。

（2）实施要点

①了解学生基本情况

就像世界上没有两片完全相同的叶子一样，每个学生都是独一无二的，实施个性化教学，教师的第一步是了解学情。教师在制定教学目标之前，应该运用问卷、成绩分析、课堂观察等方法，对学生的个体差异进行正式或非正式的评估和分析，以便准确了解每个学生学习前的准备状态，把握不同学生的不同需求与不同水平学生的不同特点。

②进行分层教学设计

在掌握学生情况之后，教师要评估全班不同层次学生的要求，进行针对性的教学设计。其中，为其设立的教学目标都应该在他们的最近发展区内，并用清晰的语言阐述不同的目标要求。而课后作业的设计也需要有一定梯度，下面这一案例就是分层作业设计的一个示例。

案例12：《跟着黑猫警长来探案》作业设计

警察甲："黑猫警长不好啦！操纵机器人D2的犯罪嫌疑人在10分钟前就带着珠宝逃跑啦！"

黑猫警长："快追呀，务必在他通过检查站之前将他拦下！"征得主人同意后，黑猫警长临时征用了路人的滑板，追着嫌疑人急速前行。

（1）嫌疑人以每分钟480米的速度向检查站逃窜，黑猫警长的急速滑板最快速度可达到 600 米 / 分。他能成功将嫌疑人拦截在检查站之前吗？

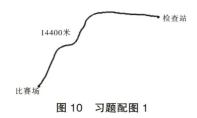

图 10　习题配图 1

（2）从比赛场到检查站还有一条更近的小路，但是中间有一个时长为 1 分钟的红绿灯。如果黑猫警长想要利用这条小路在检查站前成功拦截嫌疑人，那么他至少每分钟滑行多少米？[①]

图 11　习题配图 2

③合理组织教学内容

个性化教学中，强调学生学习的自主性、选择性、体验性和反思性，这就需要教师提供可供自主选择的学习内容做支撑。因此，教师需要合理组织教学内容，在布置学习任务时要具有一定的开放性和阶梯性，要给学生提供选择的机会，要安排处于学生最近发展区的、能够完成且带有思考空间的任务。同时，也可以在提供的辅助材料上进行难度区分，以满足不同水平学生的需求。

案例 13：提供难度不一的补充阅读材料

我校一位英语老师在讲授课文的时候，为学生补充两篇相关阅读材料，学生根据自己的实际情况，选择适合自己能力水平的任务。分级补充阅读材料，在为程度较弱的学生提供充足阅读时间的同时，为程度较好的

---

① 详情可见下篇 第二章 张瑞晨"复习课，也很有趣——《除法复习课》教学案例"。

学生提供更多的阅读机会，使不同程度的学生都能获得成功的体验；读后通过观看视频、体验摸盲文、小表演等活动保持学习兴趣，激发学习动机。在实践应用环节，通过不同形式的介绍活动，如"冰激凌人偶""人物自述"等方式，丰富活动形式，激发学生的展示兴趣。[①]

④科学安排学习形式

分组学习是个性化教学常用的学习组织形式。在个性化教学中，分组学习除了由教师课前对学生进行分组外，随着教学进程的推进，还有由不同课题或学习任务的选择带来的自由分组，以及由学生学习起点、进度不同导致的动态分组。教师在课堂教学中，要关注小组的学习情况，进行及时反馈与调整。同时，针对班级中有特殊需要的学生，我们需要了解他们的情况，具体问题具体分析，合理安排合适的学习形式。

案例 14：在歌谣中学会系鞋带

我校一位教师在教育教学过程中，发现有一位学生有特殊的问题，那就是他难以学会系鞋带等技能。通过了解得知，该生患有空间感知障碍。教师看在眼里，急在心里，最终，该教师使用歌谣策略，教会该生系鞋带与系红领巾。

（二）学生学习策略

具备良好的学习品质是获得良好学习成效的必要条件，而提升学习品质的方法一定是来源于实践的，从学生学习视角与真实案例出发，我们总结出了一些提升学习品质的学习策略（图 12）。

---

① 详情可见下篇 第二章 曹旭"锦囊妙计，助力学生激发学习动机——*Famous People Lesson 3 教学案例*"。

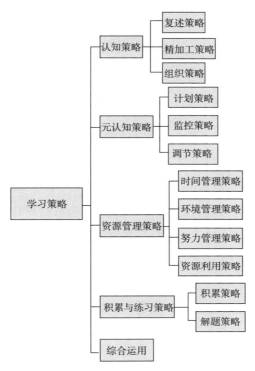

图 12 学习策略思维导图

1. 认知策略

（1）复述策略

复述策略作用于认知过程的初始阶段，即选择、获得阶段，是一种为了在工作记忆中保持信息而对信息进行反复识记的策略。[①]复述策略最常用的就是逐字逐句地重复，除此之外，背诵也是复述策略的一种常见表现形式。关于背诵，我校学生有一些自己的心得。

背课文的三个方法：第一个方法是看图说话，就是在熟读课文的基础上，根据图片内容，来回忆这篇文章；第二个方法是先要理解这个课文是什么意思，然后按照意思来背；第三个方法是分成段落来背，逐段进行背诵，直到背完为止。我把这三个学习方法告诉了爸爸，爸爸还告诉我一个方法，那就是平时要多听多读，熟能生巧。正如一句谚语说的：只要功夫深，铁棒磨成针。自从我收获了这四个方法，

---

① 曾跃霞 . 学与教的心理学 [M]. 天津 : 天津大学出版社 , 2014.

我的英语课文背诵得越来越快，英语口语说得也越来越流利，对英语的学习兴趣也越来越高。下次出国旅游，我也可以用英语对话买东西了。[①]

背古诗的窍门：古诗，看似枯燥难懂，其实背后是由许多有趣的历史知识和故事串联起来的。例如派系记忆法：比如，山水诗派我们便可想到谢灵运、王维等一众诗人；田园诗人便可想到陶渊明、孟浩然等。还可以用历史年代记忆法：比如，战国屈原的楚辞，唐代李白的诗，宋代苏轼的词。通过这些我们便可以联想记忆，了解历史也便于我们背诵。

背英语课文：我的英语水平不好，上课跟不上。爸爸知道了这件事，安慰我说："以前英语学得不好，以后多努力就可以了。"爸爸给我分析说，上课内容听不懂，那咱就提前把英语课本的内容熟读，再背下来，试试有没有效果。从这个学期开始，我每天放学后，听英语老师发给我们的音频，再跟读课本上的英语句子。听了很多遍之后，慢慢可以自己读了。一开始我还结结巴巴，后来就流畅多了，然后我再努力背下来。在爸爸的督促下，我每天放学后都坚持读课本、背课本，一段时间后，我发现课本上的英语单词和句子我都能认识了，也可以流利地背下来，英语课上我敢踊跃举手回答问题了。有一次英语课，老师问谁能把这课文背下来，我发现我是班里极少数举手的同学中的一个，我感觉我现在对英语学习更有信心了。

（2）精加工策略

精加工策略主要作用于复述策略与组织策略之间的过渡阶段。精加工策略的本质是把所学的新知识与学习者已有的知识更好地联系起来，以增加新信息的意义，即应用已有知识使新知识（新信息）合理化，促进新知识在长时记忆中的保持，从而有效地提高记忆效果，扩大原有知识的容量，并提高知识的可利用性。[②] 精加工策略主要体现为记笔记、提问、利用背景知识联系实际、编口诀、谐音联想等。下面是我校学生使用精加工策略的一些典型案例。

①编制歌谣、口诀

教育歌谣与口诀是对于知识点的一种趣味化的总结与归纳，通过将枯燥乏味的知识点转化为趣味的、朗朗上口的歌谣与口诀，能够让学生迅速记住该知识点，并且在传唱的过程中将知识点逐渐内化。

---

① 详情可见下篇 第四章 2019 级 杨蕙珊《我的背诵方法》。
② 曾跃霞. 学与教的心理学 [M]. 天津：天津大学出版社，2014.

拼音口诀：关于韵母 ie 和 ei 的辨别以及韵母与整体认读音节的区分，我校教师创编了一个口诀："i 在前，是姐姐（ie），i 在后，是妹妹（ei）。"学生通过记口诀迅速掌握了这个知识点。①

②归纳与总结知识点

梳理知识点：为了解压，我就决定折纸放松一下。在折纸过程中，我就在思考，复习应该就是再次重温整个学期学过的知识，那么怎样在有限的几天时间内把这些知识都掌握呢？突然脑袋里灵光乍现，我可以把学过的知识点总结下来，可以按单元、按课时、按知识点来总结。……随着知识点的梳理，我发现，不同课时之间知识点存在一些联系，前后串起来后，有一种融会贯通的感觉，让我对知识理解得更加深入，掌握得更加牢固了，我感觉自己找到了复习的秘诀，越学越有劲头。②

使用活页错题本：对于我来说，解奥数题一直是个不小的挑战。为了便于错题本内容的归类，我按照妈妈的要求选了一本可以插活页的错题本。先是分阶段分类复习学过的知识点，然后，又举一反三，大量做题，在做题过程中每做错一道题，就分类将错题总结到错题本中，并分析记录好错题的原因。最后，就是按照艾宾浩斯曲线记忆法，根据标注的复习日期对错题进行反复的复习和巩固，直到完成所有错题的复习任务。③

（3）组织策略

组织策略作用于构建、综合阶段，即认知过程的深加工阶段。组织策略是指对学习材料进行组织，按照材料的特征或类别进行整理、归类或编码，以利于理解掌握的一种基本学习策略。组织策略的目的在于建构新知识点之间的内在联系，是将分散的、孤立的知识集合成一个整体并表示出它们之间关系的方法。④组织策略主要体现在通过结构图、提纲、流程图和一览表等，对所学知识进行归类与整合。下面是我校学生做思维导图的一个案例。

做思维导图：老师为了让我们更牢固掌握知识点，每天早上都会留点题让我们思考，每讲完一个单元都要求我们自己做思维导图。慢慢地，我觉得每一个知识点

---

① 选文来自"青苗"教师反馈表 张诗婷第二版教学设计。
② 详情可见下篇 第四章 2018 级 曹珏《我的复习秘诀》。
③ 选文来自 2019 级 12 班 王米可的学习心得体会 二等奖。
④ 曾跃霞 . 学与教的心理学 [M]. 天津：天津大学出版社，2014.

在我头脑中越来越清晰。碰到不懂的问题，我也学会问老师和同学了。不像以前，碰到不懂的问题经常憋在心里，像个闷葫芦一样。这一年，我感受到了思考的力量。如今，当我再做数学题时，已经能按照老师的要求，仔细读题并圈重点信息了，也学会了写写画画，想明白题后再下笔。思路一清晰，下笔如有神，做起题来也就速度飞快，而且正确率高多了。①

2. 元认知策略

（1）计划策略

计划策略是根据认知活动的特定目标，在一项活动之前制订计划、预计结果、选择策略、想出解决问题的方法，并预计其有效性，包括设置学习目标、浏览阅读材料、产生待回答的问题以及分析如何完成学习任务。②计划策略是为了进行更加高效的学习，它包括在学习活动之前浏览阅读材料、产生待回答的问题、产生学习方案等。计划策略是我校学生最常用的学习策略之一，以下是一些典型案例。

从问题出发制订计划：我在一次校内语文基础知识的检测中，因为扣分较多没有达到预期的目标，回家后我整理错题，发现扣分的主要是这三类：易错字、笔顺和近反义词。之所以会出现这些问题应该就是平时练习、重复得不够。于是我制订了相应的学习计划。比如，字词的书写方面，参照妈妈之前给我整理的英语单词记忆曲线表，把每课的重点、易错字词放在曲线记忆表中，每天按照表格默写，通过不断的复习达到记牢的目的。笔顺和近反义词方面，我每周复习一次，并通过答题检测的方式来检验学习成果。经过大半个学期的努力和坚持，在后来的基础知识检测中我取得了优异的成绩，之前的薄弱点都基本没丢分。③

制订每日学习计划：在预习前，妈妈帮我买好了四年级上册的数学书、教材解读、数学练习题。然后，我制订了每日学习计划，如下。

1. 每日预习四年级上册数学一课；

2. 计算一篇（保证正确率）；

3. 四上语文字帖一篇（保证做到：端正、整洁、美观）。

① 选文来自 2018 级 7 班 张乔涵的学习心得体会 二等奖。

② 朱文彬、赵淑文. 高等教育心理学 [M]. 北京：首都师范大学出版社，2007.

③ 选文来自 2018 级 13 班 何晓希的学习心得体会 三等奖。

有趣的预习开始啦！①

居家学习的计划：我结合爸爸妈妈的意见，制订了一份计划表，表里包含上课、写作业、运动、做家务等内容，让自己在劳逸结合的基础上有更大的进步。每当爸爸妈妈下班回来，看到整洁的家，听我讲述今天的学习情况，露出欣慰的笑容，就更加坚定了我制订计划、按部就班自主学习的信念。通过两个月的居家学习，我意识到，在今后的学习生活中，我还要认真严谨地保持这样的学习习惯，为马上开启的六年级起个好头，也让人生之路更加精彩！②

（2）监控策略

监控策略是在认知活动进行的过程中，根据认知目标及时评价、反馈认知活动的结果与不足，正确估计自己达到认知目标的程度、水平，并根据有效性标准评价各种认知行动、策略的效果，包括阅读时对注意加以跟踪、对材料进行自我提问、考试时监视自己的速度和时间。③下面是我校学生使用监控策略的案例。

专心听课：在做语文同步练习时，我总是弄错"继""必"等字的笔顺。我去问妈妈，她也不确定。有一天妈妈与我一起听语文老师的直播课，因为妈妈也在，这次听讲我特别认真。新课学习从字词学习开始，字形字音于老师都会分析到；在讲解配套的语文同步时，于老师不仅教我们怎么选出正确答案，还会复习巩固涉及的字词知识。我不会的知识点在上课时于老师都讲到了。通过这次认真听讲，我知道了上课专注的重要性。如果我上课认真听讲，就不会遇到百思不得其解的难题了。④

（3）调节策略

调节策略是根据对认知活动结果的检查，如发现问题，则采取相应的补救措施；或者根据对认知策略的效果的检查，及时修正、调整认知策略。⑤如发现不理解时，重新阅读或放慢速度；考试遇到不会的题目，跳过先做简单的题目等。下面是我校学生使用调节策略的一些案例。

---

① 详情可见下篇 第四章 2019级 戴思齐《有趣的预习》。
② 选文来自2018级 12班 朱韵可的学习心得体会 三等奖。
③ 朱文彬、赵淑文. 高等教育心理学 [M]. 北京：首都师范大学出版社，2007.
④ 详情可见下篇 第四章 2019级 李瑞泽《我的学习工具箱》。
⑤ 朱文彬、赵淑文. 高等教育心理学 [M]. 北京：首都师范大学出版社，2007.

分析语文问题：语文考试获得 87 分，我认真分析了这次的语文试卷，发现丢分主要是字词、背诵和默写这些基础部分，阅读理解不深刻，只能理解到表面的意思。针对这些问题，下学期一开始我就制订了学习计划，字词要做到会拼写，能理解词义，注意多音字和近、反义词的积累，每篇课文的会写字至少写 10 遍；每个单元学完要检查背诵的课文，及时完成背诵任务；古诗和古文要熟悉意思并会默写；课后要复习老师课堂讲的内容，利用辅导书帮助理解。[1]

提高数学成绩：之后王老师给我进行了错题分析，和我讨论了两个可以帮我提高数学的办法：一是每天做一篇口算练习，计算并计时，以提高计算速度和增强数感；二是每天睡觉前把当天学过的知识点背诵一遍，起床后再检查复习一遍，加强记忆。在执行过程中，我请求妈妈的监督，慢慢地我发现数学练习只错一两个了，断断续续地有几次全对了。我渐渐认识到这两个方法还真有效果，坚持了一段时间后我能连续六七次数学练习题全对。[2]

3. 资源管理策略

（1）时间管理策略

时间管理策略是指通过一定的原则，合理安排学习时间。时间管理行为包括分辨任务需求，根据其重要性来排序，以及据此分配相应的时间和资源等。时间管理，首先要统筹安排学习时间，然后要高效利用时间，最后还可以灵活利用零碎时间。我校学生使用时间管理策略的典型案例如下。

制订时间表：我决定制订一个可行的学习时间表，把一天的时间划分合理，贴近学校安排还要加入体育锻炼、生活劳动等内容，这样既培养了学习方法还锻炼了自己自主意识和独自面对问题处理事情的能力。

安排晨读：语文和英语学习都离不开阅读与练习，以前我特别发怵背诵古诗词和英文，总感觉记起来太难了。但三年级下学期我找到了学习语言的金钥匙。那是在背诵《花钟》时，我怎么都不会背，临睡前我看了几遍要背的内容，早起以后妈妈叫我赶紧再晨读一下。神奇的事情发生了，我很快就背会了！妈妈说这是因为晨读符合人的记忆规律，人的大脑在晚上休息时还有一些活跃的部分在整理知识

---

① 选文来自 2019 级 4 班 李伯元的学习心得体会 二等奖。

② 详情可见下篇 第四章 2018 级 房一诺《数学考 100 分的方法》。

片段，晨起时大声诵读就很容易记住睡前看过的知识。原来是这样，这可真是学习的好方法。①

利用碎片时间：泡脚的时候，我会用 App 练习英语听力；写完作业等开饭的时候，我会读爸爸给我订的杂志《喜欢写作文》。我相信，即使一天两天看不出明显的效果，日积月累也会有进步的。②

（2）环境管理策略

学习环境是影响学习者学习效果的重要影响因素。创设利于学习的学习环境，一方面，要注意调节自然条件，如流通的空气、适宜的温度、明亮的光线以及和谐的色彩等；另一方面，要设计好学习的空间，如空间范围、室内布置、用具摆放等因素。下面是我校学生在进行课前准备的案例。

收拾桌面再学习：上网课时我也会先把桌面收拾干净，排除一切干扰物，准备好学习用品，坐在椅子上时也不再左晃晃右扭扭的了，严格要求自己，认真上网课，积极发言。③

（3）努力管理策略

努力管理是指掌握一些方法来排除学习干扰，使自己的精力有效地集中在学习任务上，主要包括激发内在动机；树立为了掌握而学习的信念；选择有挑战性的任务；调节成败的标准；正确认识成败的原因；自我奖励等。下面是我校学生使用努力管理策略的一些案例。

自我激励："在我的情绪下落到最低谷的时候，我会激励我自己，让我从逆境中走出来。"④

树立学习信念：苏东坡曰："古之立大事者，不惟有超世之才，亦必有坚忍不拔之志。"相比之下，我对待学习的那种懈怠态度，既危害了自己，又辜负了父母和老师们的冀望，顿感无地自容。自此，我暗暗下定决心并制订了备战规划，比如：课前坚持预习，上课专心听讲；下课后认真练习，提升效率；晚上重新温故知新等。由于我学会了更科学地管理时间，劳逸结合，后期的作业屡次被表扬，这也激发了

---

① 详情可见下篇 第四章 2019 级 李瑞泽《我的学习工具箱》。
② 详情可见下篇 第四章 2018 级 王汀兰《四步复习法》。
③ 详情可见下篇 第四章 2019 级 陈怡然《学之志》。
④ 选文来自 2018 级 14 班 任天宇的学习心得体会 二等奖。

我读书的兴趣，强化了自主学习的能力，收获了更好的自己。

（4）资源利用策略

资源利用策略主要包括两方面，除了利用学习工具（比如参考资料、工具书、图书馆等）之外，还可以利用自身的社会性人力资源，向老师、同学、朋友等请教解决自身的学习问题。我校学生使用资源利用策略的典型案例如下。

请教朋友：在四年级下学期的时候，我喜欢分享一些事物，妈妈告诉我，可以把想说的写下来。于是，我发现其实写作文并没有想象中的那么难，只要把想的写下来就好了。后来，朋友告诉我他写作文的技巧：先写出来一个框架，再对框架的句子进行扩充，增添细节，最后完善句子就可以了。从此，我便再不害怕写作文了。①

4. 积累与练习策略

（1）积累策略

任何知识的学习都需要大量的练习才能够熟练掌握，特别是一些语言类学科，更需要日复一日的积累，才能从"掌握"达到"精熟"。下面是我校学生使用积累策略的一些案例。

看书积累作文素材：在写语文作文时，我也很头疼、很苦恼，每次我都写得很慢很慢，往往憋了很久，才写三句话。我就开始想方法，想了好几个，其中有一个方法我觉得可以试一试，这个方法就是要多读书。老师平日里让我们多看书，并记录好词好句。因为书读多了，书里很多好词好句都可以用到作文里。爸爸还告诉我，平时要多注意观察周边事物，把自己的亲身感受写到作文里，会写得更生动、更丰富。于是，这学期我就广泛阅读各种书籍，每周至少看两本书，日积月累，词汇积累得越来越多。利用业余时间，爸爸妈妈会带我出去旅游，增长我的见识。我的作文写得越来越快，内容也越来越生动、丰富。②

素材来源于观察：我这学期语文学习最大的收获是关于写作与生活的思考。我在大量的阅读中发现，有很多作家之所以能写出精彩的文章，是因为他们都有一个共同点，那就是深入观察生活，收集生动的写作素材。比如在我最喜欢的《昆虫记》

---

① 选文来自 2017 级 11 班 席子渊的学习心得体会 三等奖。
② 详情可见下篇 第四章 2019 级 杨蕙珊《我的背诵方法》。

中，作者法布尔寻找昆虫的迹象，跟随昆虫去到它生活的地方，仔细观察昆虫的一举一动，并做好详细的记录。另外，法布尔喜欢用拟人的写作手法，从昆虫的视角来写。虽然他也会告诉我们很多关于昆虫的自然知识，但更重要的是他会把昆虫当成故事的主人公。他的描写让我们仿佛看到了昆虫一整天的生活，生动有趣。我这个学期的习作《我们家中的智多星》《国宝大熊猫》是自己最为满意的作品，这两篇作文也是认真观察和思考日常生活的成果。①

每日积累古诗和单词：在确保高效完成校内学习计划的同时，我还坚持每日背诵古诗、英语单词，这样既拓展了知识又能激发学习兴趣。

学习英语，只有单词量大才能提升阅读及写作能力，背单词可以运用艾宾浩斯记忆法加强记忆，也可以通过发音规律快速拼读，还可以运用联想法、词缀法记忆，只有通过总结方法才能使背诵单词变得不那么困难。

多项长期坚持积累：在经过了一段时间的迷茫后，我静下心来思考，仔细地分析每个科目学习过程中的问题，尝试去针对每个问题找方法。语文坚持每天阅读，做到对重点内容的精读，完成每周两篇读后感；数学的四则运算坚持每天计时练习，动手去做各类几何模型来提高对立体几何图形的空间想象能力；英语坚持每天背单词，增加短文阅读，针对过去时态等语法知识练习写情景例句；经过一天天努力、一点点积累，一星期过去、两星期过去……语文的阅读题目慢慢都能够回答准确，数学分数的运算准确快速，几何的体积能够快速计算，英语的语法都熟练掌握，各科目练习题的准确率越来越高，我慢慢地找回了学习的自信，在期末考试中各个科目都取得了全优的成绩，评选上了三好学生。②

（2）解题策略

另一种练习的方式，就是解题。我们常见的考题将所学的知识点融入一定的情境下的问题之中，学习者通过排除干扰，看到关键问题，使用解题策略，从而利用已有知识解决新问题。下面是我校学生使用解题策略的一些案例。

看破难题障眼法："奥林匹克竞赛题（小学组）"几个字映入眼帘，我差点扑哧一声笑出来，太逗了吧，几道小学的数学竞赛题竟然难倒了工科博士毕业的老爸，

---

① 详情可见下篇 第四章 2018 级 闫璟祎《求学贵勤，努力向上——我的语文学习故事》。
② 详情可见下篇 第四章 2017 级 付若瑶《我的学习方法》。

这我可得仔细看看。结果一看，发现确实挺难，一道题都不会。这时，老爸经常说的一句话突然出现在我的脑袋里："一打眼感到难的事儿一定有'诈'，一定要再看一眼，那个'难'其实只是一个障眼法。"对呀，那就再看看这几道题。再打量了几眼后，竟然有点思路了。我立刻坐在桌前算了起来，不一会儿，就把四道题全部做完了。……没想到老爸把手里的纸一扔，隔着桌子把我一搂，嘴里喃喃着："真没想到全对，真棒儿子！告诉爸爸，解这些题的时候，你学到了什么？""学到了不怕困难，勇于思考，明白了您说的'困难没有办法多'那句话。"①

有章法地解题：爸爸在讲评题目时，总是不厌其烦地提醒我要注意做题步骤：先画图，图可以帮助我更深地理解题意；当程序出现问题时，可以进行分块检查，也可以在纸上手动走一遍程序。反复出现的失误，让我逐渐反思自己的不足，我开始尝试用爸爸建议的解题步骤来做题。咦，做题正确率渐渐提高了。②

分析、攻克错题：一学期下来，我做错的题目也有不少。我把单元考卷都找出来，把错题的题目抄到一个本子上，又做了一遍。碰到依然不会做的，我就翻开课本有针对性地复习，然后再做一遍，直到把错题都弄懂为止。③

5. 综合运用

在现实的学习过程中，学习者通常都会使用复合型的学习策略，根据需要综合运用认知策略、元认知策略等。下面是我校学生综合运用各种学习策略总结出的一些学习心得。

（1）学习要过三关

开学那天，见到了久别的老师和同学们，我心里非常高兴。我暗下决心，一定更加努力，争取更好的成绩。我制订了学习计划和方法，主要是把好三关：一是预习关，就是在老师讲新课之前，自己先预习一下，找出不懂的问题；二是认真听讲关，将听课的重点放在预习中发现的难点问题上；第三是巩固复习关，对难点问题举一反三，反复练习，弄通学会为止。我还自我规定，抓紧完成作业，最好在校内完成，腾出时间拉拉琴、看看书什么的。④

———————
① 详情可见下篇 第四章 2018 级 林筠涵《成长让我快乐有力量》。
② 选文来自 2017 级 1 班 仝岳凌的学习心得体会 二等奖。
③ 详情可见下篇 第四章 2018 级 王汀兰《四步复习法》。
④ 详情可见下篇 第四章 2018 级 张梓溪《不平凡的一个学期》。

（2）学好语文的三件事

面对语文学习难度越来越大的挑战，我一方面积极加大时间投入，另一方面则是努力调整学习方法，不断提升学习效率，更好地适应新的学习要求。在调整学习方法方面，我主要做了下面三件重要的事情。

首先，改进课内学习方法。在语文课堂上，我努力做到注意力高度集中，积极思考、主动发言；课间积极完成作业，认真读题审题、仔细做题，并且学习多用字典词典等工具自己解决问题，不断提高自主学习的能力；课下遇到难懂的词语，就多读文章，联系上下文理解词句在文中的意思。

其次，扩大课外阅读范围。……在三年级尤其是第二学期，我阅读了大量的课外书籍，有文学类的、历史类的，还有自然科学类的……我从书中获取了更多的课外知识，开阔了视野，也提升了自己的文学素养。

最后，加强作文训练。从三年级开始，作文从看图写话到要求我们围绕一个题目独立地开展观察、思考、想象和写作文。一开始我认为作文是一件十分困难的事情，但是也没有退缩。我在家长的督促下慢慢加强作文训练，比如外出游玩时带着笔和小本，多观察、多思考、多记录，多多积累；多阅读作文书籍，参考经典文章，学习写作方法；根据老师的指导，认真完成习作，虚心接受老师的修改建议，反复修改，不断提高。[①]

三、提升学生学习品质的评价体系

评价是检测学习者学习成效的重要手段，而评价也是给学习者提供反馈信息的重要途径。提升学习品质，必定离不开科学、完善、有效的评价体系。

（一）评价目的

教育评价的目的不应该局限在将学生"分等""分类"，而是应该作为一种帮助师生获取关键信息的"反馈——校正系统"[②]，为改进教学效果、助力学生生长奠

---

① 详情可见下篇 第四章 2018 级 闫璟祎《求学贵勤，努力向上——我的语文学习故事》。
② ［美］B.S. 布鲁姆，等. 教育评价 [M]. 邱渊，等，译. 上海：华东师范大学出版社，1987:5.

定基础。《基础教育课程改革纲要》明确提出要"建立促进学生全面发展的评价体系"：既要关注学生学习成绩，也要发现和发展学生的潜能；既要了解学生当前的实际需求，也要帮助学生认识自我的发展方向；既要依靠传统的书面测验检查学生对知识技能掌握的情况，也要运用多种方法，综合评价学生的情感、态度、价值观，尤其是学习品质的发展等。在这样的背景下，我校建立了一套基于提升学生学习品质的评价体系，目的在于以下几点。

通过评价，让学生明确自身学习发展情况，聚焦诊断性评价、形成性评价和终结性评价，突出评价的诊断、激励与发展功能，基于整体实施实证、多元、综合的学习品质评价，引导学生合理运用评价工具改进自身学习。

通过评价，帮助学生评估自身学习品质情况，制定自己的发展目标，在自我认识和自我教育中，为终身学习奠定基础；使教师树立正确的学生评价观，了解科学的评价理论与方法，从而改进自身教学，更好地服务于学生生长需要。

通过评价，促进学校改进教学管理，提升教学实效，在评价与反思中进一步优化育人模式，形成自我优化、自我完善的学校评价与管理机制，从而实现学校教育高质量发展。

（二）评价原则

我校学习品质评价体系基于以下原则。

1. 客观性原则

在进行教学评价时，从测量的标准和方法到评价者所持有的态度，特别是最终的评价结果，都应该符合客观实际，不代入主观臆断或者掺入个人情感。

2. 真实性原则

强调在真实生活情景下对学生的发展进行评价，在真实性评价中应该包括真实性任务，即某一具体领域中专家可能遇到的那些真实的生活活动、表现或挑战。

3. 科学性原则

在进行教学评价时，要从学与教相统一的角度出发，以教学目标体系为依据，确定合理统一的标准，认真编制、预试、修订评价工具；在此基础上，使用先进的测量手段和统计方法，依据科学的评价程序和方法，对获得的各种数据进行严格处理。

4. 主体性原则

在进行教学评价时，不能就事论事，而是要把评价与指导结合起来，要对评价的结果进行认真分析，从不同角度找出因果关系，确认产生的原因，并通过及时具体的启发性的信息反馈，使学生明确今后的努力方向。

5. 发展性原则

教学评价要着眼于促进学生发展，侧重观察和衡量学生的表现。因此要改变以往评价过程中过分重视总结性评价的倾向，要把评价对象当前的状况与其发展变化的过程联系起来。

（三）评价对象

我校一至六年级学生。

（四）评价方式

1. 诊断性评价

（1）理论简介

诊断性评价又称准备性评价，指在教学活动开始之前教师对学生的知识、技能以及情感等状况进行预测，了解学生的知识基础和准备状况，以判断他们是否具备达成当前教学目标所要求的条件提供依据。[1] 通过诊断，教师可以设计一种排除学习障碍的教学方案，从而保证学与教的成功。诊断性评价的评价形式有课堂提问、问卷、访谈等。

（2）实施要点

①精巧提问，关注学生学习品质差异

在诊断性评价中，无论是编制问卷，还是现场提问，都需要用精简又精确的语言，在有限的文字量中获取自己想要的信息。那么作为教师而言，就需要掌握一种"提问"的艺术。

学习兴趣是学习活动的启动按钮，如果学生没有学习兴趣，那么学习效率就不能达到理想水平。因此有必要了解学生对于本课学习内容的学习兴趣。

---

① 李伟成. 教学过程中的诊断性评价研究 [J]. 教育导刊,2011(03):76.

案例 1：通过提问了解学生的学习兴趣①

张宏伟老师在教学前，为更好地了解学生对于《光的反射现象》这一课的学习兴趣，因此其中一个前测问题为"你对《光》单元的学习兴趣是怎样的"。通过分析前测结果（图 13），张老师发现 73% 的学生对于本课的学习兴趣和学习动机不高。并且学生虽然对于光的反射现象是熟悉的，但对于生活中的反射现象了解比较单一，无法总结出光的反射规律。针对前测结果中大部分学生学习兴趣不足的问题，张老师选择使用游戏化的教学策略，带领学生一起进行"打靶游戏"，充分调动起了学生的学习兴趣，激发了学生的学习动机，让学生在快乐的游戏中感受光的反射现象，掌握光的反射规律。

图 13 《光的反射现象》学习兴趣前测结果

而在案例 2 中，张功云老师设计了一道练习题作为前测问题，着重考查学生现有思维能力与学习方法。通过分析前测结果，张老师发现部分学生学习困难的原因在于思维不够开阔，学习方法较为单一，因此在教学设计时，在学习方法方面加强引导学生探索、总结多种比较方法，帮助学生开阔思维，提升思维能力。

案例 2：通过提问摸清学生的思维水平

张功云老师在《货比三家》②一课的前测中发现，53.7% 的学生能正确地比较出三组小数的大小，比较方法清晰正确；39% 的学生不能正确地比较出三组小数的大小，比较方法错误；7.3% 的学生没有思路，并未进行思考，直接放弃。进一步分析，可以发现学生对小数大小比较的认识具有

---

① 详情可见下篇 第二章 张宏伟"小游戏大成效——《光的反射现象》教学案例"。
② 详情可见下篇 第一章 张功云《〈货比三家〉教学设计》。

较高的起点，但是比较方法较单一，学生只是从公式化、形式化的角度，进行小数大小的比较，而实际的意义并未理解，不能利用旧知识解决新问题，思维不够开阔。

表3　前测问题1：请你比较下列几组小数的大小

1.1 ○ 1.09	9.3 ○ 9.25	2.7 ○ 3.5
比较方法：	比较方法：	比较方法：

②借助前测单，引导学生实现自我评估

要注意，诊断性评价的意义不仅仅是为了让教师掌握学生的情况，对于学生来说，填写前测单也是一个自我评估的过程。案例3中的前测单就是一个非常好的例子。前测单可以帮助学生增强学习认知，更好地觉察自身学习情况，从而针对性地调整自身的学习策略。在填写前测单的过程中，增强学习认知与自我评估能力。

案例3：作为评价支架的前测单设计

下图是《四季之美》[①]一课的前测单。可以看出本课的前测单的问题设计由浅入深、层层递进，从简单的信息提炼到归纳总结景物特点，再到引导学生回忆自身经历，这样的问题设计能够考查学生多方面的知识与能力。本课教师通过前测发现大多数学生能够正确回答前两题，在第三题归纳景物特点时学生普遍遇到困难，因此学生在填写前测单后，就可能发现自身对于"景物特点到底是什么"这一问题并不清楚，从而更有针对性地进行听课学习。而对于前测单问题全部回答正确的学生，前测结果也可以起到激励作用，激发学生的学习兴趣与学习动机。

①　详情可见下篇 第一章 郭枫《〈四季之美〉教学设计》。

《四季之美》前测

姓名_____

1. 读完课文《四季之美》之后，你知道它是按照_____的顺序写的。

2. 在作者眼里，四个季节中各自最美的景色分别是什么？

春天最美是_____

夏天最美是_____

秋天最美是_____

冬天最美是_____

3. 作者说，春天最美的景色是黎明。

作者在描写春天的黎明时，重点写了哪个景物？_____

这个景物又有什么特点？_____

你能体会到这样的美吗？作者是通过什么样的手法来表现黎明的美呢？

_____

同样，作者在描写夏天、秋天、冬天最美的景色时都有重点描写某个景物，你能都找出来吗？它们分别又有什么样的特点呢？

_____

_____

_____

4. 在你的生活体验中有看到过如此美的黎明或夜晚吗？你当时是一个什么样的体会？试着写下你当时的感受。

_____

图 14 《四季之美》前测单

2. 形成性评价

（1）理论简介

形成性评价（formative evaluation），是指在教学过程中为了解学生的学习情况，及时发现教学中的问题而进行的评价。通过形成性评价，教师可以随时了解学生在学习上的进展情况，获得教学过程中的连续反馈，为教师随时调整教学计划、改进教学方法提供参考。[1] 形成性评价的形式通常有课堂学习活动评价、学习档案、平时测验等。

---

① 莫雷. 教育心理学 [M]. 北京：教育科学出版社，2007.

（2）实施要点

①挖掘学生闪光点，增强学生生长动力

开展形成性评价，教师要对学生积极关注，发现学生成长的动态，才能够给出学生针对性的反馈，促进学生更好地生长。激励性的口语评价给学生带来良好的学习情感体验，能够激发学生的学习兴趣，促进学习动机的生成，从而为后续的学习提供源源不断的动力。案例 4 中这位老师的做法非常值得我们学习。

案例 4：多样化的激励性口语评价[1]

我校一位教师还经常变换词汇，抓住学生的闪光点进行激励性评价。比如，评价课外书读得多的学生："你的课外知识真丰富，都可以成我的老师了！"评价善于思考的学生："猜测是科学发现的前奏，你们已经迈出了精彩的一步！"评价不爱举手回答问题的学生："没关系，大声地把自己的想法说出来，我知道你能行！"评价有新见解的学生："你真是与众不同啊，很有创造性，老师特欣赏你这点！"评价一个小组，可以这样说："这是你们合作成功的果实，老师为这份成果而欢喜！更为你们积极参与的精神而叫好！"当学生表达出现困难无法继续时，可以这样评价："你的回答让老师也受到了启发，我可以说说我的想法吗？"……学生被这样亲切明朗、有针对性的激励语所感染，更加积极地投入到了学习中。

②设计表现性任务，记录学生生长历程

开展形成性评价，教师可以从在课堂上融入表现性任务着手。表现性任务作为一种考查学生综合能力的评价方式，能够弥补纸笔测验的不足。对于学生而言，参与模拟真实情境的表现性任务，能够调动自身的学习动机，巩固新掌握的知识、技能与学习方法。同时，学生也可以从表现性任务的量规中对照自身表现，从而调整自身行为，达到更高的水平。

案例 5：表现性任务给学生提供展示舞台[2]

在讲授《圆明园的毁灭》这一课时，李雅文老师通过前测了解到学生

---

[1]　选文来自 20 京美杯 满钟华《论教师的评价语言对学生审美素养提升的影响》。

[2]　详情可见下篇 第一章 李雅文《〈圆明园的毁灭〉教学设计》。

对于本课内容的情感变化认知不足，因此给学生布置了一个制作"有声书"的趣味表现性任务。在课上李老师也通过多种教学策略引导学生深入理解课文，觉知课文中的感情变化，同时加强朗读技能的学习。后测显示，学生在课后学习兴趣与学习动机有所提高，并且掌握了相应的学习策略。可以说，通过参与"有声书"表现性任务，学生的学习品质有所提升。

表4 《圆明园的毁灭》评价单

《圆明园的毁灭》朗诵评分卡		
评分标准	成绩	总成绩
1.吐字清晰，正确流利地朗读。（3分）		
2.准确把握感情基调，有感情地朗读。（3分）		
3.能够通过停顿、轻重音、语速、语调的变化，读出情感变化。（4分）		

3.终结性评价

（1）理论简介

终结性评价又称总结性评价、事后评价，是对课堂教学的达成结果进行恰当的评价，指的是在教学活动结束后为判断其效果而进行的评价。终结性评价的目的是对教学过程中取得的成果进行评定。一个单元，一个模块，或一个学期的教学结束后对最终结果所进行的评价，都可以说是终结性评价。

（2）实施要点

我校对于学生学习品质的终结性评价，可以从两个方面重点体现：一方面是每学期的期末测试质量分析大会，另一方面则是每学年的学生学习品质测评。

①分析期末测试数据，挖掘提升品质契机

教育评价的目的不仅仅是知道学生的发展水平，更重要的是针对现状提出改进的建议，为后续的提升提供数据支撑。因此，在每学期末，我校都会开展全年级期末综合测评大会，检测学生的学习成效与学习品质情况，认真总结教学中的得失。

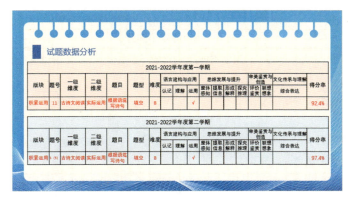

图 15　科院附小 2021—2022 年度期末测试质量分析大会试题数据分析

在期末测试总结分析大会上，各学科教师会针对同维度典型试题进行对比分析，从归因分析、教学反思与改进措施三个方面进行思考，在每一道试题中"以小见大"，挖掘提升学生学习品质的契机。

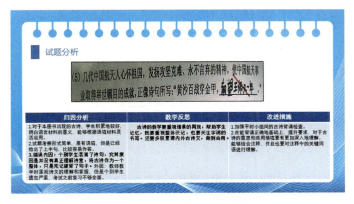

图 16　农科院附小 2021—2022 年度期末测试质量分析大会试题分析

②编制学习品质问卷，总结阶段问题与成果

自 2017 年起，我校开始参与海淀区组织的多轮学习品质测评项目（表 5）。通过参与测评了解学生的学习品质状况，关注学生学习品质问题，逐渐转变教学观念，从关注"教师如何教"转变为关注"学生如何学"，无论是在教育管理上，还是日常教学上都进行了针对性的改变。

1. 请根据你的实际情况，选择最符合的选项。

表 5 调查问卷（部分）

题目	完全不符合	比较不符合	不确定	比较符合	非常符合
1. 我对学习十分感兴趣					
2. 不在学校的时候我也会阅读很多的课外读物					
3. 我每天都很期待去学校上课					
4. 从小我就对学习有浓厚的兴趣					
5. 我喜欢看知识类的电视节目					

2. 就"你为什么上学，因为_____"选择最符合的选项。

表 6 海淀区五年级学生学习品质调查问卷（部分）

题目	完全不符合	比较不符合	不确定	比较符合	非常符合
1. 我认为教育能够让我为以后要从事的工作做好更充分的准备					
2. 学习最终让我能够从事自己喜欢的工作					
3. 当我在学校取得成功时，我能感受到自己的重要性					
4. 我想向自己证明，我能学好					

同时，我校也针对自身情况，在前人的基础上，设计了更加适合本校学生填写的学习品质调查问卷（表 7），对学生进行阶段性的学习品质终结性评价。

表 7 农科院附小学习品质调查问卷（部分）

学习品质		具体内容	很不符合	不太符合	不确定	比较符合	很符合
学习策略	认知策略11	1. 在学习新知识时，我会把它与已经知道的知识联系起来					
		2. 为了更好地理解知识，我会努力找出所学知识之间的联系					
		3. 我努力找出所学内容和已知内容之间的相似点和不同点					
		4. 我把从过去的作业和课本中学到的东西，应用到新的作业中					
		5. 当我想学习课程内容的时候，我会整理、复习笔记					

学习品质		具体内容	很不符合	不太符合	不确定	比较符合	很符合
学习策略	认知策略11	6. 我会做学习计划，以便更好地理解课程					
		7. 我通过整理提纲去帮助梳理、学习课程					
		8. 阅读时，我很难把握住其中的主要观点					
		9. 学习时，我会把所学的重要内容用自己的话表达出来					
		10. 复习迎考时，我尝试着把重要的观点一遍遍默记下来					
		11. 我努力找出课程的哪些部分掌握得没有别人好					
		12. 我努力找出在课程内容的哪些方面我掌握得不好					
		13. 我会检查自己是否理解了正在学习的东西					
		14. 我会努力确保理解了正在学习的东西					
		15. 在读书之前，我通常会浏览全书，看它们是怎样编排的					
		16. 当我想学习课程内容的时候，我会首先挑出最重要的部分					
		17. 我尽我所能制订好学习计划					
		18. 如果我对课程内容感到疑惑，我会倒回去努力弄懂它					
		19. 遇到有难度的学习任务时，我要么放弃，要么只做容易的部分					
		20. 我经常发现，自己对正在阅读的东西不知所云					
		21. 老师讲课时，我常常在想其他的事，没有听老师所讲的内容					

根据 2021 年海淀区学习品质测试调研结果显示，我校学生学习品质的总体得分为 4.56 分（满分为 5 分）。学习兴趣、学习动机、学习效能感、学习策略、学习意志力和负担感受六个维度分值分别为 4.64 分、4.69 分、4.46 分、4.57 分、4.58分和 4.39 分（图 17）。

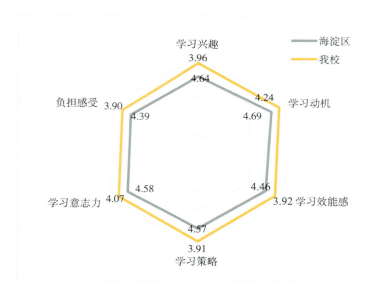

图 17   学生学习品质各维度总体得分情况

从表现水平来看（图 18），我校学生学习品质处于水平三和水平四的比例之和为 97.2%，高于海淀区 4.2 个百分点。可以看出，我校在培育学生学习品质的工作上取得了一定成效。

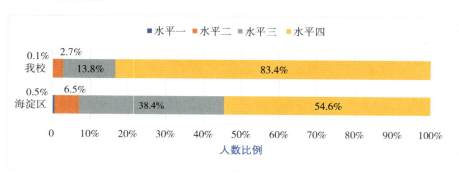

图 18   学生学习品质维度水平分布情况

下篇　追寻生长足迹

—— 学习品质为生长赋能的实践探索

第一章　课堂上的拔节
——还原真实情境，聚焦学习品质

　　成长不是一蹴而就，而是在日复一日的学习中，每天都比前一天进步一点。因此，只有关注学习品质的高品质教学，才能真正促进学生学习品质的提升，实现课堂上的拔节生长。

中国农业科学院附属小学气象路校区"快乐小白鲸"雕塑

《一个接一个》教学设计

姓名	迟妮		
学科	语文	年级	一年级
教科书版本及章节	部编版教材一年级下册 第二单元		
课题	《一个接一个》		
学习品质	学习兴趣、学习情感、学习策略		

● 第一部分　背景分析

一、课标分析

《义务教育课程标准》指出，第一学段在阅读与鉴赏方面，要诵读儿歌、儿童诗和浅近的古诗，展开想象，获得初步的情感体验，感受语言的优美。在表达与交流方面，能较完整地讲述小故事，能简要讲述自己感兴趣的见闻。在梳理与探究方面，对周围事物有好奇心，能就感兴趣的内容提出问题，结合其他学科的学习和生活经验交流讨论，尝试提出自己的看法。

二、学习品质理论依据

学习品质评价体系既关注学习者学习过程中的学习认知、学习情感，也关注学生学习兴趣、学习动机、思维能力、学习策略等内容，其中目标的主观价值和预期对理解学生学习动机很重要。表现性目标中，表现趋向目标比表现回避目标更能促进自己学习。如果学生为学习目标所导引，就更可能引发深度理解的学习策略，更有可能坚持不懈，积极面对挑战。情感性目标和社会性目标在课堂中也扮演重要角色，拥有多重目标的学生更容易获得成功。

学生应持有积极的结果预期和效能预期。成功的预期来自相似情境中的已有经验，并将成功归于内部因素，将失败归于可控因素，即良好的表现是可以维持的，不良的表现是可以改变的。因此，本课通过设计活动，激发学生的学习兴趣，使其获得积极的学习情感，从而促进其掌握学习策略和学习内容。

● 第二部分 教学内容分析

一、课时内容分析

《一个接一个》是一首儿童诗，作者是日本童谣诗人金子美铃。她用儿童最自然的状态来体验、感受这个世界，用最接近儿童的语言表达简单的内心世界。诗歌共4节，前三节格式相似，每节共3句话：第一句讲孩子被成人世界惊扰后的不开心，第二句是孩子的希望，第三句是孩子转念之后的喜悦。每一节的第一句连接着上一节的结尾，内容环环相扣，与题目"一个接一个"相契合。最后一节诗中孩子天真的发问，使诗歌更富有童趣，引发小读者们的情感共鸣。本课配有两幅插图：第一幅图对应第一节诗，淡淡的月色下，一只小花猫蹲在远处的墙头上，四周静悄悄的，两个小女孩正快乐地沉浸在"踩影子"的游戏之中，让人不忍打扰；第二幅图对应的是第三节诗，图中老师讲得绘声绘色，孩子们听得津津有味。本首儿童诗内容贴近学生的世界，通过与生活的对接，激发学生的情感体验，引起学生的共鸣。教学重在引导学生在诵读中体会诗歌蕴含的意境和童真童趣。

二、教学框架图

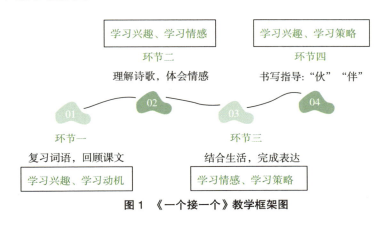

图1 《一个接一个》教学框架图

● 第三部分 学情分析

通过前测可知，82.5%的学生对儿童诗歌感兴趣，但是在每日阅读的选择中，只有32.5%的学生主动选择诗歌阅读，67.5%的学生则会选择故事性比较强的读物。学生对儿童诗歌接触得不多，因而在朗读方面缺少相应的读诗策略，表现为全班 40 人中有 62.5% 的学生可以读出诗歌的节奏，而只有 35% 的学生可以在把握诗歌节奏的基础上，做到情感充沛，朗读充满热情。37.5% 的学生缺乏朗读技巧，朗读方面既无节奏又缺乏情感。

表 1　学生对诗歌的兴趣和朗读能力

选项	人数	百分比
喜欢儿童诗歌	33	82.5
主动选择读儿童诗歌	13	32.5
朗读有节奏	25	62.5
朗读有节奏、情感	14	35

这首儿童诗描写了儿童快乐的生活情景，与学生生活情境基本一致。但是学生对课文内容的学习与生活实际脱节，表现为较难联系实际生活，从而学习兴趣不高，难以获得情感共鸣。通过前测得知，30% 的学生能够联想到自己的类似经历，25% 的学生描述经历与课文雷同，32.5% 的学生描述的经历与课文毫无相似之处，12.5% 的学生不能联想。

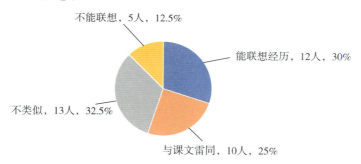

图 2　学生经验与课文知识的相关度

一年级的学生情绪认知还处于初步建立阶段，情绪容易时而喜时而悲，遇到不顺心的事情难以换角度思考问题和调整心态。通过前测发现，只有 30% 的学生懂得遇到不开心的事情时，换角度思考问题，25% 的学生懂得自我调节，32.5% 的学生选择向他人倾诉，12.5% 的学生则会通过哭来发泄。

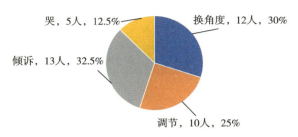

图 3　学生处理不开心的事情的方式

● 第四部分　学习目标和学习重难点

一、学习目标

1. 复习"接、再、做"等 12 个生字及"接着、接力"等 12 个词语，复习单耳旁；会写"伙""伴" 2 个生字。

2. 通过现场体验以及感情曲线来体会文中"我"的情感变化，有感情地朗读课文。

3. 能与同学分享与课文类似的经历，懂得遇到"坏事"时换角度想一想的乐观的生活态度。

二、学习重点

通过现场体验以及感情曲线来体会文中"我"的情感变化，根据心理变化策略有感情地朗读课文。

三、学习难点

能与同学分享与课文类似的经历，懂得遇到"坏事"时换角度想一想的乐观的生活态度。（往乐观方面想会怎样？有几种结果？往不高兴方面想又会有怎样的结果？）

● 第五部分　学习活动设计

环节一：复习巩固，回顾课文

	教师活动	学生活动	活动意图说明
教学过程	1. 回顾词语，齐读复习 同学们好，今天我们继续来学习《一个接一个》。先来复习上节课学过的生字和词语吧，这些是书后读一读记一记中的词语，谁愿意当小老师来带着大家读一读？ 2. 小老师带着大家出色完成了识字任务，老师要来检查一下你们的掌握情况。（指名完成识字小游戏） 3. 回顾文中的小朋友都经历了哪些快乐的事情呢？	1. 小老师带读生字。 2. 完成小游戏，复习生字，并判断对错。从学习中激发他们的学习兴趣。 3. 回顾课文。	知识能力层面： 认读字词，在活动中巩固生字，调动学生积极性。 学习品质层面： 通过学生担任小老师和创设小游戏的形式，提高学生的学习兴趣，从而更有助于学生高效地参与课堂。

环节二：理解诗歌，体会情感

	教师活动	学生活动	活动意图说明
教学过程	1. 有时候借助插图也能够帮助我们更好地理解课文内容。出示课文"踩影子"插图，请学生说一说看到了什么。你是从哪里看出他们很开心的呢？ 2. 你们玩过踩影子的游戏吗？玩过的举手。谁来说一说怎么玩呢？老师想邀请一位同学和我一起玩玩踩影子的游戏。（创设游戏情境） 师（问参与活动的同学）：你玩得开心吗？你能带着开心的心情读读图片上这句话吗？ 再邀请两位同学上台玩踩影子的游戏。（正玩得高兴时）老师在一旁喊着：快回家睡觉！问台上两位同学：此时你们心里会怎么想呢？ 3. 假如你和小伙伴玩得正开心的时候，大人突然叫你回家睡觉，你心里会想什么？你的心情会是怎样的？ 文中的小朋友和你一样，她也是这样想的。 我们从"唉"中可以想象出小朋友长长叹了口气，"唉——"很不情愿。从"好想"中可以看出小朋友的"渴望"（联系上节课《我多想去看看》中的"多想"，体会出渴望的心情）你能带着这样的心情读读这句话吗？（指导："唉"可以读得慢一点，"好想"可以加重语气去读）	1. 预设回答：我看到了淡淡的月光下，一只小猫在看两个小朋友玩踩影子的游戏，他们很开心。从小朋友的表情上可以看出他们很开心。 2. 参与踩影子游戏。用朗读表现出心情和语气（"月夜，正玩着踩影子"）。 3. 预设回答：有点难过，想再玩一会儿。用朗读表现出心情和语气（"唉，我好想再多玩一会儿啊"）。 4. 预设：用什么方法转移、调整管理自己的情绪？	知识能力层面： 通过反复读课文，理解课文大意，体会小作者由开心到难过再到开心的心情变化，并找到心情变化的原因和换角度看待问题的方法。

续表

	教师活动	学生活动	活动意图说明
教学过程	4. 小朋友因为大人叫她回家不高兴了吗？她是怎么想的？"不过"在这里表示转折，说明小朋友从另一个角度去考虑问题了。 你们都做过哪些有意思的梦呢？这些梦有的甜蜜、有的有趣、有的快乐，但它们都各不相同，这就是"各种各样的梦"。一起读读这个词"各种各样"，再读读这个短语"各种各样的梦"。 5. 小朋友踩影子的时候开心快乐，因为大人叫她回家而沮丧，但是她转念一想，睡觉就可以做各种各样的梦了，她便又开心了起来。你能绘制出她的心情曲线吗？请你拿出小铅笔，和老师一起在学习单上画出她的心情变化吧。完成后请你坐好坐正，送小铅笔回家。 6. 谁来试着读一读？用食指画着曲线来试着读出她的心情变化吧！	①没关系，还会有时间玩。 ②把在外面玩的快乐延续到家里去。 ③其实睡觉也是应该的，睡好了还可以玩呀。 ④不过，回家睡着了，倒可以做各种各样的梦呢！ 联系生活实际，找到情感语气，朗读训练。 5. 完成心情曲线。 6. 朗读课文，体会情感的变化。指名读，读出孩子的心情变化，关注带感叹号的句子。（联系实际体验读出开心）	学习品质层面： 通过创设学习情境，并引导学生结合生活实际，参与到课堂"踩影子"的小游戏中，既提高了学生的学习兴趣，又为学生接下来体会、理解情感奠定基础。进而能够画出心理变化的线索。

环节三：句子练习，情感表达

	教师活动	学生活动	活动意图说明
教学过程	1. 你们做过很开心很快乐的梦吗？那我们一起开心地读出这句话吧。"这时，她又听见了大人在叫：'该起床上学啦！'"联系一下爸爸妈妈喊你起床时的场景，你认为这句话应该怎么读呢？此刻，小朋友心里在想什么呢？谁能带着自己的体会来读一读这句话？不过，上学能见到小伙伴也很开心。你们发现他的心情变化了吗？你能在学习单上画出她的心情变化吗？（找同学到黑板前示范） 2. 下面请你和同桌一起，共同完成学习单上第三小节的心情曲线，并试着根据心情曲线读一读吧。（一人朗读开心部分，一人朗读难过部分）	体会学习情感 1. 结合生活体验，有感情读出"正做着好梦"这句话。预设回答："唉，要是不上学就好了。" 带着体会，有感情地读出来。在学习单上继续绘制心情曲线。	知识能力层面： 通过"教—扶—放"的过程，让学生结合自身经历来理解课文，并帮助学生明晰作者情绪变化的原因。进一步体会情感，提高语言表达能力。

续表

	教师活动	学生活动	活动意图说明
教学过程	3.第四小节是两个问句，你能读出文中小朋友的好奇来吗？你有没有类似的经历呢？请你在学习单右侧方框内的横线上简单写出来吧，或者画简笔画也可以，完成后给同桌讲一讲，同桌根据你的讲述在方框内的表情上选择你的心情打"√"哦。 4.让我们带着对课文的理解，合作完成朗读吧。（男生读高兴部分，女生读伤心部分） 教师小结：通过这一环节的学习，我们对课文有了进一步的了解，对儿童诗歌产生了浓厚的兴趣，同时还掌握了新的学习方法和策略。原来，借助心情曲线可以帮助我们在理解小作者心情的基础上读好诗歌。我们还学会了在课堂上积极主动，有热情、有方法地解决问题，"乐观"就是我们新学到的重要法宝。	2.男女生合作朗读。 3.完成学习单中，圈出自己的"心情曲线"部分。 我的故事很有趣□ 2.联系生活说说你的故事，并画出你自己的心情曲线。 ① 😊 😟　② 😊 😟 ③ 😊 😟 4.男女生合作朗读。	学习品质层面： 联系生活实际，联想自身经历和个人情感体验，帮助学生更好地表达个人情感。

环节四：指导书写

	教师活动	学生活动	活动意图说明
教学过程	1.引导学生观察范字"伙""伴"。通过"色块"观察汉字结构。 2.师：范写"伙""伴"，提示书写要领。 书写提示： 伙："火"字，右面的短撇比左面的点高。 伴：右面的"半"字竖要长一些，上比单人旁的撇高，下比单人旁的竖低。 3.生书写，师巡视指导。 4.反馈点评，指导学生再次练写。	1.掌握观察要领"三看"：一看结构，二看笔画，三看笔顺。 2.圈画关键笔画。跟着老师一起书空。 3.书写，注意姿势"三个一"（一拳一尺一寸）。 4.根据反馈建议进行修改。	知识能力层面： 主要针对"伙""伴"指导书写，提高汉字书写能力。 学习品质层面： 通过观察"色块"的学习策略，帮助学生更好地观察汉字的结构。学生能够掌握、学会使用方法。并通过观看汉字书写小动画，提高学生的学习兴趣。

【板书设计】

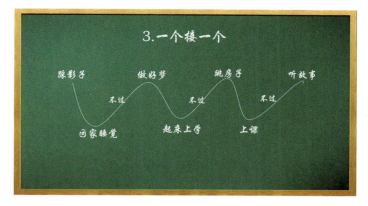

图 4 《一个接一个》板书设计

● **第六部分　作业与拓展学习设计（本课无）**

● **第七部分　学习效果分析**

通过后测可以发现，本节课的学习目标基本达成，100% 的学生可以体会文中"我"的情感变化并完成心情曲线，且绝大多数（85%）学生可以借助心情曲线读出诗歌的节奏及感情变化。75% 的同学能与小伙伴分享与课文类似的经历。72.2% 的学生拥有了乐观的生活态度，在遇到"坏事"时懂得换角度想一想。

表 2　学习效果分析

选项	人数	百分比	选项	人数	百分比
能联想经历	27	67.5	换角度	26	65
与课文雷同	3	7.5	调节	4	10
不类似	3	7.5	倾诉	4	10
不能联想	3	7.5	哭	2	5

● **第八部分　教学反思与改进**

第一，要关注学生的学习兴趣、学习动机。教师在备课时不应仅仅局限于对教材的解读，应该将关注学生作为备课的起点。

第二，要突破教材局限。在关注学生的基础上结合生活、体验，并借助教材周边资源，给学生提供更多的学习资源。在学习过程中教给学生相应的学习方法和策略。

第三，要进行科学前测。通过进行科学前测，了解学生的已知和未知，体察学生的困惑，并及时为学生排忧解难。

第四，要完善课堂反馈与评价。通过学生的学习任务单的完成情况，了解学生的课堂表现，并完善自评与他评机制。

◇ 附录1：前测单

《一个接一个》前测单（一（11）班共40人参加）

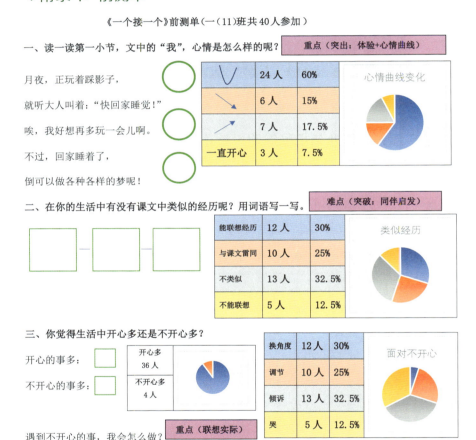

一、读一读第一小节，文中的"我"，心情是怎么样的呢？

重点（突出：体验+心情曲线）

月夜，正玩着踩影子，

就听大人叫着："快回家睡觉！"

唉，我好想再多玩一会儿啊。

不过，回家睡着了，

倒可以做各种各样的梦呢！

心情曲线变化

V	24人	60%
↘	6人	15%
↗	7人	17.5%
一直开心	3人	7.5%

二、在你的生活中有没有课文中类似的经历呢？用词语写一写。

难点（突破：同伴启发）

类似经历

能联想经历	12人	30%
与课文雷同	10人	25%
不类似	13人	32.5%
不能联想	5人	12.5%

三、你觉得生活中开心多还是不开心多？

开心的事多：□

不开心的事多：□

开心多 36人
不开心多 4人

面对不开心

换角度	12人	30%
调节	10人	25%
倾诉	13人	32.5%
哭	5人	12.5%

遇到不开心的事，我会怎么做？_____

重点（联想实际）

四、自评

我举手发言了___次　　我做到了三个一□　　我用了尖铅笔□　　我做到了让文具回家□

我做到了发言声音洪亮 □

◇附录2：学习单

《一个接一个》学习单

🚩 **我能读出感情变化□**

1.理解课文，画出心情曲线。

踩影子　　　　做好梦　　　　跳房子　　　　听故事

🚩 **我的故事很有趣□**

2.联系生活说说你的故事，并画出你自己的心情曲线。

睡觉　　　　　上学　　　　　上课

跳房子	我朗读时的心情是	☺	☹
上课	我朗读时的心情是	☺	☹
听故事	我朗读时的心情是	☺	☹

🚩 **我一直在认真听讲□**

学习品质评价

发言____次　　我做到了□　　我做到了□

🚩 **我收获了积极乐观的生活态度□**

学习总评

体会到情感变化	我做到了□
读出感情来	我做到了□
如果你碰到了伤心的事情，你打算怎么办？	

◇附录3：后测数据

选项	人数	百分比
完成心情曲线	40	100
朗读有节奏、感情	34	85

选项	人数	百分比	选项	人数	百分比
能联想经历	27	67.5	换角度	26	65
与课文雷同	3	7.5	调节	4	10
不类似	3	7.5	倾诉	4	10
不能联想	3	7.5	哭	2	5

《小篮球——体前变向换手运球》教学设计

姓名	吴世伟		
学科	体育与健康	年级	五年级
教科书版本及章节	人教版教材五、六年级全一册 第六单元		
授课内容	《小篮球——体前变向换手运球》		
学习品质	学习动机、学习策略		

● 第一部分 背景分析

一、课标分析

《小篮球——体前变向换手运球》是人教版《体育与健康》（五、六年级全一册）第六章第一节的内容。体前变向换手运球这一教学内容，是学生在三年级原地运球、四年级行进间运球，以及五年级小篮球移动（变向跑）的基础上学习的新内容（图1）。

图1 课标中关于篮球运动的年段安排示意图

教学重点：跨步转体、前倾探肩
教学难点：上下肢协调配合

二、学习品质理论依据

学习品质评价体系既关注学习者学习过程中的学习认知、情感和态度，也关注学生学习动力、学习潜能、学习方法、学习意志力和负担感受等内容，将教育教学重点转向了学习者本身。从长期来看,学习品质指向的是"学会学习""如何学习",具备积极学习品质的学生会有更积极的学习态度和更高质量的学习效果,因此更重要的是教会学生学习,重视学生在教学中的主体地位,突破传统课堂格局性和结构性的问题,培养学生发展核心素养。本节课的教学重点在学习兴趣、学习动机、学习策略和学习意志力四个维度提升学生的学习品质。

● 第二部分 教学内容分析

一、课时内容分析

　　运球是小篮球项目中的基础项目,学生在三年级学习"原地运球",四年级学习"行进间运球",为"体前变向换手运球"的学习打下了基础。本节课作为单元学习的第二次课,在第一节课学习"体前换手运球"的基础上,继续进行"体前换手后的变向衔接跨步动作"的学习。本环节是能顺利完成"体前变向换手运球"的重要组成部分,需要在行进中完成跨步转体、前倾探肩连贯动作,对于双人配合,需要具有良好的默契,因此教师通过设疑、变换不同的练习方法和手段,不断激发学生的练习兴趣,让学生"带题学习",自主体验,合作学习,使学生逐步掌握体前变向换手运球的技术动作,同时培养了学生探索精神和团结协作的能力。

二、教学框架图

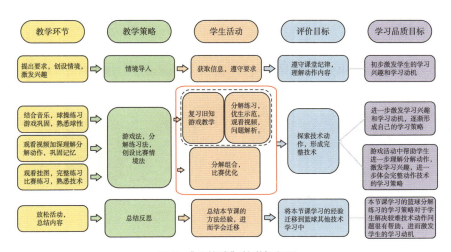

图2 《小篮球》教学框架图

● 第三部分　学情分析

一、知识水平层面

小学五年级学生正处于身体发育阶段，已经有了独立思考的能力，有团队意识和与他人合作的愿望，希望获得老师和同伴的认可；另外，学生的评价能力有所提高，能够理解规则和标准，并通过对照、反思，比较客观地对自己和他人进行评价。在小学阶段，水平一、水平二都设置了小篮球的学习。通过对照水平二中四年级的期末考试成绩，我们会发现男生的水平相较于女生成绩更好一些，男生的积极性和基础更好，女生基础薄弱但注意力会比男生更集中。

本课的教学对象是五（11）班学生，共有 38 人，学生在四年级已经掌握了行进间运球和原地运球的技术动作，具备一定的篮球基础。前测发现大部分学生对篮球运动表现出浓厚的兴趣，部分男生有平时业余时间打篮球甚至参加校外篮球培训班的经历，因此技术和球感明显较好，但女生普遍接触篮球的机会较少，技术和球感相对较差，个别学生存在动作不连贯、上下肢配合不协调等问题。

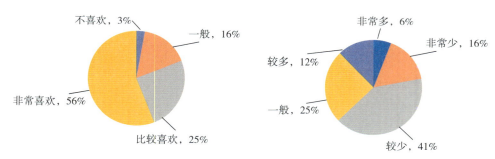

图 3　学生参与篮球活动情况　　　　图 4　春季学期参与体育活动情况

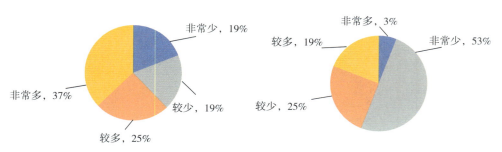

图 5　参与篮球活动的男女对比（左图：男生；右图：女生）

因此，在本节课学习体前变向换手运球技术时，预计学生会出现以下问题：①控制不住球；②运球忽快忽慢。教师将通过以下方法进行纠正。

1. 多练习左右手交换运球，可高低结合、快慢结合，逐渐熟悉球性。

2. 先练习走动中的运球，熟练后再过渡到跑动中的运球。跑动速度由慢到快，逐渐提高手脚协调配合能力。

练习按"拍一次跑两步"的节奏运球，运球反弹速度与跑速结合。

二、学习品质层面

调查数据显示，男生对于篮球项目的学习兴趣要大于女生。在面对比较难的技术动作上，男生的思维能力会略高于女生，男女在同样做不好的前提下，男生的学习意志力要强于女生。在思维能力上，由于学习兴趣不高，女生的思维能力也较男生弱。如何提高女生的学习兴趣，增强其思维能力，引导女生去思考并且完成学习是篮球教学的难点。

● 第四部分　学习目标和学习重难点

一、学习目标

知识能力方面：

1. 通过教学，使 80% 的学生掌握跨步转体、前倾探肩动作，使 60% 的学生初步做出体前变向换手衔接跨步转体、前倾探肩动作；

2. 通过练习和游戏，发展学生身体的速度、力量、灵敏素质和身体协调能力，提高学生的球感；

3. 培养学生勇敢、果断和勇于展示自我的精神，以及同学之间友好交往、团结协作的优良作风。

学习品质方面：

通过激发学生的学习兴趣，逐渐提高学生思维能力，最后通过意志力的坚持把这项技术学好。

二、学习重点

知识能力层面：跨步转体、前倾探肩。

学习品质层面：提高学习动机以及思维能力。

三、学习难点

知识能力层面：上下肢协调配合。

学习品质层面：增强学习意志力。

● 第五部分 学习活动设计

环节一：准备部分

	教师活动	学生活动	活动意图
教学过程	教师活动1 1. 提前到场，检查场地器材。 2. 师生问好，检查服装（鞋带是重点），询问学生健康情况，安排见习生。 3. 介绍本节课将要学习的体前变向换手运球内容。 4. 情景导入"姚明被晃倒的故事"。 要求：主动思考，认真练习，团结协作。	学生活动1 1. 体委整队，报告人数。（30秒） 2. 师生问好，见习生到指定位置见习。（10秒） 3. 认真听讲。（20秒） 4. 认真听取教师要求。 图6 队列示意图	知识能力层面：遵守课堂规则，为下一步教学做准备。 学习品质层面：通过介绍内容并鼓励学生，激发学生的学习兴趣，使学生积极主动地快速进入学习状态。

环节二：热身部分

	教师活动	学生活动	活动意图
教学过程	教师活动2 教师提出要求，结合音乐带领学生共同练习篮球操。 要求： 精神饱满，动作到位；团结协作，配合默契。	学生活动2 队形：四列横队体操队形。跟随教师进行徒手操练习，每节各4×8拍。（3分30秒） （1）手指拨球 （2）转髋跳 （3）头腰膝盖绕球 （4）左右拉球 （5）抛接球 （6）胯下"8"字绕球 专项准备活动：高运球、低运球、行进间运球。	知识能力层面： ①由传统慢跑改为听音乐的篮球操，学生兴趣高涨，注意力集中。 ②专项准备活动，为接下来的技术（策略）层面学习打基础。 学习品质层面：通过准备活动，调动学生的学习兴趣。

环节三：基本部分

	教师活动	学生活动	活动意图
教学过程	教师活动3 1.讲解游戏内容，并且运用生动的语言及肢体动作，将学生带入课堂。 2.提示学生。两脚左右开立；手触球的位置准确，两手协调配合。同时引导学生练习中相互评价指导。 要求：认真练习，动作正确，传接球准确。	学生活动3 1.学生根据老师的要求复习原地体前换手运球。（1分30秒） 2.生生之间相互评价、指导纠正。	知识能力层面： 复习原地体前换手运球（学习策略）为后面进一步学习体前变向换手运球打好基础。 学习品质层面： 通过复习之前的知识，让学生自主探究体前变相换手运球。培养思维能力和通过选择策略解决问题的能力。
	教师活动4 1.教师提问：面对防守如何突破？学生回答。组织学生观看体前变相换手运球以及实战比赛运用视频。 2.教师示范并讲解体前变向换手运球。 要求：认真观察，主动思考。	学生活动4 1.学生向教师面前自然靠拢，前蹲后站，观看视频。（30秒） 2.认真观察示范与听讲，积极思考。（1分30秒）	知识能力层面： ①通过提问及观看视频引出本课的主要学习内容。 ②视频内容从日常基本功练习逐步过渡到精彩的实战运用，激发学生的练习兴趣。 ③通过示范与讲解，给学生更直观的感受，学生模仿，同时伴随学生提问与教师释疑。 学习品质层面： 通过观看篮球视频，调动学生的学习兴趣，增加学生对于所学内容的思考。
	教师活动5 1.教师组织学生2人一组。 2.教师讲解并示范利用标志环做跨步转体练习。 要求：认真观察，手脚配合连贯，有序练习。	学生活动5 1.学生四列横队排列，每两组之间一个标志环。（30秒） 2.根据老师提出的要求，右侧脚蹬地向左前方迈出，每位同学做15次进行交换。（3分钟）	知识能力层面： ①固定位置的跨步转体动作，降低练习难度，适宜学生掌握。 ②采用固定圆环，方便学生找到跨步位置为后面的学习奠定基础。 学习品质层面： 分小组练习，创设竞争情境，激发学生练习兴趣。

续表

	教师活动	学生活动	活动意图
教学过程	教师活动6 教师组织游戏"踏石过河"。利用"之"字形的标志环，做连续的跨步转体练习，巩固学生动作。 要求：动作连贯，侧身传球准确。	学生活动6 继续四人一组"之"字形圆环前站立，学生做连续的跨步转体练习。	知识能力层面： 让学生巩固跨步转体动作，为后面的学习内容打下基础。 学习品质层面： 循序渐进，让学生思考每个环节的关系。
	教师活动7 1. 教师利用标志桶练习前倾探肩动作。 2. 让学生思考并讨论体前变向换手运球的目的及意义。 3. 组织学生举手回答讨论结果，并进行点评，总结讲解前倾探肩的技术要点。 要求：学生认真观察，积极探究并交流，敢于表达。	学生活动7 1. 学生认真听讲并观看示范。（30秒） 2. 学生积极思考并探究，同学间积极交流。（20秒） 3. 积极回答问题，敢于表达讨论的结果。（40秒）	知识能力层面： ①通过原地进行前倾探肩的技术动作练习，使学生更直观地认识到体前变向换手运球的技巧。②通过探究、思考与讨论，加深学生对于体前变向换手运球的技术动作的理解。③通过自由发言，民主讨论与相互补充，培养学生探究思考、沟通与表达等核心素养。 学习品质层面： 锻炼学生的思维能力以及表达能力。
	教师活动8 1. 教师组织学生观看挂图，共同总结体前变向换手运球的技术动作，并且指导学生在练习时注意护球手的动作。 2. 教师巡回指导。 要求：手触球的位置准确，上下肢协调配合。	学生活动8 1. 学生尝试两人面对面进行体前变向换手运球。如图7所示。（1分30秒） ![示意图] **图7 示意图** 2. 学生进行面对面地走，遇到防守进行体前变向换手的练习。（3分钟）	知识能力层面： 让学生逐步增加难度，速度逐渐加快，面对防守人，做出正确动作，逐步提高学生体前变向换手运球技术、难度以及准确性。 学习品质层面： 增加趣味性，以及竞争性，可以在练习过程中，增加学生的思考能力。

续表

	教师活动	学生活动	活动意图
教学过程	教师活动9 1. 教师组织学生四人一组，两人为练习组，两人为评价组，做完若干次之后，进行交换。 2. 教师巡回指导。 要求：控制住球，跨步转体，前倾探肩动作连贯	学生活动9 学生根据教师要求，两人一组练习，两人评价，交换相互评价、纠正。（2分30秒）	知识能力层面： 让学生逐步增加难度，速度逐渐加快，面对防守人，做出正确动作，逐步提高学生体前变向换手运球技术、难度以及准确性。 学习品质层面： 增加趣味性，以及竞争性，可以在练习过程中，增加学生的思考能力。
	教师活动10 1. 组织优秀生进行展示并评价。学生评，教师评。 2. 组织学生继续练习。 要求：认真观察并思考。	学生活动10 1. 优秀生展示体前变向换手运球，其他学生认真观察并在老师的指导下进行评价。（1分钟） 2. 学生继续练习。（1分钟）	知识能力层面： 加强有意注意，把自己与他人对比，进一步明确动作重点。 学习品质层面： 通过观察，学生自主思考，从而增加学生的思维能力。
	教师活动11 1. 组织学生在底线后四路纵队站好就位，分四大组进行比赛。 2. 讲解比赛的方法和规则。 方法：四路纵队，每队一球，进行体前变向换手运球绕过障碍物，绕过最后一个标志物之后折返回来。比哪一组所有人先绕完障碍，回到队伍。 规则： ①比赛过程中不能掉球或走步违例。 ②如有失误或违例，则从失误或违例的点重新开始。 ③必须手递手传球。 3. 教师发令，学生进行比赛。 4. 宣布胜利。 要求：动作连贯，遵守规则。	学生活动11 1. 学生在底线外四路纵队站好。（10秒） 2. 学生认真听教师讲解方法和规则。（20秒） 3. 学生进行比赛。	知识能力层面： 通过比赛的形式激发学生的练习兴趣，培养学生勇于表现，敢于挑战的精神；通过规则约束，提高学生体前变换手运球的准确性。 学习品质层面： 通过比赛，学生可以感受到技能的重要性，增强自身的学习动机。

续表

	教师活动	学生活动	活动意图
教学过程	教师活动 12 教师引导学生评价并小结。	学生活动 12 学生认真听讲并主动思考。（30 秒）	知识能力层面： 对练习情况、团结协作、动作技术掌握等进行评价，关注学习效果。 学习品质层面： 思考所学内容，做好"回头看"的过程。

环节四：结束部分

	教师活动	学生活动	活动意图
教学过程	教师活动 13 1. 播放音乐，带领学生听音乐放松练习。要求：认真练习，动作正确。 2. 集合整队，简评。 3. 宣布下课。 4. 布置收还器材。	学生活动 13 1. 听音乐跟随教师放松身心。（1 分 30 秒） 2. 四列横队密集，认真倾听。（1 分钟） 3. 师生再见。（30 秒） 4. 一组留下同教师收拾器材。	知识能力层面： 养成良好习惯。 学习品质层面： 在总结阶段，学生可以做好"回头看"工作，把今天所学内容进行复盘，从而增强自身的思维能力。

【板书设计】

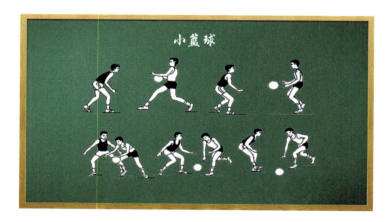

图 8 《小篮球》板书设计

● 第六部分 作业与拓展学习设计

作业内容
俯卧撑，每周 3 ~ 4 次，每次 3 组，每组 15 ~ 20 个（提升上肢力量）；提踵、蹲起，每周 3 ~ 4 次，每次 3 组，每组 30 ~ 50 个（提升下肢力量）。 回家观看篮球视频，分析篮球运动员的动作。 高运球、低运球、体前换手运球，每周 5 ~ 7 次，每次 3 组，每组 30 个。
设计意图
体能是基础，基础体能要增强。 提高学习兴趣和提升思维能力。 球性练习是完成较难动作的基础，增强完成较难动作的能力。

● 第七部分 学习效果分析

在学习兴趣方面，通过课堂上的游戏环节以及教师幽默的语言，使学生们的兴趣更加高涨。在兴趣的作用下，学生积极思考，通过自己及同伴的合作学习，掌握相关技能，以便于本节课的学习。

针对女生在篮球方面不感兴趣的问题，本节课采取自由分组方式，让他们有自由的时间去头脑风暴。在激发兴趣的基础上进行思考，可以有效增强学习动机。教师提供策略，学生根据情况选择策略学习。

意志力方面：以语言鼓励和约束时间、次数为主，对学生进行纠正。

● 第八部分 教学反思与改进

1. 考虑学生的篮球技能及水平存在比较大的差距，整体水平也略低，本课所设计的各个环节内容逐步向前推进，环环相扣，让学生无论是技术上，还是身体上都能逐步接受所学内容。

2. 培养团队协作精神：结合教材要求，本课从准备活动的篮球操练习，到主教材的分组练习，再到辅教材的拓展比赛都贯穿了团队协作精神，同时培养了学生的沟通表达能力，以及敢于自我展示的可贵品质。

3. 改变学习方式：教师设疑，引导学生通过探究思考、相互交流、相互对比，师生共同归纳总结，再结合实践进行练习，提高体前变向换手运球的学习效果。

4. 由于学生水平参差不齐，因此本课学习过程中，仍然出现一些控制不住球、上下肢不协调等情况，应在后面的课程中进一步改善。

《货比三家》教学设计

姓名	张功云		
学科	数学	年级	三年级
教科书版本及章节	北师大版教材三年级下册 第八单元		
授课内容	《货比三家》		
学习品质	学习动机、学习策略		

● 第一部分　背景分析

一、课标分析

根据《义务教育课程标准（2022 年版）》的要求，小学阶段对小数的学习分两个学段。

第一学段

【内容要求】结合具体情境，初步认识小数，会一位小数的加减法。

【学业要求】能直观表述小数，能比较简单小数的大小，会进行一位小数的加减运算。

【教学提示】在认识整数的基础上，认识小数。通过数的认识和数的运算有机结合，感悟计数单位的意义。通过小数加减运算，与整数运算进行比较，引导学生初步了解运算的一致性，培养运算能力。

由此可见，在具体情境下认识小数应是第一学段的基本要求。

第二学段

【内容要求】结合具体情境探索并理解小数的意义，感悟计数单位；会进行小数、分数的转换，进一步发展数感和符号意识；能进行简单的小数四则运算和混合运算，感悟运算的一致性，发展运算能力和推理意识。

【学业要求】能用直观的方式表示小数，能比较两个小数的大小；会进行小数和分数的转化（不包括将循环小数转化成分数）；能进行简单小数的四则运算和混合运算（不超过三步），并说明运算过程。

【教学提示】通过整数、小数的运算，进一步感悟计数单位在运算中的作用，感悟运算的一致性；理解描述各数位上数字的意义，进一步提升数感。

第二学段对学生认识小数提出了更高的要求。

小数是十进分数的一种特殊表现形式，根据十进制的位值原则，把十进分数仿照整数的写法写成不带分母的形式，就是小数。相比分数，小数在现实生活中的应用更加广泛。因此，教材安排先学习小数再学习分数，并以学生最为熟悉的元、角、分为背景，来帮助学生初步理解小数的意义，知道表示单价的小数的实际含义，然后再借助常用的长度单位米、分米、厘米之间的关系进一步理解小数的实际意义。不管是元、角、分还是米、分米、厘米，都是十进制关系，生活中又十分常见，这是学生认识小数、理解小数概念本质的现实背景。

二、学习品质理论依据

《义务教育课程标准（2022 年版）》在"学业质量描述"第一学段（3 ～ 4 年级）中提到："结合现实生活，能尝试运用所学的数学知识和方法描述、表达、分析、解释实际问题。通过丰富多彩的活动，对数学形成一定的求知欲，具有学习数学的兴趣。"可见，新课标十分重视对学生的学习动机、学习策略等学习品质的培养。在海淀区中小学生"9L"学习品质评价体系中，"学习兴趣与动力系统""学习方法与能力系统"也提到了学生的学习动机、学习策略，这两个方面是评价学生学习品质的重要指标，能有效评估教学质量，培养学生的核心素养。

● 第二部分　教学内容分析

一、课时内容分析

学生学习本课内容前已经对小数的意义和特征有所了解，并会认、读、写简单的小数，同时也会比较整数的大小。因此，本节课是在学生初步理解小数的意义，认识小数的特征，并能认、读、写简单的小数基础上进行教学的。

本课时内容教学从学生已有的生活经验出发，让学生在经历两个小数大小比较的基础上，再经历三个小数大小比较的过程，体验小数大小与生活的紧密联系，从而激发学习兴趣。教材中先安排两个小数的大小比较，再让学生试着提出数学问题，引出三个小数大小比较的问题，从简单到复杂，符合学生的认知规律和心理特点。

二、教学框架图

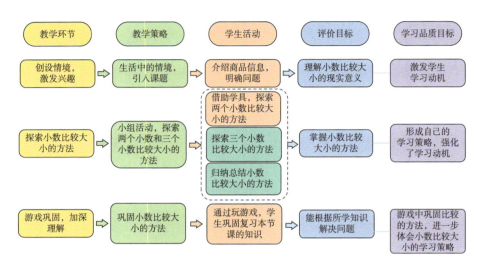

图1 《货比三家》教学框架图

● 第三部分 学情分析

一、前测分析

在教学前，对三（12）班41名学生进行了前测。其中一个问题如表1所示。

表1 前测问题1：请你比较下列几组小数的大小

1.1 ○ 1.09	9.3 ○ 9.25	2.7 ○ 3.5
比较方法：	比较方法：	比较方法：

在前测中发现，53.7%的学生能正确地比较出三组小数的大小，比较方法清晰正确；39%的学生不能正确地比较出三组小数的大小，比较方法错误；7.3%的学生没有思路，并未进行思考，直接放弃（如表2）。通过对比较结果正确的22人的分析中发现，比较方法都集中在先比较整数部分，整数部分如果相同，再比较小数部分，先比较小数点右边第一位，再看第二位，由此得出正确的答案。可见学生对

小数大小比较的认识具有较高的起点，但是比较方法较单一，学生只是从公式化、形式化的角度，进行小数大小的比较，而实际的意义并未理解，不能利用旧知识解决新问题，思维不够开阔。

表2　前测问题1结果

	比较结果正确	比较结果错误	未参与前测
学生数量	22	16	3
百分比	53.7	39	7.3

二、我的思考

针对前测中学生出现的学习动机不强、学习策略单一等问题，我的思考如下。

三年级的学生，对数位、计数单位的认识还很模糊，但是学生都有购物经历，对小数和人民币有一定的生活经验，可以利用学生较为熟悉的情境，引发学生的学习动机。在借助人民币的基础上，拓宽学生思维，与学生已有的知识进行勾连，鼓励学生探索比较方法的过程，引导学生观察、比较、交流，在自主学习、合作探究、讨论交流、总结归纳的过程中，经历探索小数大小比较的过程，探究学习策略，提升学习品质。

● 第四部分　学习目标和学习重难点

一、学习目标

1.结合"货比三家"的具体情境，经历比较商品价格的活动过程，探索并掌握比较小数大小的方法，并能正确地比较小数大小。

2.在观察、比较、交流的活动中，学会独立思考，能表达自己的想法，丰富学习策略。

3.体验数学在生活中的价值，体验学习数学的乐趣，增强学习动机。

二、学习重点

学会比较小数大小的方法，能正确比较简单小数的大小。

三、学习难点

掌握比较小数大小的方法，丰富学习策略。

● 第五部分　学习活动设计

环节一：情景导入

	教师活动	学生活动	活动意图说明
教学过程	教师活动1 师：同学们都去过文具店吧？ 师：今天我们就去这三个文具店看看，"奇奇文具店""丁丁文具店""豆豆文具店"。现在老师要请三位同学来当小小售货员，分别给我们介绍商品及价格，请同学们认真听，看看他们介绍得对不对。 师：1.80元表示多少钱？还可以怎么表示？ 师：写成以元为单位是1.8元，所以1.80元也可以写成1.8元。4.90元可以表示多少钱？ 师：第二位小售货员介绍一下"丁丁文具店"。 师：在这里，5.10元也可以写成5.1元，2.00元也可以写成2元。 师：第三位小售货员介绍一下"豆豆文具店"。 师：1.90元可以写成1.9元。 师：三位同学已经介绍完了，我们再来观察这三个文具店的文具及价格，你们发现了什么？ 师：由这些发现，你们能说说在买东西的时候要注意什么吗？ 小结：在生活中，如果商品品质一样，我们喜欢去商品价格比较低的商店里买东西，我们把这种做法叫作——"货比三家"。 师出示课题：货比三家。	学生活动1 （由三个同学扮演售货员，分别介绍商品的价格。） 第一位同学介绍"奇奇文具店"每种文具的价格。 生1：1元8角0分 生1：1元8角，0分可以省略不写。如果直接是1元8角，写成以元为单位是1.8元，所以1.80元也可以写成1.8元。 生1：4元9角，也可以写成4.9元。 第二位同学介绍"丁丁文具店"每种文具的价格。 第三位同学介绍"豆豆文具店"每种文具的价格。 生1：三家商店都有卖橡皮的，但价钱不一样。 生2：我发现同样的铅笔盒在"奇奇文具店"与"丁丁文具店"卖的价钱不一样。 生1：同样的商品在不同的商店卖的价钱可能不一样，我们买东西时要进行比较后再买。 生2：我们应该到价钱比较低的商店买东西。	知识能力层面：引导学生找出图中的数学信息，让学生了解本节课的主要内容，为接下来比较小数的大小做准备。 学习品质层面：通过学生感兴趣的情境入手，激发学生的学习动机，引发积极思考，为探究比较小数大小的方法策略作铺垫。

环节二：探索比较小数大小的方法

	教师活动	学生活动	活动意图说明
教学过程	教师活动2 师：大家都知道买东西应该"货比三家"，如果我要买铅笔盒，到哪家文具店买便宜呢？ 师：你是怎么知道的？ 师：怎样比较 4.9 元与 5.1 元的大小呢？不着急回答，下面进行小组活动，两人为一个小组。 活动要求： 1. 先独立思考如何比较，可以用学具摆一摆，也可以在学习单上写一写你的比较方法。 2. 摆完或写完后，同桌互相说一说，你们是怎么比较的？ 师：哪位同学愿意来说一说你的想法？ 师：还有没有其他的方法？ 师：我们学过整数的比较方法，整数的比较方法能用在小数的比较上吗？ 师：同学们想出了这么多关于比较小数大小的办法，真是太会思考了。那你在比较小数的时候有什么发现？	学生活动2 生：到"奇奇文具店"买便宜。 生："奇奇文具店"的铅笔盒是 4.9 元，"丁丁文具店"的铅笔盒是 5.1 元，只要比较 4.9 元与 5.1 元的大小就知道了。 预设： 生 1：我们小组有人民币，我就想小数可以用人民币表示，我们通过摆一摆发现：4.9 元是 4 元多，5.1 元是 5 元多，4 比 5 小，所以 4.9 元小于 5.1 元。 生 2：我们也是通过观察人民币发现的比较方法，我们发现既有元又有角，结合二年级学过的元角分之间的换算关系，可以得出，4 元 = 40 角，加上 9 角，一共是 49 角；5 元 = 50 角，加上 1 角，一共是 51 角。 生 3：我们之前学过整数的比较方法，找中间数。我想在比较小数时，也找一个中间数 5，4.9 元比 5 元少，5.1 元比 5 元多，所以 4.9 元小于 5.1 元，这就是我们小组的比较方法（呈现学习单）。 预设：1. 比较小数点前面的整数部分，小数点前面的数大，这个小数就大。2. 借助人民币比较。3. 找中间数……	知识能力层面： 让学生结合购物的经验，在元、角、分背景下比较两个小数的大小，寻找比较小数大小的方法。 学习品质层面： 在比较小数大小的过程中，教师提出问题，呈现学习任务，并给学生提供支架，引导学生自己积极主动地去探索，在原有的知识结构基础上进行再扩充、再完善，这是一个新旧知识勾连的过程，目的是培养学生探索学习策略。

环节三：比较三个小数的大小

	教师活动	学生活动	活动意图说明
教学过程	教师活动3 师：刚才你们帮老师解决了问题，现在淘气也需要你们的帮助，他想买橡皮，我们来看看，"奇奇文具店"橡皮价格1.8元，"丁丁文具店"橡皮价格2元，"豆豆文具店"橡皮价格1.9元，他去哪个文具店买最便宜呢？ 下面进行活动三。 活动要求： 1. 自己先想一想哪个文具店的橡皮最便宜。 2. 再和同桌说一说，你是怎么比较的？ 师：谁能来说说你的想法。 师：同学们，你们真是太会思考了。能开动自己的小脑筋，找出各种不同的方法来比较小数的大小，为你们点赞！	学生活动3 预设： 2元最贵，1.8元和1.9元都不到2元。 1.8元=1元8角=18角 1.9元=1元9角=19角 18<19 所以1.8元"奇奇文具店"比较便宜。	知识能力层面： 让学生经历三个小数大小比较的过程，掌握三个小数比较大小的方法。 学习品质层面： 巩固一位小数大小比较的方法，鼓励学生主动探索，教师及时反馈学生在探索过程中所呈现的好的学习品质或方法策略，有效地强化学生的学习动机，促进学生对知识的理解。

环节四：延伸应用

	教师活动	学生活动	活动意图说明
教学过程	教师活动4 师：你们表现得非常优秀，老师要奖励你们玩个游戏，"抽牌比大小"，想不想玩？ 游戏规则： 1. 全班分成两个大组，每个组选一位代表来抽牌。 2. 老师提前准备好两个信封，每个信封里都有0～9这10个数字。每位同学可以抽两个数字。 3. 将第一个数字放好之后再抽下一个数字。你可以将抽的牌放在小数点的前面，也可以放在后面。 4. 最后组成的小数，哪个数大，哪个组获胜。	学生活动4 学生上台抽牌 预设： 生1：我抽的牌上数字是9，我要放在小数点前面，因为没有比9更大的数字了，对方赢的机会很小。 生2：我抽的牌上数字是6，没有他们的大，我先放在小数点后边，还有赢的可能，要是放在小数点前面肯定就输了。 预设1：	知识能力层面： 巩固小数比较大小的方法，能将小数大小比较的方法灵活地运用到多种场景中。

续表

	教师活动	学生活动	活动意图说明
教学过程	师：每个组推选一位代表，上台。 师：先抽牌，再想一想，你要将这个数字放在哪，是小数点前面，还是后面呢？为什么这么放呢？ 师追问：你抽的数字 6 为什么放在小数点前面肯定就输了？ 师：同学们能从多方面、多角度来思考，看来你们已经掌握了小数大小的比较方法。	生 2：比较小数先从整数部分比较，我抽的是数字 6，比对方的小，放小数点前面，肯定就输了；放在小数点后边，我如果下次抽的牌上数字是 9，再比较小数部分，我们小组还可能会赢。 预设 2： 生 2：小数点前面是元，对方是 9 元多，我要是放小数点前边，就是 6 元多，不用抽第二个数字了，肯定输，所以我放小数点后边。	学习品质层面：通过游戏的方式，调动学生的积极性，灵活运用所学知识，巩固学习策略。

【板书设计】

图 2 《货比三家》板书设计

● 第六部分　作业与拓展学习设计

作业内容
到商店调查 3 种商品的价格，做好记录。与同学比一比同一种商品的价格，方法越多越好。
设计意图
本次数学实践作业主要检测学生灵活运用的能力和意识，及学习品质的达成情况。

● 第七部分　学习效果分析

通过调查问卷发现，85.4%的学生喜欢这节课，说明教师引入生活中常见的生活情境具有积极的作用，使学生变被动为主动，极大提升了学生的学习兴趣；学生对学习有了兴趣，会激发出学习动机，有了学习动机，学生才会积极主动地探索解决问题的方法，所以在调查"这节课的知识是如何学到的"问题时，学生选择"自己探索发现的"和"小组合作探究出来的"选项占比73.2%，摆脱了"老师不讲我就不能学"的思维定式。在数学实践作业的比较方法中，90.2%的学生用到了不止一种学习策略，说明绝大部分学生愿意积极主动地探索各种学习策略来解决问题，这是学生的学习品质提升的一种体现。通过调查问卷还发现，学生通过本节课的学习，主观能动性有所提升，增强了学习意志力。

表3　学习兴趣、学习策略问卷分析

问题	选项	人数	百分比
你喜欢这节课吗？	喜欢	35	85.4
	无所谓	6	14.6
	不喜欢	0	0
你认为这节课的知识是怎么学到的？	自己发现的	25	61
	老师讲的	10	24.4
	小组同学共同探索得出来的	5	12.2
	说不清楚	1	2.4
数学实践作业，你用了几种比较方法？	一种	4	9.8
	两种	6	14.6
	三种	30	73.2
	三种以上	1	2.4
通过这节课的学习，你以后遇到问题，会怎么办？	多方面思考	31	75.6
	小组讨论	10	24.4
	放弃，等别人来告诉自己	0	0

● 第八部分　教学反思与改进

新课标背景下，教师创新教学形式，在教学实践中探寻培养学生学习品质的策略，创设真实的问题情境，学生在探索时有所支持，例如学习单、学具以及行为引导等一切能够支持学生在课堂及教学中进行探究、自主学习的环境支撑，使学生获得知识的建构与转化，形成自身的知识体系，最终拥有高质量的学习效果，减轻学生的学习负担，有效地培养了学生的学习品质。所以在教学实践中探寻培养学生学习品质的策略，无疑有着特别重要的实践意义。因此，教师在今后的教学中，关注学生知识掌握情况的同时，还要特别注重学生学习品质的培养。

《日月明》教学设计

姓名	马莹		
学科	语文	年级	一年级
教科书版本及章节	部编版教材一年级上册 第五单元		
授课内容	《日月明》		
学习品质	学习兴趣、学习意志力、学习策略		

● 第一部分 背景分析

一、课标分析

《义务教育语文课程标准（2022年版）》中对第一学段的识字和写字上提出了这样的要求："1.喜欢学习汉字，有主动识字的愿望。2.掌握汉字的基本笔画和常用的偏旁部首，能按笔顺规则用硬笔写字，注意间架结构。初步感受汉字形体美。3.养成正确的写字姿势和良好的写字习惯，书写规范、端正、整洁。"在识字教学上，要求"运用多种识字写字的教学方法和形象直观的教学手段，创设丰富多彩的教学情境"。

因此，识字应与"汉语拼音教学、书写习惯培养、体会汉字的优美，产生主动识字的愿望"相结合，这一点即是识字单元的重点。本篇课文通过穿插游戏、开发识字工具等策略，引导学生在原有基础上，获得更多的识字方法，逐步形成自主识字能力，同时引导学生爱上阅读，在阅读中积累词语，展开丰富的情感体验。

二、学习品质理论依据

海淀区"9L"学习品质评价体系认为学习兴趣、学习意志力、学习策略等维度是影响学生学习发展的重要因素。对学生学习品质的评价应该关注学生学习过程中的学习认知、情感和态度，也应该关注学习动力、学习潜能、学习方法、学习意志力等内容，因此，教育教学的重点应该转向学习者本身，关注学生在学习过程中的专注力、注意力，教学设计的环节应该立足于激发学生学习兴趣，牢牢吸引学生注意力，提升学习专注力，增强意志力，从而提升学生的学习品质。学习策略关注学生学习过程，能够提升学习的效果和效率，帮助学生寻找新旧知识的联系，提升注意力和记忆力，是学生学习品质中非常重要的一种能力。本课重点关注学生的学习兴趣、学习意志力和学习策略。

● 第二部分　教学内容分析

一、课时内容分析

《日月明》是一篇根据会意字构字规律编排的儿歌，节奏明快，音韵和谐。儿歌的前四行以三字句为主，用简洁明快的语言呈现出会意字的构字特点；后四行都是言语，揭示了"团结力量大"的道理。远处的小树形象地勾勒出"多木才成林"的意境。该图片为学生读文识字、理解文题提供了凭借。文中插图与文字内容呼应，不仅告诉学生做事情要团结一心，还可以培养他们的环保意识。

二、教学框架图

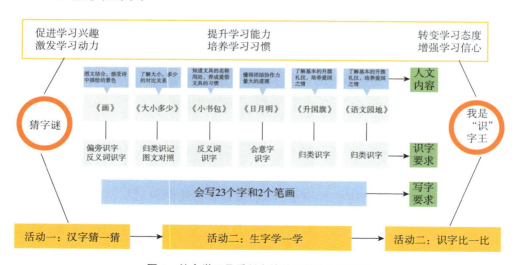

图1　结合学习品质制定的单元整体教学思路

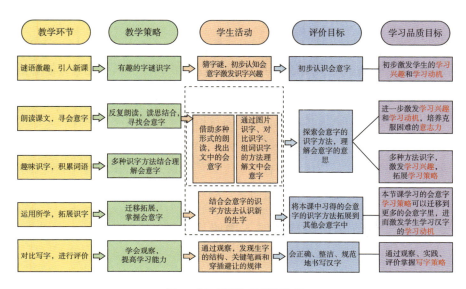

图2 《日月明》教学框架图

● 第三部分 学情分析

一、知识能力水平

1.学生已经会通过拼音识字，具有基本的阅读能力，但是少部分学生在前后鼻音、平翘舌、整体认读音节、复韵母拼读上还是存在问题。经过前测得知，90%的学生在拼音的辅助下可以主动并正确地拼读汉字，这说明学生有识字的主动性，能够借助一定的方法正确认读汉字。

2.通过对《画》的学习，学生不仅知道了如何解字谜，对互猜字谜也有了浓厚的兴趣。通过调查，全班有85%的同学喜欢字谜猜字，愿意通过和同学之间互猜字谜的形式进行识字。因此课程中可以设置猜字谜的方法激发学生的学习兴趣。

3.学生识字量不同。运用前测单对学生针对本课的识字情况进行测试，发现有40%的学生认识生字，20%的学生能够全部读对生字，但是只有15%的学生会写本课的生字，因此，本课需要运用多种有效策略帮助学生学会识字写字，更重要的是学生可以运用这些识字方法在生活中识记汉字。

二、学习品质

一年级学生年龄较小，大多数学生活泼好动，注意力较差，通过上课观察，50%的学生最长注意力只能维持在10分钟左右，而80%的学生注意力仅能持续在15分钟左右，而游戏、活动、谜语等会引起他们的注意，令他们产生浓厚的兴趣。

在教学中顺应儿童的心理，创设新奇有趣的识字情景，变换多种识字方法，让学生在动中学、学中动，在不知不觉中体验识字的乐趣，更能激发学生识字的兴趣。为了使他们正确理解和运用语言，在课堂上必须联系生活实际，创设他们熟悉的生活情景，帮助他们学习、积累、感悟语言，激发他们主动识字的愿望。

● 第四部分　学习目标和学习重难点

一、学习目标

1.学习过程中能保持注意力，通过观察、比较等方法学写生字。准确认读"明、心"等11个生字，认识"日字旁"，会写"木、心"等5个生字和新笔画"卧钩"。

2.了解会意字的构字特点，感受学习汉字的乐趣，产生主动识字的愿望，激发识字兴趣。

3.正确、流利地朗读课文，懂得"团结力量大"的道理。积累"万众一心""众志成城"等词语，并逐渐形成团结的品质。

二、学习品质目标

通过一些学习策略，激发学生兴趣，培养学生学习的专注力、意志力。

● 第五部分　学习活动设计

环节一：谜语激趣，引入新课（3分钟）

	教师活动	学生活动	活动意图说明
教学过程	教师活动1 1.出示谜语： （日） 一个球，热烘烘；落在西，出在东。 （月）	学生活动1 积极思考，猜出字谜——日月，激发对本节课的学习兴趣。	知识能力层面： 学生通过观察"明"并做出解释，初步了解会意字的特点，进入本课学习。

	教师活动	学生活动	活动意图说明
教学过程	有时落在山腰， 有时挂在树梢， 有时像个面盘， 有时像把镰刀。 师：今天我们要来学习一篇新的课文，跟日月都有关系，这篇课文就是日月——明。咦？日月怎么就明了呢？ 2.板书课题，揭示本课识字特点。 师：因此，日月合为"明"。 板书课题。 两个独体字合在一起，表示了一个新的意思——明。这就是我们今天要学的会意字（出示词语）。 今天，我们要认识很多这样的汉字，大家想认识它们吗？这些汉字就藏在语文书的72页，《日月明》这篇课文里。大家快来找找它们。	白天，明亮的太阳光照耀着大地，到了晚上，黑夜也需要明亮的月光的陪伴，明亮的日光和明亮的月光合在一起就更加明亮。 生：日和月用加一加的方法可以成为"明"。 生：更加明亮了。	学习品质层面： 本单元第一课《画》就是一个谜语诗，学生对谜语有着强烈的兴趣，本课由谜语导入，可以激发学生对本课识字学习的兴趣。 课后学生开拓思维，参与"你出字谜我来猜"，全班有93%的同学都自愿参与活动。

环节二：多层次朗读课文，寻找会意字（7分钟）

	教师活动	学生活动	活动意图说明
教学过程	教师活动2 1.学生自读，读准字音 要求读准字音，读通句子。遇到不会读的字可以拼一拼。 2.读前四句，借助标点符号找节奏 请一位同学读一读前四句，我们发现"日月明"后面有一个逗号，"田力男"后面有一个句号，这两个符号代表什么？ 3.大家一起按照标点符号读 按照这个节奏，大家一起读读，然后按照这个节奏，再读一读下面两句。 这次大家都读得很有节奏，特别好！ 衔接语：现在大家会读课文了，今天我们来学点什么呢？咱们中国的小朋友不仅要会认字，我们还要知道这个字为什么这么写，大家一起来感受一下老祖先造字的智慧，好不好？ 4.边读前四句，边找会意字 （1）请大家再读一遍前四句，边读边找一找，像"明"这样的会意字，看看前四句里面还有没有。找到之后把它圈起来。怎么找呢？ 看，你发现日和月组成了明，你就动笔把明这个字圈出来，现在开始。 （2）找完之后同桌之间讨论一下，看看你们找的是不是一样的？数数有几个？	学生活动2 学生自读，读通，读顺课文。 生：一起读。	知识能力层面： 通过各种方式朗读，学生熟读课文，读准字音，读出节奏，寻找会意字。 学习品质层面： 遇到新文章，可以多读几遍，但每一次的阅读都有不一样的目的。第一次是扫清字词障碍，读正确；第二次是借助标点符号读出停顿，逗号要停得短点，句号停得长点；第三次是带着问题读课文，边读边理解。不同形式的朗读可以不断吸引学生的注意力；带着问题读课文不仅可以激发学生的学习兴趣，也可以培养学生克服困难、挑战问题的毅力。学生借助这个阅读策略，可以增强学习意志力。

环节三：趣味识字，积累词语（13分钟）

	教师活动	学生活动	活动意图说明
教学过程	教师活动3 一、会认不同的独体字组成的会意字 1.讲解会意字"男" （1）讲解"男" 我看到很多同学都已经找完了，我们来看看，找得对不对呢？第一个是日月——明（板书），第二个是田力——男，咦？为什么田力就是男呢？ 师：在古时候，男女分工不一样，女人在家做家务，男人在田里干活，干活就得出力气。 （2）边拍手边读 我们已经认识两个会意字了，真棒，接下来我们做一做拍手操，休息一下。 2.讲解会意字"尖和尘" （1）区分尖和尘 导入语：接下来，我们来看看，尖和尘怎么记呢？接下来这两个字有点像，你们怎么区分它们？（出示第二句）接着读，读一读，说一说。 （2）明确尖的字理 师：为什么祖先在造字的时候，要把尖写成上小下大呢？ （3）说话"尖尖的（　　）" 师：生活中还有哪些东西是尖的？请你用"尖尖的（　　）"来说一说。 （4）给尘组词 师：大风呼呼吹，尘土飞扬，只能隐隐约约看见鸟巢，有没有发现这里的土有什么特点？ 师：难怪课文里面说小土尘。 （5）再来拍手读读 小大尖，小土尘 二、会认相同的独体字组成的会意字 1.讲解会意字"从、众" 导入：这四个字，你们都怎么记的呀？有没有什么问题呀？ （1）讲解"从" 师：为什么两个人是从呢？从是什么意思？一个人在前面走，一个人跟着他走，这就叫从。 师：谁可以来给我们演一演？ （2）讲解"众" 师：看众，众是几个人？（出示众的古文）人头上有太阳，表示人们在太阳底下劳动，同学们，在太阳底下劳动的只有三个人吗？众表示很多人。	学生活动3 生：在田里干活要出力气，男人经常去田里干活。 生：上面是小，下面是大就是尖。上面是小，下面是土就是尘。 生：因为尖的东西就是上面细小，下面粗大。 生：尖尖的剪刀（师：小心使用）。 生：尖尖的铅笔（师：我们的学习伙伴）。 生：尖尖的三角形。 生：灰尘、尘土。 生：这些尘土都很小。	知识能力层面： 在揭示会意字的造字规律后，引导学生自主识字、理解字义。 学习品质层面：图片以及想象画面能够维持学生的注意力，激发学生形象地感知字义的兴趣；

	教师活动	学生活动	活动意图说明
教学过程	（3）众组词 "众"就是表示人很多， 在电影院观看电影的人很多，我们称为（　　）。 音乐会听音乐的人很多，我们称他们为（　　）。 2.讲解会意字"林、森" 一棵树是木，那林呢？我们一般可以组词是树林，树林只有两棵树吗？ 那森，三棵树呢？ 三、再读前四句，读出会意字的特点 衔接语：哇，真奇妙！把几个独体字合在一起就可以表示一个新的意思，古人有没有智慧？好，那大家把古人创造出来的这些字再来读读，请你和你的同桌用你们感兴趣的合作朗读方式读一读。 （1）点两组来读（一组半句半句读、一组一句一句读） （2）师生读	生："人"是一个人，"从"是两个人。 生：两个学生演"跟"这个动作。 生：观众。 生：听众。 生："林"表示很多树。 生："森"表示更多树。	生字的意思是抽象的，一年级的学生不容易理解，动作表演可以让学生将抽象的字义转化为具体可感的动作，不仅能让学生感受会意字的特点，领略汉字的趣味性，同时也能够点燃学生主动参与学习的热情。

环节四：运用所学，认识汉字（7分钟）

	教师活动	学生活动	活动意图说明
教学过程	教师活动4 导入语：同学们，我们学习了会意字的认字方法，现在我们带着这把金钥匙去识字啦。猜一猜，这是什么会意字？（学习都是从猜测开始的） （1）两个一样的部分组合的会意字 比：两人肩搭肩走在一起，挨得很近，这就是比。后来才引申为作比较的意思。 昌：一个太阳就很明亮了，两个日在一起，更加明亮、美好、繁荣昌盛了。 两日昌，三日晶 （2）三个一样的部分组合的会意字 晶——非常明亮，光亮，水晶。 磊——形容石头多的样子。 哇，好多这样的字啊，把两个或三个一样的字放在一起就形成了一个新的意思，真有趣啊！大家还想再猜吗？ （3）两个不一样的部分组合的会意字 出示：休息、歪了、泪水、禾苗、火灾。 学生借助图片和古文认识其他会意字。	学生活动4 休：左边单人旁，右边一个木，休就是一个人在树旁边休息。 歪：一棵树下面是正的，上面的不正，不正就歪。（我看看你们是不是坐正了） 泪：左边一个三点水，右边一个目，泪是从眼睛里流出来的。 苗：上面是草字头，下面是田。苗就是田里长出来的像草一样的植物。 灾：家里着火了就是一场火灾。	知识能力层面：通过做课后练习题，加强对会意字的理解。 学习品质层面：学生学会了会意字的识字方法，就可以运用这个方法去认识更多的会意字。在这个环节，学生特别积极，纷纷举手参与猜测会意字的字义。课堂参与度达到80%。

环节五：指导书写，进行评价（10分钟）

	教师活动	学生活动	活动意图说明
教学过程	教师活动5 指导观察"木、林"在田字格中的位置，学写"木、林"两个生字。 （1）一看结构，抓特点 （2）二看笔画，找位置重点观察关键笔画位置和特点 （3）三看笔顺，慢慢写 （4）书写练习，展示评价	学生活动5 按照学写生字的步骤，认真观察、比较生字，并按照评价要点对生字进行评价，练习。 评价要点： | 正确	☆ ☆ ☆
干净	☆ ☆ ☆
规范	☆ ☆ ☆		知识能力层面： 学会写汉字的关键步骤，学写"木、林"两个字。 学习品质层面： 教师教授学生学写汉字的方法：先观察生字的结构、特点，然后确定重点笔画的占位，如果有相似的字要注意比较和区分，然后学生通过观察、比较等方法提高注意力，将生字写得正确、干净、规范。

【板书设计】

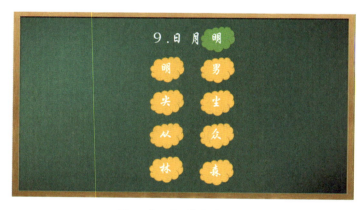

图3 《日月明》板书设计

● 第六部分 作业与拓展学习设计

本课的作业为：

制作会意字字卡，帮助学生更加深入地了解会意字的构字特点。

小 田 日 土 木

大 力 月 人 人

正 不 木

<table>
<tr><td></td><td></td><td></td><td></td><td></td></tr>
<tr><td></td><td></td><td></td><td></td><td></td></tr>
<tr><td></td><td></td><td></td><td></td><td></td></tr>
</table>

● **第七部分　学习效果分析**

1.本节课中的游戏、活动、谜语等会引起学生的注意，令他们产生浓厚的兴趣。

2.本课在教学中顺应儿童的心理，创设新奇有趣的识字情景，变换多种识字方法，让学生在动中学、学中动，在不知不觉中体验识字的乐趣，充分激发学生识字的兴趣。

3.课堂联系学生的生活实际，创设他们熟悉的生活情景，帮助他们学习、积累、感悟语言，从而激发他们主动识字的愿望。

● **第八部分　教学反思与改进**

一、优势

1.识字方法的多样。本节课是识字课，在儿歌的朗读过程中结合多种识字方法，如图文对照法、字源探析法等，多种识字方法的结合，充分发掘学生识字潜力，帮助学生学会自主识字。

2.教学环节环环相扣。针对文本特点，我将教学环节设计为"谜语激趣、引入新课""多层次朗读，寻找会意字""趣味识字，积累词语""运用所学，认识汉字""指导书写，进行评价"几大环节，环环相扣，激发学生学习兴趣，使学生在轻松、愉悦的学习过程中，自然地感受到识字的乐趣。

二、不足

在实际课堂教学中，对于学生出现的一些问题相应策略不足。例如个别学生不能理解会意字的构字规律，我采用的是小伙伴告知的方式。这并不能改善学生对于"会意字特点"的进一步认识，应该安排小组进行讨论和分享，这样更有利于他们理解。一年级学生在调动学习兴趣和培养关注力后，还要有相应的学习策略才能够做到"爱学—会学—学会"。

◇ 附录1

《日月明》前测单

1.下面这些字,你认识吗?认识请打钩。

明		从	
男		众	
尖		林	
尘		森	

2.你可以流畅地拼读出下面这些字吗?请打钩。

míng 明		cóng 从	
nán 男		zhòng 众	
jiān 尖		lín 林	
chén 尘		sēn 森	

3.填空。

"林"一共有(   )笔,第四笔是(   )。

4.对于《日月明》这篇课文,你有什么想法?在你认为正确的选项后面画一个笑脸吧!

1	有许多较难的生字,我总是读不好。	
2	我只能流利地阅读课文,没什么乐趣。	
3	我认为这篇课文很有意思,我特别喜欢读。	

◇ 附录2

《日月明》评价单

1.你可以说说下面这些字的意思吗?知道请打钩。

明		从		比		泪	
男		众		晶		苗	
尖		林		休		灾	
尘		森		歪			

2.对于《日月明》这篇课文,你有什么想法?在你认为正确的选项后面画一个笑脸吧!

1	有许多较难的生字，我总是读不好。	
2	我只能流利地阅读课文，没什么乐趣。	
3	我认为这篇课文很有意思，我特别喜欢读。	

3.填空。

"林"一共有（　　　）笔，第四笔是（　　　　）。

4.你出字谜我来猜。（请你给一个你喜欢的汉字出字谜，自愿参与）

《圆明园的毁灭》教学设计

姓名	张铎潇		
学科	语文	年级	五年级
教科书版本及章节	部编版教材五年级上册 第四单元		
授课内容	《圆明园的毁灭》		
学习品质	学习情感、学习策略		

● 第一部分　背景分析

一、课标分析

2022版《语文课程标准》中，对第三学段的阅读与鉴赏提出了这样的要求：能联系上下文和自己的积累，推想课文中有关词句的意思，辨别词语的感情色彩，体会其表达效果。在阅读中了解文章的表达顺序，体会作者的思想感情，初步领悟文章的基本表达方法。在交流和讨论中，敢于提出看法，做出自己的判断。阅读叙事性作品，了解事件梗概，能简单描述印象最深的场景、人物、细节，说出自己的喜爱、憎恶、崇敬、向往、同情等感受；阅读诗歌，大体把握诗意，想象诗歌描述的情境，体会作品的情感。受到优秀作品的感染和激励，向往和追求美好的理想。本篇课文让学生感受到清末时期我们国家所承受的屈辱，通过引导学生体会这种家国情怀，引起学生的思考和共鸣，体会课文表达的思想感情。

二、学习品质理论依据

马里奥·希森将儿童的学习品质分为"对学习的热情"和"学习中的投入"两个维度,"对学习的热情"概括的是态度层面,即对学习的内在动机与积极情感;"学习中的投入"概括的是行为层面,即对学习的良好行为倾向与学习习惯。

本课的教学设计主要就"对学习的情感"和"学习中的策略"两个维度展开。从态度这一维度来看,首先,由于本单元家国情怀主题的特殊性,容易引起学生的感慨、共鸣和思考,应当更好地利用学生这一"对学习的热情"的起点,激发学生学习的主动性与好奇心。其次,创设一些具体可感的画面或者情境,也可以增强学生的代入感,让学生具有学习与挑战的欲望。如:课前对于圆明园遗址公园游览情况的调查等。从行为这一维度来看,本单元不仅重在培养学生体会课文表达的思想感情,更是在引导学生结合资料,更深入地理解课文内容,体会课文的思想感情。再次,合理运用一些学习策略,本课主要运用的策略为抓重点词和运用资料。本篇课文从第一段开始,我们会带领学生重点分析一些关键词,比如第一段的"不可估量",由抓重点词这一策略着手。最后,也会在课前以及课堂上给学生补充一定的资料。引导学生通过查阅资料,深入了解圆明园的历史、文化价值,感受作者的痛惜之情,真正专注于问题解决的探究过程。通过以上方法,提高学生的学习效果,从而提升学习品质。

● 第二部分　教学内容分析

一、课时内容分析

课文描述了圆明园昔日的辉煌和它惨遭侵略者肆意践踏而毁灭的景象,抒发了对祖国灿烂文化的无限热爱,对侵略者野蛮行径的无比愤慨,激发人们不忘国耻,增强振兴中华的责任感和使命感。

本文结构清晰,可分三个部分。第一部分(第 1 自然段)开篇点题,阐明圆明园的毁灭是中国以及世界文化史上不可估量的损失;第二部分(第 2 ~ 4 自然段)大体介绍圆明园的布局、建筑风格及收藏的文物,再现了圆明园当年的宏伟壮丽;第三部分(第 5 自然段)讲述了圆明园被毁灭的经过。

课文结构严谨,构思颇具匠心。课文语言简洁,准确,富有变化。题目为"圆明园的毁灭"，却用了大量的篇幅写辉煌的过去，把美的东西毁灭了，更能触动读者的痛心。

二、教学框架图

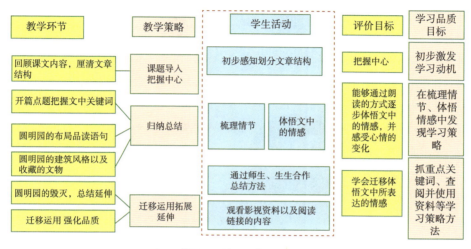

图1　《圆明园的毁灭》教学框架图

● 第三部分　学情分析

一、知识能力水平

本课的授课对象是五年级上学期的学生，他们对语言文字有了一定理解能力，但要在脑中形成生动、具体的形象是相当困难的，虽说已初读了课文，但还是很难把握爱恨交织的情感，尤其是如何运用学习策略把这份情感升华为民族责任感。因此，在教学中，要透过字里行间充分挖掘"爱恨变换"的情感主线，不断激发学生的情感。

另外，圆明园遗址公园对于北京的学生来说并不陌生，无论是游览，或者是爱国主题教育，圆明园都是常被选取的地点。通过对五年级8班的课前调查，发现有14人从未去过圆明园，31人去过圆明园（图2）。但在31人中，仅有6名同学了解相关的历史知识（图3）。

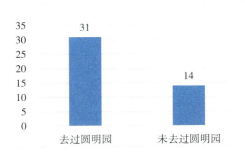

图2　学生去过圆明园的比例

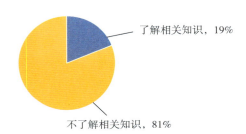

图3　学生了解圆明园历史知识的比例

学生如果对圆明园的历史不了解，就无法对圆明园的毁灭有情感上的认知和感受，学习上则容易存在障碍和困难。我们要为学生的情感体验提供更深刻的理解和情感表达，因此我在教学中，借助"查阅资料、文本中的内容介绍、词语的理解"等策略来把握学生情感的体验和表达。

二、学习品质分析

根据前期的调查统计，可以知道目前31%的学生尚未去过圆明园，且全班81%的同学对于圆明园昔日的风光没有具体形象的了解，对于圆明园如何被毁灭也没有具体的认知。这种情况容易使学生有学习障碍，因而后续课程会选择通过查阅资料和观看纪录片的方式，促使学生畅想圆明园的原貌。同时在学习课文之后，再结合圆明园遗址公园的实景，激发学生的学习热情，让学生体会到侵略者的贪婪、野蛮和无耻。在珍贵的国家园林遭到破坏和掠夺时，学生自然会生发出爱国情怀，意识到有责任、有使命为建设更好的祖国而奋斗。

● 第四部分　学习目标和学习重难点

一、学习目标

1.了解圆明园昔日的辉煌和毁灭的经过。用自己的方式表述圆明园毁灭的经过，并体会情感，读出感情。

2.反复朗读，能读出情感的变化，结合运用资料等策略感受文中所表达的情感。

3.能借助关键词句，体会课文的思想感情，领悟课文的表达特点。

4.学习查阅资料解答疑问的学习方法，掌握"边读边体会感情"的策略。

二、学习重点

能结合相关资料，激发学习热情，了解圆明园昔日的辉煌和毁灭的经过。

三、学习难点

借助关键词，体会课文的思想感情，并通过有感情地朗读，读出情感的变化。并且能够结合相关资料，领悟课文的表达特点。

● 第五部分　学习活动设计

环节一：回顾课文内容，厘清文章结构

	教师活动	学生活动	活动意图说明
教学过程	教师活动1 （一）复习导入 1.默读课文，思考文章从哪些方面来讲圆明园的。课文共分为开头点题、圆明园昔日辉煌、圆明园被毁三部分。	学生活动1 划分大的段落结构，批画关键词。 学生可以画出课文结构图。	知识能力层面： 学生在阅读文章时，应当能够把握文章的整体结构，对文章各部分的内容能进行简单的归纳和概述。让学生能从自己画的结构图中厘清文章脉络，了解作者表达情感的特点。 学习品质层面： 激发学生的学习热情，增强对情感的体会和表达，促使学生进行思考，为之后的教学活动进行铺垫，并能够提出不明白不理解的问题。

环节二：开篇点题

	教师活动	学生活动	活动意图说明
教学过程	教师活动2 1. 朗读第一自然段，并思考第一段在文章中所起的作用是什么？ 2. "不可估量"是什么意思？为什么会出现两次"不可估量"？ 3. 思考"是中国文化史上不可估量的损失，也是世界文化史上不可估量的损失"这句话中"是……也是……"关联词的作用。	学生活动2 1. 朗读第一自然段，得出开篇点题，阐明圆明园的毁灭是中国以及世界文化史上不可估量的损失。 2. 讨论第一自然段出现两次"不可估量"的原因，通过对学习策略中把握关键词，来找准关键词"不可估量"，理解意思，并且感受这个词语所表达的作者的情感以及两个"不可估量"所表达出的两种不同层次，在学习策略上抓住重点词来理解情感的变化。 3. 第一自然段用关联词"是……也是……"和"不可估量"写出了作者对圆明园毁灭的痛惜之情，奠定了本文的基调。	知识能力层面： 能抓住重点词语去揣摩和品味作者所要表达的意思和情感。通过对第一段的学习，使学生们产生惋惜之情。用关联词"是……也是……"和"不可估量"感受出作者对圆明园毁灭的痛惜之情。 学习品质层面： 注重运用学习策略查找资料，并选择资料策略、文本历史讲述、重点词的理解、生活所见所闻、电影、图片、书籍等方法，增强学生的情感表达。 学习目标的最终实现是要让学生掌握正确的学习策略，其中认知策略包括复述策略、精加工策略以及组织策略。学生在老师的带领下能够对课文的第一自然段进行整体感知，并通过分析"是……也是……"和"不可估量"，对课文进行精加工，明白文中为何连用两个"不可估量"，进而感受作者惋惜之情。

环节三：圆明园的布局

	教师活动	学生活动	活动意图说明
教学过程	教师活动3 1. 朗读第二自然段，描述自己看到的今日圆明园的景象，并出示学生之前在圆明园所拍照片。 2. 朗读第二自然段，了解圆明园的布局之美。 3. 出示圆明园的平面图，用三种不同颜色标出三园及周围的小园，引出"众星拱月"这个词。	学生活动3 1. 通过对电影、电视、书籍中描述的圆明园今日遗址，对盛世时的情景进行想象。 2. 批画关键词句。 3. 根据图片介绍的大概方位及小园的分布情况，把握关键词，分辨哪是"月"，哪是"星"，进而理解"众星拱月"这个词的意思，了解圆明园布局的特点。	知识能力层面： 根据朗读以及教师出示的图片，让学生基于文本展开相应的想象，切实感受到圆明园的大概方位及小园的分布情况，同时理解文中"众星拱月"这个词运用之妙，并了解圆明园布局的特点。 学习品质层面： 借助本环节的学习任务，可以积极提升学生基于课文文本的知识探索能力，深化学生自身对课文知识的消化能力，让学生真实地经历学习的过程，增强学习的成就感，建立学习的自信心，真正把核心素养落实到位。并且通过这个环节提升学生的认知和情感，增加学习策略，帮助学生主动学习和会学习，让学生对以后课文中情感的理解更加深刻。

环节四：圆明园的建筑风格以及收藏的文物

	教师活动	学生活动	活动意图说明
教学过程	教师活动4 1. 对第三自然段中感触较深的语句进行多次朗读，揣摩作者情感。 2. 引出关键词：众星拱月、金碧辉煌、玲珑剔透、山乡村野、诗情画意、漫游、饱览等。 3. 带学生体会"有……也有……；有……也有……"等用法。 4. 出示圆明园的复原图以及圆明园四十景名称图，在此基础上出示现存清代建筑如故宫等图片。 5. 朗读第四自然段，感受圆明园收藏着哪些"最珍贵的历史文物"？ 说明了中国人的智慧、中国人的财富、中国人要保护自己国家的财富。（借用资料和图片） 6. 引出关键词："奇珍异宝""珍贵"。理解这两个词并且能够灵活运用。 7. 体会表示时间的词语在表达上的好处，如"上自先秦、下至唐宋元明清"。 8. 出示圆明园所藏文物图片。 9. 为什么说圆明园"又是当时世界上最大的博物馆、艺术馆"？	学生活动4 圈画关键词，对词语在当下语境中的意义和作用进行解释。 感受基本词意。从资料图片中感受到圆明园的金碧辉煌，以及建筑类型的丰富多样、应有尽有。学生结合课文内容，感受到圆明园是"园林艺术的瑰宝、建筑艺术的精华"，并带着此时的心理情感朗读出来。 学生由此感受到圆明园收藏的文物珍宝的年代跨度大、种类多、数量多。学生由此再次感受到圆明园的布局美、建筑美、收藏美。	知识能力层面： 通过作者的文字以及与故宫等现存清代建筑的对比，来感受辉煌时期的圆明园，从而让学生感受到我们古人的高超技艺，产生自豪的情感。这一部分可供学生积累的词语也较多，既可以加深对文章的理解，同时也能够用于以后的习作。 通过把作者的文字以及圆明园所藏文物照片结合学习，感受出两个关键词"上自"和"下至"的含义，这两个词不但写出了圆明园所藏文物历史悠久，还写出了文物数量众多、品种丰富，强调了它的价值之高和收藏不易，体现出"当时世界上最大的博物馆、艺术馆"。该环节意在培养学生理解关键词语，理解文章表达的情感，并且能用朗读传达。 学习品质层面： 通过学习策略中的查找资料，丰富学生对课文的理解，使学生对圆明园有充足的了解，并为之后学习情感的产生奠定基础。

环节五：圆明园的毁灭，总结延伸

	教师活动	学生活动	活动意图说明
教学过程	教师活动5 1. 如此辉煌而美丽的皇家园林，竟在三天之内化为灰烬。朗读第五自然段，说一说：是谁焚毁了我们的圆明园？与此同时播放影视资料《火烧圆明园》。	学生活动5 通过观看影视作品，结合课文体会到侵略者的野蛮贪婪。	知识能力层面： 对圆明园的毁灭的理解，仅仅依赖于文章还远远不够，必须用相关资料来辅助。此外，语文教学，注重语言文字的积累、感悟和运用，所以通过结合"阅读链接"，整合本单元课文，加强朗读，加深理解，升华感情。该环节培养学生自主查阅资料，并且灵活运用资料表达观点的能力。

续表

	教师活动	学生活动	活动意图说明
教学过程	2. 体会表达时间的词语的妙用。 3. 引导学生感受文中"拿得动……拿不动的……运不走的……"用法。 4. 对感触较深的语句进行多次朗读，揣摩作者情感，同时再次回顾第二、第三自然段，说一说现在自己的感受。 5. 出示圆明园焚毁前以及焚毁后的对比图。出示圆明园被毁文物数据。补充三山五园被毁的资料，进一步体会侵略者的野蛮。 6. 短短的一篇文章无法还原圆明园盛世时的美景，也无法描述毁灭过程的惨烈。结合自己所查阅的资料，解释作者在开头所说到的"圆明园的毁灭是中国文化史上不可估量的损失，也是世界文化史上不可估量的损失"。 7. 课文的题目是"圆明园的毁灭"，但作者用了大半的篇幅去写圆明园昔日的辉煌，这是为什么呢？ 8. 结合"阅读链接"进行拓展阅读。 9. 理解全文后，引导学生对课文进行整体朗读。通篇朗读完，引导学生感受课文中感情的变化。	与第四自然段的历史年代表达作对比，体现藏品跨越年代之久，而毁坏时间短暂且破坏力极强。给学生提出具体被毁文物的数字，让学生具体了解圆明园被毁的严重性。 感受到侵略者对于圆明园破坏的范围之大。 生气、愤怒…… 感受到美丑的对比，圆明园被焚毁前的壮观美，侵略者焚毁圆明园时的丑恶。通过看各组数字资料、圆明园焚毁前后的对比图以及三山五园被毁情况资料，感受到遗憾、惋惜、心疼、难过。 对自己所查资料进行筛选、介绍。 题目为"毁灭"，却用了大量的篇幅写它辉煌的过去，把美的东西毁灭了，这真是一个悲剧，更能激起读者的痛心与仇恨。用自己的方式画出本文的历史事件和情感结构图。标注情感的词语。 感受到课文中的心情从惋惜到遗憾，从遗憾再到对侵略者的愤怒、憎恨。	学习品质层面： 学生的学习在经过知识的积累、记忆后要进行迁移运用，学习的最终目的是要用所学的知识解决所遇到的实际问题。通过这篇课文的学习，学生首先由图片等产生了学习兴趣，接着再通过抓重点关键词、查阅并使用资料等方法，掌握相应的学习策略。

【板书设计】

图4 《圆明园的毁灭》板书设计

● **第六部分　作业与拓展学习设计**

本课作业为：

1. 学习完本课，课文的文章结构和内容是什么？

2. 学习完本课，作者的情绪变化曲线是怎样的？

3. 你能否依据阅读链接再进行拓展阅读呢？

4. 自己尝试搜集相关资料，介绍一段自己感兴趣的史实。

● **第七部分　学习效果分析**

本节课的教学设计是逐段依次分析，需要引导学生结合学习需要有目的地查找资料，运用资料要讲究时机，使用资料要有针对性，用在学习需要的地方，如理解有困惑需要解决处、课文简略需要扩充处、情感体验需要加深处。要避免喧宾夺主，不能因为使用资料导致学生对课文的关注减少，如在让学生感受圆明园建筑精美时，给同学们出示"圆明园四十景"的资料，以供了解。

本课文章内容感情充沛，适合学生朗读。通过有感情地朗读，体会课文蕴含的思想感情。在理解课文内容、感受课文鲜明的主题思想、把握课文感情基调的基础上，引导学生入情入境地朗读。如在课堂教学中，让学生反复朗读，从而感受到作者的情感，也体会到侵略者的野蛮。

通过以上学习策略，学生能够真正专注于问题解决的探究过程，从而提升学习认知和情感体验的学习品质。

● 第八部分　教学反思与改进

通过读书，交流课前搜集的资料，运用多媒体课件，把学生带入创设的情境中，引导他们把最感兴趣的景观想象出来，并谈一谈自己脑海里浮现的画面。但课堂上还是给学生的机会较少，应该给学生更多的朗读感受机会。

从感受到圆明园的瑰丽与辉煌再去读圆明园的毁灭，更能激发学生对侵略者野蛮行径的无比仇恨，使学生的心情从开始的惋惜到自豪转变为对侵略者的憎恨。从而激发学生们不忘国耻，增强振兴中华的责任感和使命感。但本课由于时间原因，将阅读链接部分布置为课下学习，没能在课堂上带领学生一起进行学习，因此无法更加完整地让学生体会编者的意图。

《精卫填海》教学设计

姓名	张博昊		
学科	语文	年级	四年级
教科书版本及章节	部编版教材四年级上册 第四单元		
授课内容	《精卫填海》		
学习品质	学习兴趣，学习策略，学习意志力		

● 第一部分　背景分析

一、课标分析

2022 版《义务教育语文课程标准》中提出"确定中华优秀传统文化内容主题，注重弘扬讲仁爱、重民本、守诚信、崇正义、尚和合、求大同等核心思想理念""通过语文学习，热爱国家通用语言文字，热爱中华文化，继承和弘扬中华优秀传统文化、革命文化、社会主义先进文化，关注和参与当代文化生活，初步了解和借鉴人类文明优秀成果，具有比较开阔的文化视野和一定的文化底蕴"。

在本课的教学中，一是要结合具体的语言文字，引导学生感受神话中神奇的想象和鲜明的人物形象。二是能初步把握文章的主要内容，体会文章表达的思想感情。能对课文中不理解的地方提出疑问，能复述叙事性作品的大意，初步感受作品中生动的形象和优美的语言。学生需要通过整体感知课文之后，细读课文提取出故事的起因、经过和结果，说出故事的主要内容。三是要认识到神话是虚构的故事，是古代劳动人民的创造，但是今天仍然有着积极深远的意义，其中蕴含着中华民族仍需传承的精神。教师要注重对学生进行文化内涵的传授，引导学生感受神话中神奇的想象和鲜明的人物形象。

二、学习品质理论依据

学习品质评价体系既关注学习者学习过程中的学习认知、情感和态度，也关注学习动力、学习潜能、学习方法、学习意志力和负担感受等内容，将教育教学重点转向了学习者本身。从长期来看，学习品质指向的是"学会学习""如何学习"，具备积极学习品质的学生会有更积极的学习态度和更高质量的学习效果，因此更重要的是教会学生学习，重视学生在教学中的主体地位，突破传统课堂格局性和结构性的问题，培养学生发展核心素养。

● 第二部分　教学内容分析

一、课时内容分析

《精卫填海》是部编版语文教材四年级上册第四单元中的第三篇课文，它是一篇文言文。在此之前，学生们在三年级上册学习过《司马光》，三年级下册学习过《守株待兔》。文言文篇幅短小，在字义和文意理解上较有难度，且蕴含着深刻含义，是我国古代文化的载体。本篇课文选自《山海经·北山经》，它讲述了炎帝的小女儿女娃去东海游玩时不幸溺水，化为精卫鸟，衔来西山木石填塞东海的故事，塑造了坚韧执着的精卫形象。

课文简短而完整，虽然只有两句话，但是第一句交代了故事的主要人物及其身份，第二句写出了填海的起因、经过和结果。课文的插图生动形象，可以帮助学生展开想象，感受到精卫的坚韧与执着。

在学习本篇《精卫填海》时，可以引导学生展开想象，用自己的话讲述精卫填海的过程，在落实本单元的前两个语文要素时，也在为按照事情发展顺序讲故事打基础。通过了解精卫填海的起因、经过、结果，学习把握文章主要内容的方法，感受神话中神奇的想象和鲜明的人物形象，并展开自己的想象，最后能够写一个故事，完成单元习作目标。

二、教学框架图：实施策略

图 1 《精卫填海》教学框架图

● 第三部分　学情分析

在课前，为了更好地把握学情，了解学生对于本单元的学习兴趣和学习策略，我设计了 5 个前测问题，分层抽取了四年级 12 班 7 名学生参与了访谈前测，通过对前测内容进行分析，发现：

问题一：在本课需要会写的五个生字中，你觉得哪个字最难？

A.帝　　B.曰　　C.溺　　D.返　　E.衔

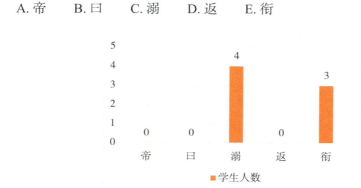

图 2　问题一结果统计

其中，4 名学生选择"溺"字，3 名学生选择"衔"字，整体上难点集中于这两个字。文言文的字词从书写到理解都是学生需要攻克的重点内容，而这些字词的困难也让学生读不懂、写不会，导致对文言文的学习兴趣不高。

问题二："女娲游于东海"中"游"字的意思是哪项？

A. 游泳　　　B. 游玩　　　C. 游行　　　D、游客

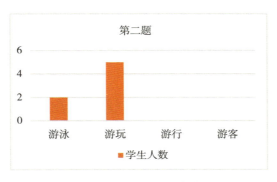

图3　问题二结果统计

在这个问题中2名学生选择"游泳"，5名学生选择了"游玩"，没有学生选择C、D选项。学生能结合注释理解词义句意，但有个别字的具体解释会有偏差，"游客"一词是名词，前三个词语为动词，结合前后文与注释，绝大多数学生能够正确选择，但是也有个别学生出现问题，同样体现了文言文的理解对于学生学习的影响，学生认为古文晦涩难懂、比较枯燥，上课会出现注意力分散等现象，严重影响了学习效果。

问题三：请你用自己的话说一说这个故事。

学生能够大致了解故事大意，并且用白话讲述出来。其中2名学生能够流畅地对故事整体进行复述，语言基本通顺，但是缺少按顺序讲述的意识；4名学生能够简单地讲述主要情节，但缺少细节，语言不够通顺连贯，同样不能很好地把握事情发展顺序；1名学生不能顺利地复述故事，不能很好地理解个别语句。学生缺少把握文章主要内容的学习策略，不能很好地梳理故事的起因、经过和结果，所以不能为之后背诵课文打下良好基础，往往读几遍没有记住就选择放弃，学习意志力不够。

问题四：你觉得精卫是一只怎样的鸟？

在理解精卫精神品质时，有6名学生能说出"坚持"或近义词，1名学生能说出"固执"。学生用词不准确，或不能抓住精卫身上最主要的品质来评价，可以看

出学生对课文和人物形象的理解不够到位，学生关于作出评价的学习策略积累不够，同时缺乏解决问题的学习意志力。

问题五：你觉得学习文言文是否有趣？

A. 很有趣　　B. 一般　　C. 有些无聊

在调查学生对于文言文的学习兴趣时，有 1 名学生认为"很有趣"，3 名学生选择"一般"，3 名学生选择"有些无聊"。从数据可以看到学生对课文的学习兴趣不够，导致对于字词理解、文意把握、背诵都有一定的畏难情绪，学习意志力也有所不足。

基于以上分析，我确定了本课的学习目标与学习重难点，决定以多样的教学活动来逐个解决学生在学习文言文时字词不理解、复述故事用词不准确、人物形象把握不到位的问题，运用质疑、讨论等学习策略，创设情境，让学生提高对于文言文的学习兴趣，逐渐掌握学习策略，整体提升学习品质。

● 第四部分　学习目标和学习重难点

一、学习目标

1. 认识"帝、曰"等四个生字，读准多音字"少"，会写"帝、曰"等五个字。

2. 能厘清课文的写作顺序，用简单的词语恰当地评价精卫。

3. 能通过借助注释及联系上下文的方法了解课文大意，读准字音，读通课文。

4. 背诵课文，并尝试能有节奏、有韵律地朗诵。

5. 激发学生古诗文学习兴趣，让学生热爱古诗文学习；培养学生的坚毅品质，能够挑战自我，积极进行积累。

二、学习重点

能通过借助注释及联系上下文的方法了解课文大意，读准字音，读通课文。

三、学习难点

1. 能厘清课文的写作顺序，用简单的词语恰当地评价精卫。

2. 激发学生古诗文学习兴趣，让学生热爱古诗文学习；培养学生的坚毅品质，能够挑战自我，积极进行积累。

● 第五部分　学习活动设计

环节一：回顾导入，解读课题

<table>
<tr><th colspan="2">教师活动</th><th>学生活动</th><th>活动意图说明</th></tr>
<tr>
<td rowspan="2">教学
过程</td>
<td>教师活动 1
1. 谈话导入，出示图片。
上一节课我们学习了巨人盘古开天地的故事，这篇课文和我们之前学习的课文有什么区别呢？
（1）谁能用自己的话简练地介绍一下这是个怎样的故事？
（2）谁能按照顺序把故事讲一遍？
（3）请大家边听边提出问题。
2. 这个故事选自哪里呢？你对这本书有什么了解吗？
没错，《山海经》，这可是本上古奇书。我们这次要学习的故事正是选自这本书。
3. 我们来一起齐读课题，从课题当中，你读出了什么？
4. 带着这样的问题，我们来一起走进这篇课文《精卫填海》。</td>
<td>学生活动 1
1. 预设：它的想象很大胆。
（评价激发兴趣）
（认真听积极思考）
2. 预设：《山海经》
《山海经》里面有好多奇珍异兽的故事。
3. 预设：精卫（谁），填海（做什么）。
预设：精卫是谁？精卫为什么要填海？精卫怎样填海？</td>
<td>知识能力层面：
以学生学过的神话故事为导入，介绍《山海经》，激发学习兴趣，聚焦题目，点明本课学习内容、人物和事件。
学习品质层面：
通过提问回顾第二单元所学策略，对文章大意进行猜测和判断，引发学生的探究兴趣，激发学生学习兴趣，鼓励学生积极主动地阅读、提取信息、提出问题、概括内容，为后续的学习打下基础。</td>
</tr>
</table>

环节二：借助注释，读准读通

<table>
<tr><th colspan="2">教师活动</th><th>学生活动</th><th>活动意图说明</th></tr>
<tr>
<td></td>
<td>教师活动 2
1. 现在给大家一分钟的时间，请同学们先自己大声地读一读课文，遇到不认识的字可以圈画出来。
2. 接下来请同桌之间互读课文。
3. 哪位同学已经扫清字音问题了？那就请你来为大家读一读这篇课文。
我们在朗读文言文的时候，第一个要达到的标准就是音正。现在我们一起齐读一遍课文，注意字音要读得准确。</td>
<td>学生活动 2
1. 读准字音：
衔（xián），曰（yuē）
在书中进行标注落实。
2. 运用小组交流讨论的学习策略，同桌交流，互相解决字音问题，完成学习任务。</td>
<td>知识能力层面：
首先落实重点难点字的基础教学，分层教学，引导学生借助注释理解课文，再用自己的话讲一讲这个故事。在过程中扫清阅读上的字义词义问题，并在此基础上，指导学生依据文章意思进行朗读，通过停顿来读出韵味。</td>
</tr>
</table>

续表

	教师活动	学生活动	活动意图说明
教学 过程	4. 这篇课文是文言文，言简意赅，虽然字数很少，但是有几个字老师需要提醒一下大家，我们一起来看。 曰（和日） 衔（和街） 5. 之前我们积累了哪些方法来理解文言文的意思呢？ 6. 我们先自己来理解一下这篇课文，圈画出自己不能理解的字或词。 7. 圈画完毕，大家有什么字义上的问题吗？小组之间进行交流，尝试解决。 8. 试着用自己的话，来逐句说一说这篇课文的意思，和同桌交流一下。 9. 每组请一位同学用自己的话再来说一说故事大意，如果有不同意见可以补充。 10. 听过其他同学的发言，请你试着再和同桌互相说一说这个故事。 11. 根据学生发言，整理对于课文大意的理解，梳理成一段完整的话。 12. 明白了文章的意思后，我们再来读一读这篇文章，想一想现在你的朗读会发生什么变化。 指名读。 炎帝之 / 少女，名曰 / 女娃。女娃 / 游于东海，溺而 / 不返，故为 / 精卫，常 / 衔西山 / 之木石，以 / 堙于 / 东海。	3. 指名读课文。 读后通过学生评价策略，标注不易读准字音。 4. 曰日、衔街字形区分。 5. 预设： 学生运用学习策略来学习：（1）请教别人；（2）查资料或者工具书；（3）联系上下文；（4）注释。 6. 默读思考，结合注释，想一想句子是什么意思。提出对不理解的字词的问题。 7. 小组交流，互相解决字音问题。 8. 预设： 能够对故事整体流畅地进行复述，语言基本通顺，缺少按顺序讲述的意识； 能够简单地讲述主要情节，但缺少细节，语言不够连贯，不能把握事情发展顺序； 不能复述故事，个别语句理解不够。 9. 指名与举手结合，几位同学说一说故事大意。 （检测） 10. 规范语言。 采取合作学习策略，通过讲故事形式激发兴趣，调动学生学习的主动性。 11. 再次规范语言。 12. 预设：我会读得有停顿了（知道在哪里断句了）。 根据语义和逻辑层次，依据故事内容尝试停顿，读出韵味。 齐读课文。指导声断气连的朗读方式，声音断开，气息连续，引导学生积累学习策略，进行朗读。	学习品质层面： 帮助学生养成使用学习策略解决问题的能力，在面对古诗文时能够找对方法，有效、主动地进行学习，同时进一步通过小组讨论激发学生学习动机和培养战胜困难的意志品质。

环节三：梳理顺序，感受人物

	教师活动	学生活动	活动意图说明
教学过程	教师活动3 1. 我们在第一课的学习中知道，写故事是有一定顺序的，那下面参考译文，找一找故事中的起因、经过、结果。 2. 回看课文，说一说你找的起因、经过、结果对应原文中的哪个地方。 3. 让我们试试把起因、经过、结果串联起来，用平时说话的形式来说一说。 4. 我们已经按照起因、经过、结果的顺序梳理了这个故事，那你能不能用一个词来评价一下精卫，比如，（　）的精卫。 5. 同学们的问题都特别好，在文中出现了一明一暗两组反义词，谁能来找一找？ 6. "衔"是什么意思？为什么不直接用"叼"？"叼"和"衔"有什么感觉上的不同？ 这更能体现出精卫的（　）。 7. 这里给出了几种场景，请大家想一想，精卫会怎样做呢？ 面对狂风巨浪，精卫（　）。 面对他人的不解和质疑，精卫（　）。 面对（　），精卫（　）。 8. 我们应该用什么样的语气来读这篇课文？请大家带着这样的感觉，小组内互相读一读。 再来一起齐读一遍课文。 9. 我们在理解了文章的意思之后，老师也想读一读，请同学们注意听一听。 10. 我们在这个故事里认识了坚持不懈、勇于抗争的精卫。当我们做事情没有恒心、没有毅力，或者没有目标的时候，我们就应该学习精卫这种填海的精神。最后我们再一起把这篇课文齐读一遍。	学生活动3 1. 预设： 起因：为什么——女娃游于东海 经过：怎么样——溺而不返，故为精卫 结果：是什么——常衔西山之木石，以堙于东海 2. 举手发言。学生学习概括梳理事情的过程的方法。 3. 预设：持之以恒，坚持不懈，敢于抗争。 通过抓词语体会人物的情感。 5. 预设： 明：西山 东海 暗：大海 小鸟 6. 预设：叼着 "衔"给人的感觉更轻，精卫小心地把木头石块运过来。 预设：持之以恒，坚持不懈，敢于抗争。 7. 创设情境策略，通过假设与展开想象，进一步感受精卫的精神品质。 8. 小组内互相读。 学生朗读预期的变化表现人物内心。 结合自己所理解的精卫形象来齐读课文。 9. 正音—断句—连韵。 感受朗读时事情发展的不同顺序层次和声断气连法。 书中做笔记：用一两个词来概括出精卫的精神。 10. 齐读课文，参考教师范读"声断气连"来进行学习。	知识能力层面： 在这一环节中，运用学生原有的知识与技能，在自读中梳理故事发展的起因、经过、结果。同时通过找反义词、找关键字的方法，进一步感受精卫这一人物形象，把对人物的理解带入朗读，完成从正音到句读到连韵的朗读能力目标，为之后的熟读课文、背诵课文打好基础。 学习品质层面： 进一步帮助学生养成学习策略，创设情境感受精卫的形象，激发学生的学习兴趣，培养学生积极主动学习和学习意志力。通过体会精卫的坚持不懈、永不放弃，也在某种程度上对学生的学习意志力产生了影响。

环节四：熟读成诵，拓展阅读

教师活动		学生活动	活动意图说明
教学过程	教师活动4 1.熟读成诵。 现在我们来挑战一下，在不看原文的情况下，把下面的内容补充完整。 炎帝之少女，名（　　）女娃。女娃（　　）于东海，（　　）而不返，故（　　）精卫，常（　　）西山之木石，以（　　）于东海。 指名展示。 2.先在小组内进行交流，看看能不能完成升级版。 炎帝之（　　），（　　）女娃。女娃（　　），（　　），故（　　），（　　）西山之木石，以（　　）。 指名展示。 3.齐读课文，注意朗读时的节奏，尝试背诵。 4.梳理学法。 这节课的课文学习暂时告一段落了，那么我们通过这节课的学习积累到了哪些学习课文的方法？老师和大家一起梳理一下。 5.出示《山海经》中奇异怪兽图。 今天我们学习了《精卫填海》这篇课文，但是在《山海经》中这样的故事还有很多，比如说《夸父逐日》，大家可以在课下自己浏览阅读。	学生活动4 1.进行挑战游戏，激发学生学习兴趣。 2.小组内填空。 3.齐读课文，尝试背诵。 4.预设 梳理学习策略 学习文言文的方法：请教别人，查资料或者工具书，联系上下文，看注释。 讲故事的方法：按照顺序，起因、经过、结果。 5.补充材料，通过链接阅读的方式来进行学习。采用图片、视频多种方式激发学习中国传统文学的兴趣。	知识能力层面：在理解文意的基础上，通过关键动词和基础生字来指导学生熟读成诵。在本课课文内容的阶段性学习结束后，及时梳理学法，包括文言文这一文体的学法和讲故事需要注意的语文要素，从而进一步感受神话神奇的想象、鲜明的形象和蕴含的精神品质。 学习品质层面：拓展阅读链接"快乐读书吧"，由课内迁移到课外，激发学生学习神话和文言文的兴趣，同时完成背诵，培养学习意志力。

【板书设计】

图4 《精卫填海》板书设计

● 第六部分　作业与拓展学习设计

作业内容
1. 按顺序复述课文给同伴或者家长听。 2. 背诵课文。 3. 拓展阅读《山海经》中奇异怪兽的故事。
设计意图
培养坚毅品质，能够挑战自我，积极进行积累。 激发对神话故事和古诗文学习兴趣与学习动机，让学生热爱古诗文学习。

● 第七部分　学习效果分析

在教学中，要把语文要素渗透到讲故事这一活动中，最终指向本单元习作，因此设计了和本单元教学目标密切相关的评价表，围绕"了解故事的起因、经过、结果，学习把握文章的主要内容"和"感受神话中神奇的想象和鲜明的人物形象"设置标准。

表1　本课评价表

评价标准	星级
能按一定顺序讲故事	☆☆☆
能抓住精卫的性格特点	☆☆☆
能与自己的生活或需求相关联	☆☆☆
想象大胆合理	☆☆☆

为了更好地把握本课学习效果，了解学生的学习兴趣和学习策略情况，课后，我设计了后测问题，分层抽取了四年级12班7名学生参与了访谈后测，通过对后测内容进行分析，发现：

问题：在上完这节课后，你觉得学习文言文有趣吗？

A. 很有趣　　　B. 比之前有趣　　　C. 有些无聊

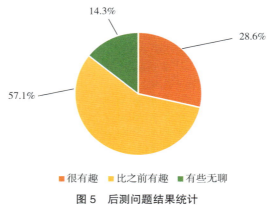

■很有趣　■比之前有趣　■有些无聊

图 5　后测问题结果统计

通过一节课的学习，有 2 名学生认为学习文言文"很有趣"，4 名学生选择"比之前有趣"，数据有所提高，选择"有些无聊"的学生人数减少，也体现出通过一节课的学习，学生对于课文的学习兴趣整体上提升。

同时，通过进一步跟进，绝大多数学生能够解决文意理解和字词问题，把感觉晦涩的古文变成生活中常用的白话文，提升了学习兴趣。通过疏通文义、感受人物形象两个方面落实好了语文要素。在课上进行背诵，不仅提高了效率，而且锻炼了学生的学习意志力，逐渐形成不拖延、不放弃的积极学习状态。

● 第八部分　教学反思与改进

这篇故事寥寥数字，其实理解了词语意思也就明白了大致的故事内容，借助注释，学生能感受到神话故事中精卫鸟的魅力，这才是学习的深层目的。所以，整节课以读代讲；在学生自由读、指名读、教师范读，学生能够读通、读顺之后，引领学生读出适当的停顿和节奏，在读的过程中感受文言文的语言特点，这算走好了文言文教学的第一步。

我结合学古诗的方法总结出课堂学习文言文的三部曲，即读通课文、读懂内容、读出感受。并采用以读代讲的方式，一步步引导学生去悟、去实践。在合作学习中，帮助学生把文言文的学习化难为易。对学生而言，这样不仅提高了学习兴趣，激发了学习动机，还培养了良好的学习习惯，为以后的文言文学习打下基础。

在课堂上，要重视学生的自主性、主动性和创造性的培养，时时刻刻给学生以学习方法的指导，积极创设情境，在"想象精卫遇到的困难"这一环节中，学生积极性非常高，很专注、投入，所以在教学中要多用心设计，尝试让学生自己学、自己发现、自己体验。

另外，在复述文章内容、感受人物形象这两个本单元语文要素的落实上，我通过课后问答与写作的方式对学生进行分析，结果如下。

在复述与表达层面，大部分学生能够借助注释，用自己的语言按顺序复述文章主要内容；其中部分学生能够在复述内容的同时，加入适当的描写；有小部分学生不仅能达到前两个要求，还能抓住精卫的特点进行讲述，达到感受人物形象的预期目标。在表达上，绝大部分学生能用比较简练的语言进行讲述，但是会出现个别要素的丢失遗漏；小部分学生能用简洁而生动的语言复述故事。

背诵方面，班级中除极少数学生外，都能在课堂上完成背诵任务，但是落实到书写上，一些难字如"衔""溺""堙"会出现个别错误。课后，学生对于《山海经》的课外阅读情绪高涨，顺应到后面继续学习神话依旧保持着很高的热情，还在课后与我分享自己的阅读体会。整体上来看，在本课的学习过程中，大部分学生都能够有较高的学习兴趣，并运用策略高效地学习。

《圆明园的毁灭》教学设计

姓名	李雅文		
学科	语文	年级	五年级
教科书版本及章节	部编版教材五年级上册 第四单元		
授课内容	《圆明园的毁灭》		
学习品质	学习动机、学习策略		

● 第一部分 背景分析

一、课标分析

《义务教育语文课程标准（2022年版）》（后文简称"新课标"）对第三学段提出要求：阅读叙事性作品，了解事件梗概，能简单描述自己印象最深的场景、人物、细节，说出自己的喜爱、憎恶、崇敬、向往、同情等感受。阅读诗歌，大体把握诗意，想象诗歌描述的情境，体会作品的情感。受到优秀作品的感染和激励，向往和追求美好的理想。

同时，新课标也要求在课堂上应充分发挥学生的主体作用，激发学生的求知欲，鼓励自主阅读、自由表达，充分激发他们的问题意识和进取精神。

二、学习品质理论依据

学习品质评价体系既关注学习者学习过程中的学习认知、情感和态度，也关注学习动力、学习潜能、学习方法、学习意志力和负担感受等内容，将教育教学重点转向了学习者本身。从长期来看，学习品质指向的是"学会学习""如何学习"，具备积极学习品质的学生会有更积极的学习态度和更高质量的学习效果，因此更重要的是教会学生学习，重视学生在教学中的主体地位，突破传统课堂格局性和结构性的问题，培养学生发展核心素养。强烈的学习动机与正确的学习策略能够帮助学生持续学习，有效学习，提高学习的效率与学习能力。

● 第二部分　教学内容分析

一、课时内容分析

《圆明园的毁灭》是部编版小学语文教材五年级上册的一篇课文，描述了圆明园昔日的辉煌和它惨遭侵略者肆意践踏而毁灭的景象。文章通过写圆明园众星拱月的布局，结合古今中外的建筑以及有着悠久历史的文物，体现了其昔日的辉煌。而对毁灭的过程简单叙述，激发人们不忘国耻，增强振兴中华的责任感和使命感。这种从美到毁强烈的对比更能触动读者的痛心。同时，《圆明园的毁灭》这篇课文为开展朗诵会活动起到了朗读方法扩展作用。

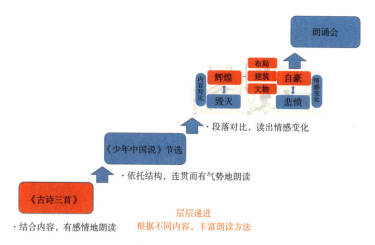

图1　《圆明园的毁灭》朗读说明

二、教学框架图

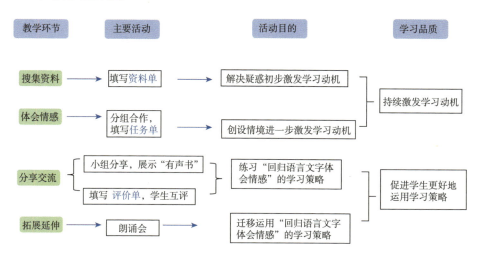

图2　《圆明园的毁灭》教学框架图

● 第三部分　学情分析

一、前测题目与结果

前测题目如下:

1.课文主要表达了怎样的感情?

2. 课文题目是《圆明园的毁灭》，作者为什么用大量的笔墨写昔日的辉煌？

3. 读完课文后，你还有哪些疑问？

4. 通过查阅相关资料，能否解决你的疑问？

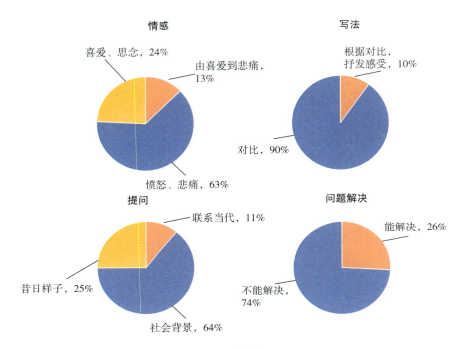

图 3　前测结果

从前测中可以看出：

87% 的学生能够结合课文部分内容体会到对圆明园昔日辉煌的热爱之情，但只有 13% 的学生写出了情感的变化。对情感变化的把握不够准确。

90% 的学生能够感受到课文中对比的手法，但只有 10% 的学生能够结合文本内容得出这种对比给自己带来的感受。

64% 的学生很想了解圆明园被毁灭时的社会背景；25% 的学生想要了解圆明园之前的样貌；11% 的学生能够联系当代，对当前的做法提出疑问。学生存在不同角度的思考，但思考的深度不够。

74% 的学生不能够结合资料解答疑问，只有 26% 的学生能够解决问题。

二、前测结果分析

（一）知识能力水平分析

基于以上数据，本课难点在于针对学生提出的问题，搜集筛选资料，加深对作者写作意图的体会以及对课文内容的理解。

（二）学习品质分析

1.学习动机不足

在前测中，只有13%的学生体会到并写出了课文中蕴含的情感变化。大部分学生对当时是什么样的社会背景存在疑惑，且无法通过查阅资料来解决疑惑。而正是因为课文所写的历史背景与现在相去甚远，大部分同学不理解当时的社会环境，导致学生缺乏学习兴趣，并且学习动机不足，进而无法准确体会课文所表达的情感。

2.学习策略欠缺

只有10%的学生能够结合文本内容来抒发课文中对比的写法带给自己的感受，学生在体会课文情感的过程当中没有回归文本的意识，在结合课文内容谈感受这一学习策略上有所欠缺，进而无法深刻理解课文所表达的情感。

● 第四部分 学习目标和学习重难点

一、学习目标

1.借助资料单，搜集、筛选资料，加深对课文内容的理解。激发学习动机，激活学生动力系统，让学生主动积极思考，对学习产生内在兴趣，产生学习效应。

2.借助任务单，体会情感变化。帮助学生初步学会使用学习策略，完成学习任务。

3.借助评价单，加深体会课文表达的思想感情，读出情感的变化。恰当使用学习策略，完成学习目标。

二、学习重点

借助任务单，体会情感变化。初步把握学习策略，完成学习任务。

三、学习难点

借助评价单，加深体会课文表达的思想感情，读出情感的变化。恰当掌握和使用学习策略，完成学习目标。

● 第五部分　学习活动设计

环节一：回顾方法，布置任务

	教师活动	学生活动	活动意图说明
教学过程	教师活动1 导入 1. 介绍朗诵会，导入《少年中国说（节选）》。 2. 回顾朗读说明书，出示学习任务提示，布置小组学习任务。 学习任务 1. 小组讨论，使用朗读说明书进行标注 2. 小组内尝试按这种标注进行朗读练习 3. 时间5分钟 3. 抽取学习任务单，小组合作完成学习任务，体会朗读特点。	学生活动1 1. 回顾标注朗读说明书方法。 <table><tr><td colspan=2>朗读说明书</td></tr><tr><td>感情基调</td><td>沉痛、自豪、愤怒……</td></tr><tr><td>断句</td><td>/</td></tr><tr><td>重音</td><td>.</td></tr><tr><td>语速</td><td>快/慢/稍慢</td></tr></table> 2. 组长抽取学习任务单，小组合作完成学习任务。 （1）朗读课文，了解不同段落的感情基调，体会重点、停顿、语速。 （2）小组交流，记录员进行标注。 （3）小组合作练习朗读。	知识能力层面：本环节通过创设真实的学习情境，引导学生关注朗诵会的学习任务。在此任务中，回顾朗读时读出真情实感的方法，引导学生回归到语言文字当中，从而表达出自己的真情实感。 学习品质层面：布置具体的学习任务，让学生置身于真实的学习情境当中，从而提升学习动机。通过任务单引导学生主动学习，发现问题，寻找适当策略解决问题。

环节二：小组展示，指导朗读

	教师活动	学生活动	活动意图说明
教学过程	教师活动2 第三自然段 1. 组织汇报第三自然段： （1）选择一组，将学习单投影。 （2）组织小组按照感情基调、标注进行朗读。 （3）组织其他组进行评价、建议。 （4）结合建议，再次朗读。	学生活动2 汇报第三自然段： 体现激发学习动机 小组同学按照感情基调、标注进行朗读。 其他小组结合评价单，对汇报小组的朗读进行评价，并提出朗读建议。 汇报小组结合朗读建议，再次朗读。	知识能力层面：本环节通过小组合作制作"有声书"活动，引导学生通过合作朗读自主学习，想象画面朗读，运用朗读技巧，

续表

	教师活动	学生活动	活动意图说明
教学过程	2.表达了自豪的情感，为什么？ （1）结合文本内容，批注表达感受。 （2）结合对举写法，学习"有……还有……"的句式，体会建筑之多样。 （3）结合资料，体会建筑之丰富与建筑之宏伟。 出示圆明园的3D复原图，感受建筑之辉煌。 用一句话概括自己看视频后的所见所感。 3.那就让我们一起读出圆明园昔日辉煌的场景吧。（男女生合作朗读） 第四自然段 欣赏完圆明园昔日的建筑，我们再来看一看圆明园内收藏的历史悠久的文物。 1.组织汇报第四自然段： （1）选择一组，将学习单投影。 （2）组织小组按照感情基调、标注进行朗读。 （3）组织其他组进行评价、建议。 （4）结合建议，再次朗读。 2.为什么"最珍贵"要标成重音，"最珍贵"与"珍贵"到底有什么不同？ 出示文物图片，感受文物的艺术价值。 出示从秦到清的时间轴，感受文物的悠久历史。 3.结合课前查阅资料，介绍自己查到的圆明园文物。 4.出示文物组图，感受圆明园又是当时世界上最大的博物馆、艺术馆，带着你的感受，再读这段文字，读出历史的绵长与自豪之情。 第五自然段 然而就是这样一座有着千年悠久历史文物的圆明园在1860年10月被付之一炬！	体现运用学习策略 画批词句，抒发感受，体会建筑之辉煌。 介绍课文之外的圆明园昔日的建筑，感受建筑之丰富。 体现学科教学目标，培养学生情感表达 学生交流自己的感受。 体现学习策略（情感表达训练） 男女生合作朗读，用朗读的方式呈现昔日建筑之辉煌。 汇报第四自然段： 体现激发学习动机 小组同学按照感情基调、标注进行朗读。 其他小组结合评价单，对汇报小组的朗读进行评价、提出朗读建议。 汇报小组结合朗读建议，再次朗读。 体现教师学习储备，迁移到学生学习动机、学习兴趣、学习策略 补充文物资料，介绍圆明园中的文物。结合查阅的资料，感受圆明园中文物历史悠久，感受历史价值。 学生根据自己的资料呈现拓展学习内容。 小组齐读，读出自豪之情。	读出词与词之间的变化，读出句与句之间的变化，读出段与段之间的情感变化，感受昔日圆明园的辉煌，铭记屈辱历史，感受辉煌与毁灭的巨大变化，体会自豪与悲愤的情感变化。

续表

	教师活动	学生活动	活动意图说明
教学过程	1. 组织汇报第五自然段： （1）选择一组，将学习单投影。 （2）组织小组按照感情基调、标注进行朗读。 （3）组织其他组进行评价、建议。 （4）结合建议，再次朗读。 2. 这一段内容的感情基调与前两段截然不同，这是为什么？ 3. 请你读课文，根据资料概括地说一说圆明园被毁灭的经过，带着情感读一读，边读边体会并表达出自己的情感，并用1～2个词来概括自己的情感。 4."凡是、统统、实在、任意"这几个词语能删掉吗？ 5. 如果你还想欣赏圆明园收藏的珍贵的历史文物，可以到大英博物馆、伦敦维多利亚艾伯博物馆、法国军事博物馆、法国巴黎国家图书馆，你有什么感受？ 5. 出示视频资源，再现屈辱历史。 6. 结合文字以及这段视频，还有手里的资料，你现在又是怎样的感受呢？同学们，我们带着此时的感受，再一齐朗读，读出你的愤怒、悲哀、失望。	汇报第五自然段： 学习策略 选中的小组同学按照感情基调、标注进行朗读。 其他小组结合评价单，对汇报小组的朗读进行评价、提出朗读建议。 汇报小组结合朗读建议，再次朗读。 这一段讲的是圆明园被毁灭的经过。 根据"掠、搬、毁、烧"，概括经过，表达情感。 不能，因为这些词语进一步使读者感受到了侵略者的残暴。 交流感受，令人耻辱。 对英法联军，是愤怒的，而对清政府呢，哀其不幸，怒其不争。 齐读第五自然段。	学习品质层面： 本环节学生通过完成任务，小组展示朗读，其他小组进行评价等方式，来引导学生初步掌握并练习"通过朗读来表达情感"的学习策略。这一过程中学生反复关注到了语言文字，同时提炼出在朗读中感悟的学习策略，运用这样的策略能够更好、更深入体会课文的情感变化与作者的写作意图。

环节三：重温历史，展望未来

	教师活动	学生活动	活动意图说明
教学过程	教师活动3 1. 感悟文章情感，体会文章写法。 （1）读全文找到相关段落进行对比，作者的爱憎情感分别体现在哪两个部分？ （2）用什么方法能够读出情感？ （3）这篇课文题目是《圆明园的毁灭》，只写第五自然段就可以了，那为什么却用3个自然段来写曾经的辉煌呢？	学生活动3 段落1～4赞美辉煌，段落5痛恨惋惜。 联系资料，联系课文内容； 联系文中或者资料中事件；	知识能力层面： 本单元的人文主题为"爱国情怀"，不仅要体会到对圆明园毁灭的可惜，对侵略者的愤恨，还要认识到根本原因"落后就要挨打"，祖国强大了，人民的生活才会幸福。而作为中国少年，则要肩负起使国家前进发展的使命，再回读《少年中国说》，强化学生的责任意识，同时深化人文主题：爱国情怀。

续表

	教师活动	学生活动	活动意图说明
教学过程	2.重温历史背景，展望未来。 （1）出示圆明园昔日与现在对比图。 提问：清朝曾经也有强大的时期，为什么却被欧洲各国掠夺一空？ （2）作为中国人，如何避免这种悲剧的发生？ （3）作为新时代的少年，你们的身上也有一种责任，那就是让咱们的国家富强，永远不让这种悲剧重演。咱们现在就用这首《少年中国说》来结束今天这节课。 3.总结，回归单元学习任务： 这篇课文我们就学完了，同学们也可以选择《圆明园的毁灭》这篇课文作为自己本单元朗诵会的朗诵材料，期待你们到时候的精彩表现。	联系生活，通过电影、书籍、参观等所见所闻体会爱憎情感。 感悟写法：越辉煌，越能感受到惋惜之情。 感悟历史背景：清政府的腐败，落后无能。 自强 齐读《少年中国说》节选	学习品质层面： 本环节回顾了本课时学习到的如何通过朗读表达情感的学习策略，总结策略，升华情感。同时引向单元学习任务朗诵会，学生可以以同样的方式来准备朗诵会的展示。课中学习并掌握学习策略，课后对该学习策略进行迁移运用。

【板书设计】

图4 《圆明园的毁灭》板书设计

● 第六部分 作业与拓展学习设计

运用今天学到的朗读策略，继续练习读《圆明园的毁灭》，读给家长听。完成《圆明园的毁灭》"朗读者"评价表。

评分标准	成绩	总成绩
1.吐字清晰，正确流利地朗读。（3分）		
2.准确把握感情基调，有感情地朗读。（3分）		
3.能够通过停顿、轻重音、语速、语调的变化，读出情感变化。（4分）		

● 第七部分　学习效果分析

　　课后收集学生的朗读音频以及自评、互评、师评赋分的数据，分析表明：大部分学生能够结合文本通过朗读表达情感的变化，因此本课所使用的教学策略有了一定的成效，学生在拥有学习兴趣与学习动机的基础上掌握了相应的学习策略，学习品质有所提升。

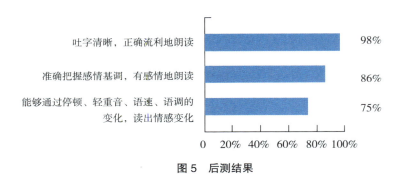

图5　后测结果

● 第八部分　教学反思与改进

　　教学内容来源于学生，所以更应关注学生。我通过梳理学生在前测单中存在的问题，确定了本课教学的重点与难点。另外，教师在教学过程中更应关注学生的学习品质，资料单的使用是为了激发学生的学习动机；任务单的完成则是帮助学生在理解文章情感时，运用正确的学习策略；评价单的使用帮助学生能够在今后的学习中迁移、运用这种策略。

　　而本课依然有所不足，比如，资料单的设计还不够细致，可以由教师先出示一部分与课文内容相关的学习资料，然后再根据学生的需求与疑惑设计相关的问题，其中既包括固定的资料，也包括开放性的资料，这样就能够提供更有效的支架，更能激发学生的学习兴趣。另外，在小组展示朗读作品的过程中，不能发现个人朗读中的问题，我的教学策略指导缺乏一定程度的针对性，需要在课后进行及时指导与帮助。

◇附录1《圆明园的毁灭》资料学习单

《圆明园的毁灭》资料学习单

姓名 _____

1. 圆明园被烧毁的历史背景是什么？请你简单叙述。

_____

_____

2. 圆明园昔日的建筑有哪些？具体介绍 1～2 个。

_____

_____

3. 圆明园昔日的文物有哪些？具体介绍 1～2 个。

_____

_____

4. 如今收藏在国外的圆明园的文物有哪些？具体介绍 1～2 个。

_____

_____

5. 从秦到清，一共有多少年的历史？

_____

_____

◇附录2《圆明园的毁灭》任务学习单（节选第三段）

《圆明园的毁灭》学习单

朗读说明书	
感情基调	沉痛、自豪、愤怒……
断句	/
重音	·
语速	快 / 慢 / 稍慢

　　圆明园中，有金碧辉煌的殿堂，也有玲珑剔透的亭台楼阁；有象征着热闹街市的"买卖街"，也有象征着田园风光的山乡村野。园中许多景物都是仿照各地名胜建造

的，比如，海宁的安澜园，苏州的狮子林，杭州西湖的平湖秋月；还有很多景物是根据古代诗人的诗情画意建造的，如蓬岛瑶台、武陵春色。园中不仅有民族建筑，还有西洋景观。漫步园内，有如漫游在天南海北，饱览着中外风景名胜；流连其间，仿佛置身在幻想的境界里。

《需要多少钱》教学设计

姓名	王晴		
学科	数学	年级	三年级
教科书版本及章节	北师大版教材三年级上册 第四单元		
授课内容	《需要多少钱》		
学习品质	学习兴趣、学习策略		

● 第一部分 背景分析

一、课标分析

本单元属于数与代数领域中的数与运算主题。关于这一主题，《义务教育数学课程标准（2022年版）》（后简称《课标（2022版）》）指出："学生经历由数量到数的形成过程，理解和掌握数的概念；经历算理和算法的探索过程，理解算理，掌握算法。初步体会数是对数量的抽象，感悟数的概念本质上的一致性，形成数感和符号意识；感悟数的运算以及运算之间的关系，体会数的运算本质上的一致性，形成运算能力和推理意识。"

本单元主要学习口算乘除法，进一步运用乘除法的知识解决实际问题，同时为学习笔算乘除法打基础。本单元共四课时，乘法、除法各两课时，前两课时是整数乘法的学习，后两课时是整数除法的学习。两部分内容呈现的方式和思路基本一致，都是先呈现一般常见的计算方法，然后有意识地以介绍的方式呈现利于学生理解算理的新的计算方法，鼓励学生借助直观模型表达自己的算法，以此逐步发展学生独立思考的能力和敢于创新的意识。

本单元是整个整数乘法学习过程中的第二次学习，是在学生掌握了乘法口诀后与两位数乘法前的过渡阶段，学生需要借助直观模型探索多位数乘一位数乘法的计算方法，理解算理，初步感受位值思想。在本单元的学习过程中，学生的认知开始由直观逐步向抽象转化，是学生思维能力提升的起点。同时，学生也要学会选择合理的工具与策略解决问题。

二、学习品质理论依据

《课标（2022 版）》中指出：通过义务教育阶段的数学学习，学生能对数学具有好奇心和求知欲，了解数学的价值，欣赏数学美，提高学习数学的兴趣，建立学好数学的信心，养成良好的学习习惯，形成质疑问难、自我反思和勇于探索的科学精神。

《聪明教学 7 原理》提出了"学生的已有知识会促进或阻碍其学习"的原理。教师要通过"将新的学习材料与从先前课程中习得的知识和本节课已习得的知识清晰地联系起来""使用与学生的日常知识联系的类比和实例""要求学生基于已有相关知识进行推论"等策略让学生的已有知识支持新知识的学习。

在整个整数乘法的学习过程中，学生使用的工具依次是生活中的实物、点子图、表格、面积模型、算式、竖式等。基于相应的学习策略，学生会借助上述工具对新问题进行转化和探究，也会逐渐丰富解决问题的策略。同时，学生的思维能力一直在螺旋式上升，由直观逐步转化为抽象，从而发展数学思维。

因此，在本单元的学习中，借助合科学、合理的教学策略培养学生的学习兴趣和学习策略是至关重要的，不仅为后续的整数乘法的学习做铺垫，也为培养学生良好的学习品质打下坚实基础。

● 第二部分　教学内容分析

本节学习内容是两位数乘一位数的口算，是在学生掌握整十、整百、整千数乘一位数口算方法的基础上进行学习的。本节内容教材创设了小朋友们到沙滩商店购物的情境，并设置了三个问题。第一个问题呈现了两种计算方法，引导学生体会乘法意义，进一步理解加法与乘法之间的关系；通过分别呈现买三个泳圈要付的钱，带领学生初步感受乘法的算理，渗透了乘法运算中的位值思想。第二个问题呈现了利用点子图和表格进行乘法运算，使学生体会计算方法的多样化，再次渗透了乘法的算理和位值原则。第三个问题让学生选择自己喜欢的计算方法进行计算，借助点子图呈现的多种算法让学生体验算法的多样化和创造性。

通过对本节教材内容的分析，可以看出商店购物的情境为人民币模型的出现做了铺垫，是学生理解乘法算理的第一步。呈现淘气和笑笑的计算方法为学生提供了新的直观模型，让学生经历把整体"分块"求积，再求这些积的总和的过程，进一步理解算理。基于上述两个环节的活动经验积累，学生对乘法的算理有了一定的理解，可以自行选择喜欢的计算方法。通过与他人交流多种算法，加强对算理的理解和掌握。通过三个环节的学习，学生经历探索、交流、理解多种算法的过程，体会算法的多样化，理解和感悟乘法算理与位值思想，为今后的运算学习积累策略经验，提升学习品质。

三、教学框架图

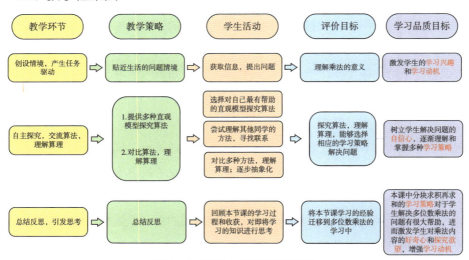

图 1 《需要多少钱》教学框架图

● 第三部分　学情分析

一、知识能力水平

本课是学生第一次借助点子图进行计算。为了了解学生否具备借助点子图分析算理的能力，我对本班 34 名学生进行了调研。

调研对象：农科院附小三（21）班 34 名学生

调研方式：问卷

调研目的：了解学生基于直观模型点子图的计算能力水平。

调研方式：问卷

调研目的：了解学生基于直观模型点子图的计算能力水平。

1. 圈一圈，算一算，用你学过的知识计算 12×4

图 2　前测单（部分）

通过表 1 的分析可以知道，61.8% 的学生能够正确解读点子图中的信息，并借助点子图正确解释计算方法，求出算式的得数。其中，26.5% 的学生通过乘法意义用加法计算，在点子图中圈出 4 个 12 或 12 个 4；35.3% 的学生有分块计算的意识，圈出 10 个 4 和 2 个 4、4 个 8 和 4 个 4 等。

表 1　问题一测试结果

具体表现	人数	百分率		具体表现	人数	百分率
未使用点子图计算	13	38.2	水平一	结果错误	5	14.7
			水平二	结果正确（没有计算过程）	8	23.5
使用点子图计算	21	61.8	水平三	借助乘法意义，用加法算乘法	9	26.5
			水平四	随意分块求积再求和（把 12 拆成 8 和 4、6 和 6、3 和 9）	9	26.5
			水平五	按位值分块求积再求和（把 12 拆成 10 和 2）	3	8.8

由此可以看出，大部分学生具备借助点子图进行计算的能力，具有分块意识的学生只占全班总数的 35.3%。有 13 人没有借助点子图解释算法，其中有 5 人不会计算。所以在教学中要充分利用学生对乘法意义的理解，引导学生借助点子图理解分块求积再求和的方法。

二、学习品质

从学习兴趣上看，大部分学生都能够想办法计算两位数乘一位数，说明学生能够将新问题与已有知识、实际生活经验建立联系，尝试去解决新问题。但有 14.7% 的学生遇到了困难，不能借助点子图寻求计算方法，得出正确答案。对于这部分学生来说，他们需要较为熟悉、直观的工具突破难点，建立学习新知识的自信心，从"我不会"到"我可以"，逐步激发自身的学习兴趣。

从学习策略上看，38.2%的学生只是机械性地进行计算，不理解计算的方法和道理，61.8%的学生能够借助点子图使自己的思考过程外显。这说明，教师需要在学习活动中引导学生在"会算"的基础上理解他人的方法，并且能够在后续的学习中自主地选择工具和方法，丰富解决问题的策略，积累学习经验。

因此，教师在教学过程中要注重学生学习兴趣和学习策略的培养，借助合理的策略提升学生的学习品质。

● 第四部分　学习目标和学习重难点

一、学习目标

1. 结合具体情境，理解两位数乘一位数的乘法意义，探索并掌握口算方法。

2. 通过借助直观模型探索和交流多种计算方法，体会算法的多样性，初步理解、掌握乘法口算算理。

3. 能用乘法知识解决简单的实际问题，进一步加深对乘法口算算理的理解和掌握，感受数学与生活的密切联系。

4. 能够丰富学习策略，结合具体问题选择、运用学习策略。

二、学习重点

结合具体情境，借助直观模型探索两位数乘一位数的多种计算方法，理解乘法口算算理。

三、学习难点

借助直观模型探索、交流多种计算方法，理解乘法口算算理，运用学习策略的能力。

● 第五部分　学习活动设计

环节一：创设情境，产生任务驱动

	教师活动	学生活动	活动意图说明
教学过程	教师活动 1 1.学校要为跳绳比赛获奖的同学准备奖品，你能发现哪些数学信息？ 2.现在想给一个项目的前三名都买油画棒，买 3 盒油画棒需要多少钱呢？怎么列算式？和这位同学想法一样的举手。（观察学生们的想法）	学生活动 1 我发现一盒油画棒 12 元、一盒彩铅 18 元、一箱超轻黏土 25 元。 12×3＝ 一盒油画棒 12 元，需要买 3 个，也就是 3 个 12 相加，所以是 12×3。 学生读活动内容	知识能力层面： 引入贴近生活的情境，锻炼学生获取数学信息的能力。通过交流算式的意义，学生再次感受乘法的意义，体会数学与生活的密切联系。鼓励学生借助多种直观模型探究算法，为学生理解抽象的乘法算理做铺垫。
教学过程	3.大家都这么想的呀！那这个算式是什么意思呢？ 4.你解释得很到位，能够用乘法算式解决实际问题了！那 12×3 等于多少呢？（观察学生举手情况）大家别着急，我们通过一个小活动来探究一下可以怎样计算 12×3。谁来帮大家读一下在这个活动里我们要做什么呢？ 5.可以帮助我们计算的学具都有哪些呢？（ppt 演示） 6.现在大家明确要做什么了吗？那就拿出学习单开始吧！ （教师巡视，让学生把不同的想法画在学习单上）	活动一： 1.画一画、圈一圈。借助你喜欢的学具进行计算 2.记录。你的每一步计算过程用算式记录下来 3.讨论。写完之后，想一想你怎么向大家讲解你的想法 有小棒、数线图、点子图，还有我国的人民币。 	学习品质层面： 1.创设情境，提高学生学习兴趣。创设与学生实际生活相关的情境，促使学生在他们熟悉的情境中开始成熟的思考和有效的学习。 2.提供多种工具，突破难点，丰富策略。学生根据自己的情况选择相应的工具解决问题，在突破难点之后，结合其他工具发散思维进行再探索，丰富解决问题的策略。

环节二：自主探究并交流算法，体会乘法算理

教师活动	学生活动	活动意图说明
教学过程	教师活动 2 1. 老师发现同学们都用了很多方法计算 12×3 的结果，现在和你的同桌说一说你是怎么计算的吧。 2. 有一位同学是这样算的，现在请这位同学讲解一下。 （1）追问：他（她）是用什么运算计算出得数的？ （2）引导学生说出加法算式与乘法算式之间的关系。 评价：大家能够借助加法计算出乘法算式的得数，说明你们对乘法的意义理解得很透彻！ 3. 这里还有三位同学的方法（把学生的三种方法贴到黑板上），你能看懂几种方法？快和你的同桌说一说你是怎么理解的吧。 （1）追问：12×3 中的 12 去哪儿了？ （2）引导学生说出通过把 12 拆成 10 和 2，将两位数乘一位数转化为整十数乘一位数与表内乘法，通过已有知识得出两个乘法算式的积，再求和就是 12×3 的得数。 （3）追问：这三种方法有什么共同点？（板书：拆、合） （4）追问：为什么把 12 拆成 10 和 2？ 4. 有一个表格可以记录这三种方法的计算过程，你能看懂吗？ （引导学生结合三种直观模型解释表格中每个数的意义）	学生活动 2 学生同桌交流 使用策略，解决问题。 学生方法 1： 学生讨论 学生方法 2： 学生方法 3： 学生方法 4： 这三种方法都是把 12 拆成 10 和 2，计算 10×3 和 2×3，再把两个算式的积合起来。	知识能力层面： 学生经历独立探究、讨论、展示、交流的过程，体会算理和算法的多样性。对比多种拆分方法，引导学生体会把"12"拆成整十数和一位数计算最方便，从而带领学生体会乘法运算中的位值思想。

续表

教师活动	学生活动	活动意图说明
教学过程	5. 有这么多同学都把 12 拆成了 10 和 2，很棒！还有一个同学特别有想法，一起来看看，你能看懂吗？ 谁能把这种方法在表格上表示出来？ 6. 我们可以把 12 拆成 10 和 2，也可以拆成 6 和 6，还有其他的拆分方法吗？ 追问：你们更喜欢哪种拆分方法？ 引导学生发现把 12 拆成整十数和一位数计算起来最方便。	10×3 和 2×3 是我们学过的知识，可以很容易得出结果。同时，把两个算式的和相加时，是 30+6，很好计算。 学生方法 5： 学生在表格中记录这种方法。 还可以把 12 拆成 3 和 9、4 和 8、5 和 7。	学习品质层面： 学生理解、选择和运用学习策略。学生借助多种工具将已有知识和新问题建立联系，突破了难点。寻找多种计算方法的联系和不同，提升学生的思维能力。在交流算法的过程中，学生体会到了计算方法的多样性，并且能够在后续的学习中自主选择学习策略。

环节三：回顾课堂，总结收获，引发思考

教师活动	学生活动	活动意图说明
教学过程	教师活动 3 同学们，通过本节课的学习，我们学会了用拆分的方法把两位数乘一位数的乘法转化为整十数乘一位数和表内乘法，你还想借助这个方法研究什么呢？ 那就让我们带着这节课的收获在今后的学习中继续研究乘法运算的奥秘吧！	学生活动 3 预设： 研究两位数乘两位数的计算方法； 研究怎么用竖式计算两位数乘一位数的乘法； 研究三位数乘一位数的计算方法。	知识能力层面： 引发学生的思考，激发学生对学习乘法运算的好奇心和兴趣，为后续学习乘法运算做铺垫。 学习品质层面： 培养学生独立思考、自主选择策略解决问题的能力。在课后引发学生思考，激发学生的学习兴趣和探索意识。同时，促使学生将本节课习得的新知识与后续的知识建立联系，继而提升学生的思维能力。

【板书设计】

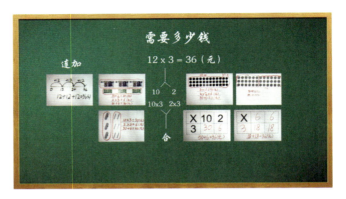

图3 《需要多少钱》板书设计

● 第六部分 作业与拓展学习设计

选择你喜欢的方法进行计算 18 × 4（下面两种学具选用）

×		

● 第七部分 学习效果分析

通过本节课的三个活动——自主探究计算方法、交流算法、总结收获，学生能够理解两位数乘一位数的意义，明确算理，掌握计算方法。课后，教师对三年级34名学生的学习效果进行了后测。

后测题目：用你自己喜欢的方法计算 18 × 4，方法越多越好。

通过分析（表2），我们发现水平一、水平三的学生人数明显下降，水平二的学生百分率降至0，水平四、水平五运用分块求积再求和的方法的学生人数明显上升。

表2 后测题目结果分析

具体表现		人数（课前）	百分率（课前）	人数（课后）	百分率（课后）
水平一	结果错误，但方法正确	5	14.7	1	2.9
水平二	结果正确（没有计算过程）	8	23.5	0	0.0
水平三	结果正确，借助乘法意义，用加法算乘法	9	26.5	2	5.9

续表

	具体表现	人数（课前）	百分率（课前）	人数（课后）	百分率（课后）
水平四	结果正确，随意分块求积再求和（把18拆成9和9、6×3）	9	26.5	11	32.4
水平五	结果正确，按位值分块求积再求和（把18拆成10和8）	3	8.8	20	58.8

后测结果显示，学生已经能够借助各种工具探究两位数乘一位数计算方法。点子图这个脚手架为学生理解算理、探究算法提供了有力的支撑。计算错误的1人采用了分块求积再求和的方法进行计算，但因为对乘法口诀掌握的熟练度不够出现计算错误；仍有2人用加法进行计算；在后续的教学中需要对这3名学生进一步关注。

同时，教师对三年级78名学生的学习品质进行了调研（表3）。调研结果显示，教师提供的多种直观模型为学生突破难点、探究学习提供了有效的帮助，不仅为学生树立了克服困难的自信心，也激发了学生继续探索的好奇心和学习兴趣。

表3　学习策略、兴趣问卷分析

问题	选项	人数	百分率
1.本节课的工具能帮助你正确计算吗？	很有帮助	70	89.7
	一般	8	10.3
	没有帮助	0	0
2.结合点子图，你能理解并运用"先拆数求积再求和"的计算方法吗？	能够理解并运用	75	96.2
	能够理解但不会这样计算	3	3.8
	不理解	0	0
3.你有信心探索两位数乘两位数的计算方法吗？	非常有信心	72	92.3
	可以试一试	6	7.7
	太难了，需要帮助	0	0

在交流过程中，教师引导学生将使用不同工具的方法、使用相同工具的不同方法进行对比，让学生充分地理解计算道理，体会算法多样性。通过本节课的学习，学生经历了独自探索、交流理解、掌握运用的过程，最终能够将算理算法真正内化，在后续的学习中自主地选择学习策略解决问题。

学习策略的提升，直接作用于学科知识的学习。通过本次课程，发展了学生的思维，提高了学生自主探究和解决问题的能力。在学生的学习中加强评价、使用学习单等工具，有效地促进了学生学习的积极性和主动性。

● 第八部分　教学反思与改进

一、创设真实情境，激发学生学习兴趣

本课教材的情境是三个小朋友到海边的商店买东西，结合学生具体情况，去海边玩这个情境对于大部分学生来说会有距离感。学校秋季的跳绳比赛即将到来，抓住此次活动契机，创设为跳绳比赛获奖同学准备奖品的情境，更能拉近学生与数学之间的距离，激发他们的学习兴趣。

二、借助多种直观模型，帮助学生逐步理解抽象算理

本课为学生提供了多种直观模型，例如：数线图、人民币、小棒、点子图等等。展示交流借助直观模型进行计算的方法后，引入较为抽象的表格，鼓励学生结合直观模型的方法探究表格中每个数的意义，从而帮助学生理解算理。

三、对比多种计算方法，引导学生寻找通法，渗透位值思想

本课通过展示多种拆分乘数"12"的方法，引导学生回顾计算过程，寻找自己喜欢的拆分方法。通过对每一步计算的对比，学生发现把12拆成10和2的方法比其他方法要方便好算，进而引导学生体会口算乘法与位值之间的关系。

《四季之美》教学设计

姓名	郭枫		
学科	语文	年级	五年级
教科书版本及章节	部编版教材五年级上册 第七单元		
课题	《四季之美》		
学习品质	学习情感、学习策略		

● 第一部分 背景分析

一、课标分析

2022 版《义务教育语文课程标准》中对第三学段的阅读与鉴赏提出了这样的要求："在阅读中了解文章的表达顺序，体会作者的思想感情，初步领悟文章的基本表达方法。在交流和讨论中，敢于提出想法，作出自己的判断。"本篇课文要求学生感受"四时情趣"的不同，学习运用时间顺序描写事物；体会想象的妙用，并能学以致用。

二、学习品质理论依据

马里奥·希森将儿童的学习品质分为"对学习的热情"和"学习中的投入"两个维度，"对学习的热情"概括的是态度层面，即对学习的内在动机与积极情感；"学习中的投入"概括的是行为层面，即对学习的良好行为倾向与学习习惯。

本课的教学设计便是从这两个维度来设计并考量的。从态度这一维度来看，一方面，由于本单元人文主题的特殊性，容易引起学生的共鸣和思考，应当点燃学生对学习的热情，激发其学习的主动性与好奇心；另一方面，创设一些具体可感的画面或者情境，也可以增强学生的代入感，让学生具有学习与挑战的欲望。从行为这一维度来看，本单元不仅重在培养学生朗读、做批注的能力，还通过一些问题的设计，引导学生在遇到问题时，不怕困难、不断尝试，真正专注于问题解决的探究过程，从而提升学生的学习品质。

● 第二部分 教学内容分析

一、课时内容分析

《四季之美》这篇课文选自日本平安时代中期女作家清少纳言的作品《枕草子》。《四季之美》是一篇以时间为序的写景散文，全文分四个自然段（春、夏、秋、冬各为一段），共计三百余字，篇幅简短，结构简单。在每段的开头，作者开门见山点明季节中最美的时刻，在后面的语句中，作者就抓住这一时刻最美的景物进行描述。寥寥数笔，用优美的文字描写了四季的典型事物，通过对事物微妙的感觉，敏锐地捕捉到一年四季各自的特色和情趣，读来饶有趣味。这也印证了"生活中不是缺少美，而是缺少发现的眼睛"。善于观察，才有所感。在清少纳言的眼里，四季之美在四时：春天的黎明，鱼肚色的天空与红紫云彩交融；夏天的夜晚，萤火虫着实迷人；秋天的黄昏，点点归鸦、比翼联飞的雁群，传递着回家的温暖；冬天的早晨，火盆是和谐的保障。在字里行间表现了作者细腻而真挚的情感，溢于言表，让我们深深感受到清少纳言对自然、对生命、对生活的热爱！

二、教学框架图

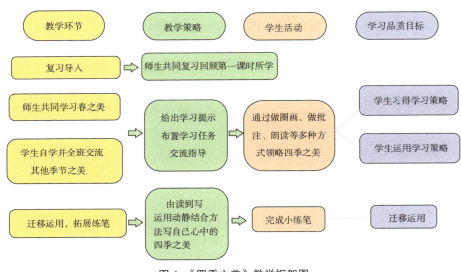

图 1 《四季之美》教学框架图

● 第三部分 学情分析

在上课前我对学生的学习情况进行了前测，调查发现学生对这篇课文的学习具有浓厚的学习兴趣。数据表明，98% 的同学第 1、2 题都能做对。可见本文内容浅显易懂，学生能轻松、准确地在快速阅读中理解全文大意及每段的主要内容。

《四季之美》前测

姓名_____

1. 读完课文《四季之美》之后，你知道它是按照_____的顺序写的。

2. 在作者眼里，四个季节中各自最美的景色分别是什么？

春天最美是_____

夏天最美是_____

秋天最美是_____

冬天最美是_____

3. 作者说，春天最美的景色是黎明。

作者在描写春天的黎明时，重点写了哪个景物？_____

这个景物又有什么特点？_____

你能体会到这样的美吗？作者是通过什么样的手法来表现黎明的美呢？

_____

同样，作者在描写夏天、秋天、冬天最美的景色时都有重点描写某个景物，你能都找出来吗？它们分别又有什么样的特点呢？

_____

_____

_____

4. 在你的生活体验中有看到过如此美的黎明或夜晚吗？你当时是一个什么样的体会？试着写下你当时的感受。

_____

图 2　《四季之美》前测单

　　从第 3 题的准确度上来看，90% 的同学能找到作者重点描写黎明的天空，可见大部分学生都能找到关键词句，但是在分析景物有什么样的特点这道题中，只有 52% 的同学能进行简单分析，说明学生抓住关键词句体会情感方面还存在很大欠缺，需要教师在课堂加以重点关注；在体会情感方面，学生并没有借助动态描写进行体会，所以这部分也要做重点讲述。

　　通过以上分析，我将本节课的教学重点放在"借助关键词，联系上下文，初步体会景物的动态描写"上，通过分析动态描写的写法，让学生迁移运用到自己的习作中，为本单元的习作打下基础。

● 第四部分 学习目标和学习重难点

一、学习目标

1. 认识"旷、怡"等 5 个生字，会写"黎、晕"等 9 个字，会写"黎明、红晕"等 13 个词语。

2. 有感情地朗读课文，背诵课文。

3. 能借助关键语句，联系上下文，初步体会景物的动态描写。

二、学习重点

能借助关键语句，联系上下文（策略），初步体会景物的动态描写（情感）。

三、学习难点

1. 能借助关键语句，联系上下文（策略），初步体会景物的动态描写（情感）。

2. 迁移写法，运用于习作中。

● 第五部分 学习活动设计

环节一：复习导入

	教师活动	学生活动	活动意图说明
教学过程	教师活动 1 复习导入 同学们早上好，今天我们继续学习日本作家清少纳言的散文《四季之美》，一起品读作者笔下四季之美的独特韵味。 请大家快速浏览这篇文章，回顾上节课所学内容，本文是按照什么样的顺序写的？在作者眼里，四季最美的景色分别是什么？ 板书（春天黎明，夏天夜晚，秋天黄昏，冬天早晨）	学生活动 1 复习导入 回顾课文主要内容： 文章按照四季的顺序，分别写了在作者眼里四季最美的景色：春天最美是黎明，夏天最美是夜晚，秋天最美是黄昏，冬天最美是早晨。	知识能力层面："温故知新"复习上节课所学知识，也是为了清晰本课的学习任务。 学习品质层面：无

环节二：精读课文，师生共同学习春之美

	教师活动	学生活动	活动意图说明
教学过程	教师活动2 （一）学习春之美 这节课，让我们随着作者独特的视角，细细品味四季之美，一起先把课文朗读一遍吧。 1.伴着旭日东升，我们先来走进春天的黎明。 请大家结合学习提示，仔细阅读第一自然段，思考：作者在描写春天的黎明时，重点描写了哪个景物，这个景物又有什么特点呢？请你全画出来，在空白处做标记。（出示自学提示） 哪位同学愿意回答一下这些问题呢？ 嗯，你找得真准确，那你能读出这些颜色的变化吗？（随机指读） 这些颜色是一下子出现在作者眼前的吗？你从哪里感受到的？ 是的，作者就是通过这些动词和叠词的使用，写出了天空颜色变化的视觉之美。（板书：视觉之美） 现在请带着你们的感受再来读一读春之美吧。 2.拓展：孩子们，你们欣赏过黎明吗？能说一说你见过的黎明吗？在我们的生命中，也曾见过美好的景物，但是作者清少纳言不一样，她爱着每一个黎明，她爱着黎明中天空变化的色彩，让我们再次和作者一起感受一下春天黎明的美丽。为什么她的感受不一样？（学习情感） （二）总结方法，引导学生自己探索其他季节的美。 同学们，刚才我们通过读、画、批、说的方法学习了课文的第一部分，感受到了作者用自己独特的视角描写了春天黎明之美。（教师将策略迁移到学生学习上）	学生活动2 学习春之美 1.朗读课文《四季之美》 2.学生做标记 （1）春天黎明的天空 （2）颜色很多，"鱼肚色""红晕""红紫"逐渐变化 3.学习策略 生：不是。我从"泛着""染上""飘着"感受到颜色是逐渐变化的。 生：我从"一点点""微微地"也感受到天空的颜色是在逐渐变化的。 自读—指读—齐读	知识能力层面： 通过老师"教"的环节，教给学生分析文章时要通过反复朗读、画线、做批注、说感受的方法来领略春季之美。（学生把握和提升运用学习策略能力） 学习品质层面：学习策略的积累、掌握和提升。 学习目标的最终实现是要让学生掌握正确的学习策略，其中认知策略包括复述策略、精加工策略以及组织策略。学生在老师的带领下能够对春天的黎明之美进行精加工，找出黎明颜色的变化，再通过组织策略一点点批阅、感受进而达到对作者笔下春天黎明之美的认可。

环节三：学生自己探索其他季节的美

	教师活动	学生活动	活动意图说明
教学过程	教师活动3 布置学习任务 1.出示学习提示： ①作者笔下的夏夜分为几种，分别是什么？作者对这几种夏夜的喜爱程度一样吗？你从哪里看出来的？	学生活动3	知识能力层面： 从整个教学环节的设计来说，环节二是"教"的环节，环节三则是"放"的环节。学生运用抓关键词、捕捉反复出现的词句、联系生活经验等方法，展开小组合作，调动学生学习的积极性。在学生进行语文实践的过程中，能够切实运用这些"工具"体会作者的情感，或者表达自身的独特感受。

续表

	教师活动	学生活动	活动意图说明
教学过程	②作者在描写秋天黄昏之美时，描写了几个时段的黄昏？每个时段的黄昏又有哪些美景？ ③冬日的早晨美在哪里呢？作者为什么在结束时要说有点儿扫兴呢？ 2. 教师巡视指导	明确学习任务阅读学习提示，展开小组学习。	学习品质层面： 借助学习任务，运用学习策略，可以积极提升学生对知识的探索能力，深化学生自身对知识的消化能力，让学生真实地经历学习的过程，增强学习的认知情感，建立学习的自信心，真正让学生自己发现问题并能够选择策略解决问题，达到目标。

环节四：全班交流其他季节的美

	教师活动	学生活动	活动意图说明
教学过程	教师活动4 （一）交流夏之美 大家讨论得都非常热烈，想必你们早已胸有成竹，哪个小组的同学愿来分享夏夜之美呢？ 你回答得太棒啦！"固然"是什么意思呢？ 对，明亮的夜晚确实很美。很多文人作家都对它有描述：明月几时有，把酒问青天；但愿人长久，千里共婵娟；明月松间照，清泉石上流；海上明月共潮生。 那漆黑漆黑的暗夜你们觉得美吗？ （出示图片）是什么让作者感受到暗夜的美？再让我们来看看蒙蒙细雨的夜晚为什么也是如此的美？ 是啊，即使在湿漉漉的雨夜，作者也能收获意外的惊喜，感受雨夜的动态美（板书：动态美），可见作者是一个多么会仔细观察的人啊！ 师：谁能把夏夜这种独特的动态美读出来呢？ （二）交流秋之美 哪个小组来分享一下秋日的黄昏之美呢？在写秋天黄昏时，描写了黄昏的哪几个时段？ 在这几个时段中，作者是怎么写出美的？画出相关景物，批注你的感受。（作者看到了什么？听到了什么？感受到了什么？）	学生活动4 （一）交流夏之美 作者笔下的夏夜分为明亮的月夜，漆黑漆黑的暗夜，蒙蒙细雨的夜晚；作者对它们的喜爱程度并不一样：固然，也有，即使……也有 本来就伸手不见五指，害怕，不美…… 一两只萤火虫闪着…… （指读——女生读） （二）交流秋之美 生：夕阳斜照时，夕阳西沉，夜幕降临……	知识能力层面： 做批注是高年级语文学习最重要的学习方法之一。做批注不仅可以锻炼学生从文本中提取信息的能力，而且可以提高学生评价信息、表达感受的能力。学生在做批注的过程中，找到文中令自己感受深刻的关键字词句，圈画出文章中的动态和静态描写，夯实本单元的语文能力训练点。引导学生尝试运用这些方法修改习作小练笔，以达到以读促写的教学效果。

	教师活动	学生活动	活动意图说明
教学过程	出示这段文字（夕阳斜照……叫人感动） 作者看到了点点归鸦在急匆匆地朝窠里飞去，看到了成群结队的大雁在高空中比翼而飞，为什么会让人感动呢？ 师：大雁出行时要结伴而行，就跟我们人类一样，动物之间也有情感，所以我们从这部分文字中能够品味出人情之美。（板书：人情之美） 指读，读出这种美。 我们在秋的黄昏中看到了美，那还听到了什么呀？ 夕阳西沉，夜幕降临，周围一片寂静，作者却听到了沙沙的风声，此起彼伏的虫鸣声。 （播放音频）这两种声音越发叫人…… 小结：作者在描写秋天的黄昏时通过视觉、听觉让我们感受到秋之美、人情之美；带着这种感受我们一起来读读第三自然段。（全班读） （三）交流冬之美 伴随着雪花的飘落，我们走进了冬天。（交流第四自然段） 出示课件，哪位同学能来读一读这部分内容？（指读） 哪个小组的同学来分享一下冬日之美呀？你们从这部分又感受到了什么样的美？ 你是从哪句话感受到的？ 是呀，一场雪下过之后整个世界就换了新装，变了模样，能用一个四字词语来形容吗？（银装素裹，白雪皑皑）站在窗前一眼望去，闪着银光的冰雪世界简直美极了。 还有什么样的美呢？ 凛冽的清晨捧着暖和的火盆穿过走廊时，心情是多么的闲逸，作者很贪恋这样的感受，所以到中午时段炭火化成白灰时，作者仍觉得——意犹未尽！ 同学们，你们能不能读出冬日之美呢？ （四）伴随音乐，全篇朗读 通过我们的仔细分析，清少纳言写的这篇《四季之美》是不是非常的美？那我们现在伴着音乐，再次感受它的美吧！	我看到了点点归鸦，成群结队的大雁…… 乌鸦天黑了要回家 风声、虫鸣 生：心旷神怡 （三）交流冬之美 洁白之美，温暖之美 遍地铺满白霜 熊熊的炭火 一起读	学习品质层面：提升学生学习品质有赖于好的学习习惯、学习态度以及学习方法的有效统一。有了好的学习习惯和学习方法，学生会形成正确的学习认知，自然而然学习态度也逐渐改善，对于学习的兴趣也更加浓厚。

环节五：迁移运用，拓展练笔

	教师活动	学生活动	活动意图说明
教学过程	教师活动5 同学们，还记得我们这个单元的人文主题吗？"四时景物皆成趣"，欧阳修也曾说过："四时之景不同，而乐亦无穷也。"是啊，四季的风光不同，给人的乐趣也是无穷无尽的。你们心中一定也有属于自己的四季吧，请你把心中的景致写下来吧。用上我们刚学的动静描写的方法。	学生活动5 完成小练笔	知识能力层面： 语文教学，注重语言文字的积累、感悟和运用，听说读写的技能缺一不可。在学好文本知识的同时，带领学生们去琢磨作者的写作思路，揣摩作者的写作方法，体会作者的表达方式。因此课堂小练笔有助于提高学生的学习水平。 学习品质层面： 学生的学习在经过知识的积累、记忆后要进行迁移运用。学习的最终目的是要将所学的知识用于解决所遇到的实际问题，这也是培养学生能力和素质的体现。通过迁移运用，学生对知识的理解就变得更深刻，最终提高学生的学习品质。

【板书设计】

图3 《四季之美》板书设计

● 第六部分　作业与拓展学习设计

学习单

　　同学们，你们心中一定也有属于自己的四季吧，请你把心中的景致写下来吧。用上我们刚学的动静描写的方法。

　　春天最美是_____

　　_____

　　_____

　　夏天最美是_____

　　_____

　　_____

　　秋天最美是_____

　　_____

　　_____

　　冬天最美是_____

　　_____

　　_____

图4 《四季之美》学习单

● 第七部分　学习效果分析

　　首先，本节课的教学设计是通过教师范读，边读边想象场景等方法，帮助学生提高自己的朗读水平。其次，在"教—放"的学习过程中，学生做批注的方法得到夯实。再次，通过一些提问题的教学环节，使学生能够真正专注于问题解决的探究过程，从而提升自身的学习品质。

● 第八部分　教学反思与改进

　　在第二个教学环节结束后，我紧接着请学生来分析夏、秋、冬三个季节之美，在指导过程中发现，学生抓关键词句来体会各个季节之美的水平不一，有些学生能快速抓住，有些却需要引导。这对我的启示就是需要设计一个学习支架，让学生更加有抓手，帮助他们快速找到关键词，然后进行信息的加工整理，最后能够复述出每个季节美在何处。

《爬天都峰》教学设计

姓名	静然		
学科	语文	年级	四年级
教科书版本及章节	统编版教材四年级上册 第五单元		
课题	《爬天都峰》		
学习品质	学习兴趣、学习策略、学习意志力		

● 第一部分 背景分析

一、课标分析

2022 版《义务教育语文课程标准》中对第二学段的表达与交流提出了这样的要求："观察周围世界，能不拘形式地写下自己的见闻、感受和想象，注意把自己觉得新奇有趣或印象最深、最受感动的内容写清楚。"在学业质量描述这部分也指出：三到四年级学生要能够按照一定的顺序讲述见闻，说出自己的感受和想法。因此，学习本单元要先激发学生的兴趣，作者运用多种描写方法，调动多种感官将自己看到的、听到的、想到的都写下来，活灵活现地展现人物形象，让学生体会文章语言的妙处，运用从习作例文中学到的策略方法，把自己亲身经历的一件印象深刻的事按一定的顺序清楚地写出来，写生动。在这一过程中提升学习成就感，进一步克服习作中遇到的困难，培养学习意志力，从而进一步激发学习兴趣，形成良性循环。

二、学习品质理论依据

学习品质指向学习素养，是学习者在学习过程中所表现出来的相对稳定的心理及行为特质，是学生未来发展所必备的个性特征和品格。学习品质是先天素质与后天教育的结合，是学生在学习活动中形成与发展起来的，并在学习活动中表现出来的独特品质，也有人将其称为学习素质。学生学习品质的好坏，对其学习效果具有重要影响。未来的学习评价应该是"为学习"的评价，把评价看作改进学生学习的有力工具。学习品质评价涵盖从学习的认知体验、学习动机、学习维持到学习结果的全过程。

● 第二部分　教学内容分析

一、课时内容分析

《爬天都峰》一文描写了在暑假里，"我"和爸爸去爬天都峰时路遇一位素不相识的老爷爷，"我们"彼此从对方的身上汲取力量，最终克服山高路险的困难，一起爬上了天都峰的事情。课文叙述层次清晰，按照爬山前、爬山中和爬上峰顶后的顺序，运用大量对话，抓住人物的语言、动作、神态等，把爬天都峰的起因、经过、结果交代得清楚明了。

二、教学框架图

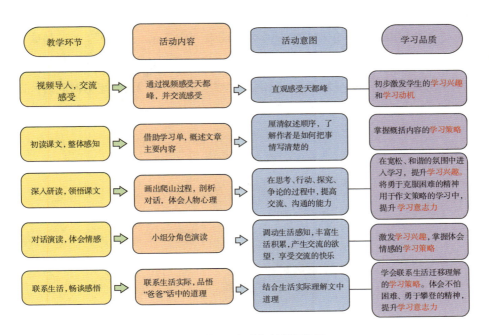

图 1 《爬天都峰》教学框架图

● 第三部分　学情分析

基于之前对于习作单元学生课堂情况的观察，我发现学生对习作单元的学习兴趣不高、缺乏学习动机，部分学生出现注意力分散等现象，严重影响了学习效果。于是我设计了 3 个前测问题，分层抽取了本班 6 名学生参与了访谈前测，通过对前测结果的分析，呈现出以下几点问题。

1. 学生面对习作具有畏难情绪，对于习作单元缺乏学习兴趣和学习意志力

问题 1：你喜欢学习习作单元吗？

A. 不喜欢　　　B. 喜欢

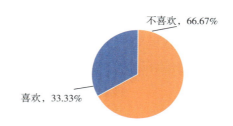

图 2　学习兴趣前测结果

通过图表可以看出，有 66.67% 的学生不喜欢习作单元。结合对学生的访谈和在之前的习作单元中的表现，我发现学生普遍对于习作有一定的畏难情绪，自然而然对于习作单元的课文也普遍兴趣不高。在写作文时会出现手足无措，思考时间过久迟迟不动笔的现象。由此可见，兴趣不高和意志力不坚定是学习本单元面临的主要问题。

2. 学生缺乏一定的学习策略

问题 2：你在写作过程中遇到的最大困难是什么？

A. 缺乏素材　　　B. 不会写　　　C. 写不生动

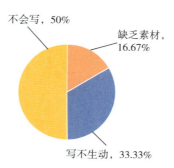

图 3　写作困难前测结果

通过图表可以看出，有 50% 的学生在习作过程中遇到的最大困难是不会写，另有 33.33% 的学生遇到的最大困难是写不生动。本册书的第四单元（上一个单元）

的语文要素是"了解故事的起因、经过、结果，学习把握文章的主要内容"，通过课堂上的呈现效果来看，学生基本能够从文章中较为准确快速地找到故事的起因、经过和结果。但是从这一单元的习作"我和_____过一天"的初稿来看，学生并未将作者一步步把故事内容叙述清楚的策略运用到自身的写作上。通过问卷的分析和访谈，我了解到面对叙事类文章，学生在生活中积累了很多素材，也有很多话想说，但是怎么把这些日常的凌乱琐碎的口语转化成条理清晰的小故事，对于学生来说是比较急需解决的问题。而对于那些习作能力比较强的学生来说，按顺序把事情写清楚不是问题，怎么提升语言的生动性，把情节写得生动有趣就成了提升的关键。

3. 朗读感情不充沛

问题3：请有感情地朗读我与老爷爷的两次对话。

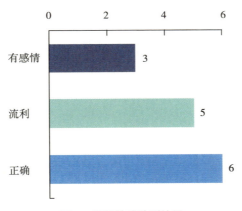

图4　朗读技能前测结果

通过图表可以看出，抽样6人中，全部能做到正确朗读课文，其中5人能在正确的基础上做到流利地朗读，3人能在读得正确流利的基础上读出感情。

四年级学生已经有了一定的知识积累，能做到正确、流利地朗读课文，但要有感情地朗读，尤其是人物对话，学生要想读出不同人物的语气和心情，还需要借助多种策略进一步理解课文内容以及人物的心理活动，体会文章表达的思想感情。在这个过程中，学生可以通过不同形式的朗读来完成。

为了让学生对习作单元的学习产生兴趣，主动积极地去学习，我决定以学生喜欢的图片、视频等作为导入，中间穿插分角色扮演等学生喜欢的活动来激发学生的学习兴趣。除此之外，还要教会学生深入理解文章内容和人物感情的方法，以便能有感情地朗读课文，并用六要素列提纲、给出简短开头等方式教会学生学习策略，降低难度，给学生增强信心，从而提升意志力。

● 第四部分　学习目标和学习重难点

一、学习目标

1. 会认"级、链"等 5 个生字，会写"哩、级"等 10 个生字，读准多音字"相"。（知识能力：基础知识）

2. 能有感情地朗读课文，重点是读好对话，读出人物的不同语气和情绪。（能力水平：有感情地朗读）

3. 了解课文写了一件什么事，学习作者按照事情发展顺序把一件事情写清楚的方法，体会动作描写、神态描写的表达效果，并尝试调动多种感官，把看到的、听到的、想到的都写下来，活灵活现地展现人物形象。（学习品质：学习策略）

4. 激发学生对习作单元选文的学习兴趣，借助本文学习习作策略，树立学生信心，培养学生对于写作的热爱；体会"我"和老爷爷是如何相互鼓舞、坚定信心，从而战胜困难的，培养学生不惧困难的品质。（学习品质：学习兴趣、学习意志力）

二、学习重点

1. 了解课文写了一件什么事，学习作者按照事情发展顺序把一件事情写清楚的方法。（学习品质：学习策略）

2. 激发学生对习作单元选文的学习兴趣，借助本文学习作者按照事情发展顺序把一件事情写清楚的习作策略，树立学生信心，培养学生对于写作的热爱。（学习品质：学习兴趣、学习意志力）

三、学习难点

1. 体会动作描写、神态描写的表达效果，并尝试调动、运用多种感官把看到的、听到的、想到的都写下来，活灵活现展现人物形象。（学习品质：学习策略）

2. 体会"我"和老爷爷是如何相互鼓舞、坚定信心，从而战胜困难的，培养学生不惧困难的品质。（学习品质：学习意志力）

● 第五部分　学习活动设计

环节一：视频导入，交流感受

教师活动	学生活动	活动意图说明
教学过程	教师活动1 1. 同学们，明末著名旅行家徐霞客两游黄山后发出赞叹：五岳归来不看山，黄山归来不看岳。你知道是什么意思吗？说明黄山的景色——很美。 2. 的确，黄山的景色美不胜收。不过，要想爬上黄山的三大主峰，尤其是——（板书：天都峰）恐怕不是什么容易的事情，下面我们一起通过一个短片了解一下天都峰。 3. 请你用一句话说说观看短片后的感受。可以用一组排比句或者其他修辞手法来表述。 4. 这节课，咱们就一起跟着课文去爬一爬（板书：爬）这黄山第一峰——天都峰。	学生活动1 观看视频思考，全班交流感受。 预设1： 天都峰上的景色好漂亮，山峰那么陡峭，不敢想象爬山的人是怎么攀登上去的。 预设2： 我从来没看过这样陡峭的山峰。崖峭似刀削，几乎是九十度垂直的直梯，隔老远也让人心惊肉跳，好像一失足立刻就会从崖上跌下去摔得粉身碎骨似的。	知识能力层面： 学生受地理、交通、年龄等方面的制约，对一些风景名胜区缺少生活实践和亲身体验，展示天都峰优美风光的图片，可让学生通过视觉感知大自然风景的优美，拓宽学生的视野。训练观察能力、语言表达能力、运用修辞手法描述美景的能力、提炼概括能力。 学习品质层面： 通过视频的形式了解天都峰，学生的感受更直观，注意力一下被吸引了过来。然后班内交流看到后的感受，学生们积极响应。从精彩的回答以及积极踊跃的态度可以看出学生的学习兴趣已经被迅速调动起来。

环节二：初读课文，整体感知

教师活动	学生活动	活动意图说明
教学过程	教师活动2 1. 请同学们按照自己喜欢的方式读课文，注意圈出本课的生字词，通过查阅工具书、联系上下文，理解新词语的含义。 2. 课件出示本课"我会认"中的生字，注意"相"是多音字，它的两个读音分别是： （课件出示） xiāng：相关　互相　相对 xiàng：相声　相片　照相	学生活动2（专注力、思考力提取概括能力） **学习单呈现** 理解含义四步法： ①画出新词。 ②找出字面意思。 ③通过查阅工具书，根据课文内容理解含义。 ④用这个词语的意图是什么？说明了什么？ 借助此方法理解本课中出现的新词的含义。	知识能力层面： 整体感知课文内容后，借助学习单填写六要素。以此厘清课文的叙述顺序，了解作者是如何把事情写清楚的。

	教师活动	学生活动	活动意图说明
教学过程	3. 出示本课"我会写"中的生字，教师指导记忆、书写。 课件出示： 哩 级 链 颤 攀 猴 鲫 念 辫 呵 （1）学生观察生字，找到适合自己记忆的方法。 （2）教师指导学生区分形近字"辫""辩""辨"和"瓣"。 （3）指导书写。 ①学生观察生字在田字格中的占格，注意字的间架结构。 ②教师着重指导"攀"字，这个字的笔画较多，书写时注意字的布局。 学生练习书写，教师巡回指导。 4. 了解课文的主要内容。 请同学们自由朗读课文，填写学习单上的六要素，并借此概括课文的主要内容。	在学习单上填写六要素，并借此说一说文章的主要内容。 预设：本文主要讲了"我"和一位素不相识的老爷爷，互相鼓励，克服山高路陡的困难，最终一起爬上了天都峰的故事。 预设：本文是按照事情发展的顺序写的，因为课文先写了爬天都峰之前，接着写了爬上天都峰的过程，最后写了爬上天都峰之后。	学习品质层面： 学生运用上一单元学习的"了解故事的起因、经过、结果"来把握文章的主要内容，与接下来要学习的"了解作者是怎样把事情写清楚的"构建起联系，然后回顾理解含义的四步法，以及六要素概括主要内容的方法，进一步理解课文内容，掌握理解含义和概括内容的学习策略。

环节三：深入议读，领悟课文

	教师活动	学生活动	活动意图说明
教学过程	教师活动3 1. 小作者是怎么爬上山的？请你在学习单上用自己喜欢的方式画出来，并用自己的话说说过程。 2. 找一找课文中能体现爬山过程的语句，说说你从中学到了什么，有什么启示。 （1）课件出示"我"和老爷爷的第一次对话： 忽然听到背后有人叫我："小朋友，你也来爬天都峰？" 我回头一看，是一位白发苍苍的老爷爷，年纪比我爷爷还大哩！我点点头，仰起脸，问："老爷爷，您也来爬天都峰？" 老爷爷也点点头，说："对，咱们一起爬吧！"	学生活动3 用自己喜欢的方式画出爬山的心理活动过程及做法。	知识能力层面： "阅读是一种被引导的创造"，没有多样性的启迪就不可能有创新思维。"阅读教学是学生、教师、文本之间对话的过程"，在明确研究方向和重点之后，教师及时组织学生进行"读、评"等形式的对话，让学生在思考、行动、探究、争论的过程中，提高交流、沟通的能力。

续表

	教师活动	学生活动	活动意图说明
教学过程	①讨论句意：通过两个"也"字，感受表面上是双方都有怀疑，其实都是对对方表示敬慕的语气，说明这一老一小都有不怕困难、勇于攀登的精神。 ②指导朗读。 ③（课件出示句子）引导学生深入讨论交流，从中感受"我"是受老爷爷的鼓励而下定决心爬上峰顶的内心活动。 课件出示： 我回头一看，是一位白发苍苍的老爷爷，年纪比我爷爷还大哩！ （2）"我们"是怎样爬天都峰的？ ①自由读第6、7自然段，画出描写爬山动作的词语并加以体会。 课件出示： 我奋力向峰顶爬去，一会儿攀着铁链上，一会儿手脚并用向上爬，像小猴子一样…… 爬呀爬，我和老爷爷，还有爸爸，终于都爬上了天都峰顶。 ②这些加点的词语说明了什么？ ③阅读第7自然段，从"终于"二字上体会爬山的辛苦，以及上山后的喜悦，明白"我"和老爷爷互相鼓励、克服困难，一起爬上峰顶的不易及喜悦。 ④指导朗读：要读出对爬天都峰的不容易的感慨，以及爬上天都峰后欣喜、高兴的情绪。 （3）阅读"我"和老爷爷的第二次对话。思考讨论："我"和老爷爷为什么要互相道谢？ 课件出示： 老爷爷拉拉我的小辫子，笑呵呵地说："谢谢你啦，小朋友。要不是你的勇气鼓舞我，我还下不了决心哩！现在居然爬上来了！" "不，老爷爷，我是看您也要爬天都峰，才有勇气向上爬的！我应该谢谢您！"	读好问句和感叹句，以及"啊""哩"等语气词，在读中体会"我"缺乏自信、畏惧退缩的心理。 借助关键词，理解人物心理，体悟并学习一老一小都有不怕困难、勇于攀登的精神。 读出人物语气。 预设：应该用不可置信、敬慕的语气来读。 预设：既突出了爬天都峰的艰难，又表现了他们不怕困难的勇气。 预设：因为"我"和老爷爷都从对方身上获得了勇气，一个人只要有决心、有勇气，再大的困难也可以克服。	学习品质层面： 引导学生在实践中学会学习，使学生在宽松、和谐的氛围中进入学习，提升学习兴趣。本环节克服了传统说教的枯燥，也让学生将勇于克服困难的精神用于作文策略的学习中，提升学习意志力。

环节四：分角色朗读，体会情感

	教师活动	学生活动	活动意图说明
教学过程	教师活动4 在理解句意的基础上，教师范读"我"和老爷爷的第二次对话。范读时可辅以动作、姿势，增强感染力，调动学生学习的积极性。 学生练习朗读，练习过程中，可以同桌两人为一组，模仿老师的动作边表演边朗读，加深理解，体会人物的思想感情。	学生活动4 小组分角色朗读。	知识能力层面： 通过小组合作等方式，积极营造贴近生活实际的情境，以此调动学生的生活感知，丰富学生的生活积累，让学生产生交流的欲望，享受交流的快乐。 学习品质层面： 通过分角色再现情境的方式调动学生的学习积极性，学生为了不断揣摩人物语气、体会人物情感，还掌握了增添人物动作、姿势策略方式来提升朗读的韵味。

环节五：总结课文，联系生活实际

	教师活动	学生活动	活动意图说明
教学过程	教师活动5 1. 读爸爸的话，讨论："汲取"是什么意思？"我"和老爷爷是怎样互相"汲取"力量的？ 课件出示： 爸爸听了，笑着说："你们这一老一小真有意思，都会从别人身上汲取力量！" 2. 你从爸爸所说的话中懂得了什么道理？ 鼓励学生大胆发表自己的看法，联系生活实际谈自己的收获。	学生活动5 预设："汲取"是吸取的意思，"我"和老爷爷都看到对方爬天都峰的勇气和决心，不甘落后，所以才能爬上天都峰。 预设：我从爸爸所说的话中明白了，一个人只要有决心，有勇气，坚持做一件事情，就会获得成功。	知识能力层面： 在朗读中理解"互相汲取力量"的真正含义，并结合生活实际加深理解。 学习品质层面： 学生能联系自身的生活经验，畅所欲言。一方面，学生可以学会联系生活实际迁移理解的学习策略；另一方面还可以将一老一小不怕困难、勇于攀登的精神迁移运用到自身的学习中，提升学生的学习意志力。

【板书设计】

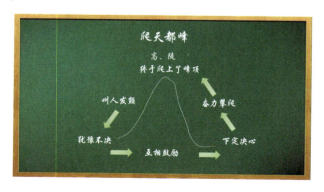

图5 《爬天都峰》板书设计

● 第六部分 作业与拓展学习设计

本课的作业为：请同学们自己看图展开想象，并用一段话把运动会的跑步比赛过程写清楚吧。只要把自己看到的、听到的、想到的写出来，比赛的激烈情形就能栩栩如生地展现在我们的眼前啦。

● 第七部分 学习效果分析

为更好地了解学生情况，本次课后再次对前测的 6 位学生进行了问卷调查。问卷分析后情况如下。

一、提升了学生的学习兴趣，一定程度上改善了学生对于习作的畏难情绪

问题 1：上完这节课后，你对本次习作单元学习的感受是什么？

A. 无聊　　B. 比之前有趣　　C. 一直很有趣

图 6　问题 1 后测结果

通过饼状图可以看出，有 50% 的学生改变了对于习作单元枯燥无聊的认知，由不喜欢到认为本次课比之前的习作单元的课程更有趣。在教学过程中我发现，学生整体反应热烈，对本次的课堂内容也表现出了较大的兴趣。课后通过访谈了解到之前写作文逻辑结构比较混乱的学生，也会在每次习作前按照本单元学到的"起因、经过、结果"的顺序先梳理提纲，避免了想到哪儿写到哪儿的窘境，一定程度上改善了学生对于习作的畏难情绪。但有 16.67% 的学生仍旧觉得比较无聊，因为学生对于习作的兴趣不是一朝一夕就能改变的。事实证明通过借助学生感兴趣的视频、图片以及有意思的分角色朗读的活动来提高对于习作的兴趣是有效的，因此可以在后续的教学中继续坚持，同时开发其他新鲜有趣且学生喜欢的形式提升学习兴趣。

二、掌握学习策略，学生的习作水平得到了一定的提升

问题 2：本节课学习到的内容，对于克服习作中遇到的困难是否有帮助？

A. 没有帮助　　　B. 有帮助但不多　　　C. 帮助很大

图 7　问题 2 后测结果

　　通过图表观察可知，有 90% 的学生认为本课学到的内容对于克服习作过程中遇到的困难帮助很大。从调查问卷的统计结果和本课的小练笔的呈现效果来看，大部分学生能将学到的"了解作者是怎样把事情写清楚的"阅读能力转化成按照起因、经过、结果的顺序"把事情写清楚"的习作能力。学生能将生活中的素材按照顺序有意识地梳理成逻辑清晰的小故事，而不再是想到哪儿写到哪儿。那些习作能力比较强的学生通过体会作者的动作描写、神态描写的表达效果，能尝试调动多种感官把看到的、听到的、想到的都写下来，活灵活现展现人物形象。

三、掌握了理解文章内容和情感的学习策略，让朗读的感情更加充沛

　　通过课堂观察，学生在进行分角色朗读的练习后，最终呈现的效果还是比较不错的。大部分学生借助联系上下文、解析重点词语、分角色再现情境等学习策略对重点语句的理解更为深入，对于人物形象以及人物当时的心理情绪把握也更加到位。虽然有少部分还不能很好地读出人物语气，但是与他们平时的朗读情况相比也有了一定的提升。学生对于分角色朗读的形式非常感兴趣，课堂参与的积极性也被充分调动。

● 第八部分　教学反思与改进

　　本节课以"天都峰"的视频为导入，学生被天都峰的美景所震撼，学习兴趣被极大地调动起来。接着以重点文段为例品析写法，组织学生进行读、评等形式的对话，让学生在思考、行动、探究、争论的过程中，提高交流、沟通的能力。整个过

程中学习气氛宽松、和谐，克服了传统说教的枯燥。同时要让学生将勇于克服困难的精神用于作文策略的学习。

但是在本设计中也存在一些不足，是我在之后的教学中仍需改进的。

一、学习目标与学习品质要有机结合

在目标设计当中，学习品质和学习目标还应该更密切地结合。在本课的设计中，我在提取学习品质的目标过程中有些过于标签化，其实它与学科能力本身的提升是在同一个过程中实现的，是可以迁移运用的。针对这一点，我还需要进一步加强对于学习品质方面的学习，在实践中不断练习。

二、教学环节需要进一步整合，目标为提升学生各方面的综合能力

在设计之初，我安排的是视频导入后就直接引入本课的学习，忽略了学生观看后感受的抒发。在欣赏美景、提升审美感受之后，如果能设计一个环节让学生交流感受，既能提升学生的整体感知能力，又能提升学生的概括表达能力。在本课的设计中还存在类似学科知识勾连还不够紧密的地方。我在之后的教学中，会尽量从提升学生综合能力的角度出发，做到每个环节都是有效环节，都尽可能发挥最大效果。

提升习作能力，克服对它的畏难情绪是一个长期而不是一朝一夕的过程。一方面需要通过设计教学中有趣的环节，逐步改善学生对于习作的看法，提升学生的学习兴趣，让学生爱上写作。另一方面，还需要通过教学教会学生一定的策略技法，让学生会写；会写后才能激发学习兴趣和动机，学生才会向着写好的方向去努力，这两方面是相辅相成的。所以在今后的教学过程中，我还要继续从这两个方面入手去改善学生的畏难情绪，树立学生的信心，培养学生对于写作的热爱。比如利用"电影镜头法"这样有意思的形式，让学生回顾事情发展的先后顺序、远景近景的切换等。

第二章 搭建生长支架

——高品质教学中的学习密码

　　教师作为促进儿童生长的指导者与帮助者，需要支持、引导、协助学生，使其从一个发展水平跃向另一个更高的水平。农科院附小的教师们，为学生搭建了科学、合理的生长支架，在高品质教学中促进学生的学习品质发展。

中国农业科学院附属小学政法路校区

对比探究，理解算理，培养品质

姓名	郝丽廷		
学科	数学	年级	一年级
教科书版本及章节	北师大版教材一年级下册 第五单元		
授课内容	《采松果》		
相关领域	数与代数		
学习品质	学习兴趣、学习策略、学习动机		

一、背景分析

本单元隶属于"数与代数"领域中数与运算。计算教学贯穿在整个小学阶段的数学学习中，是学生学习数学的基础。在本单元教学中，我们要关注学生对两位数加减法的计算方法的理解，学生通过借助小棒、计数器等学具能够更好地理解加减法运算的本质，即相同数位上的数相加减，并能将学习经验迁移到后续的学习中，进而提高学生的运算能力和解决问题的能力。

学习品质是个体进行探索学习的基础性概念，也是影响个体学习活动的关键性因素。学习品质不仅对学业成绩有着正向的预测作用，而且对个体终身学习与发展和自我价值的实现有着重要而持久的影响。为了提升学生的学习品质，我们既要转变对学习品质的认知和态度，更要将学习品质培养融入到具体学科教学活动中去，并通过积极环境的创设，促进学生学习品质的发展。

二、案例描述

《采松果》是北师大版小学数学一年级下册第五单元《加与减》第二课时的内容。为了了解学生对于这部分知识的掌握程度以及学习品质，我对农科院附小一（16）班的 37 名同学进行了前测调研，调研形式为问卷和访谈。

（一）学生前测

1.学生问卷

（1）口算

13+40=　　　　　50+24=　　　　　34+5=　　　　　7+41=

（2）你会计算 32+5 和 24+30 吗？用你喜欢的方法说说你是如何计算的。

32+5=	24+30=
我的方法：	我的方法：

2.分析

第一题：口算

全班有 87% 的学生 4 道口算全部正确，可以看出大部分学生对两位数加一位数、整十数的计算是有一定基础的，能够准确计算出两位数加一位数、整十数的结果。但是对于两位数加一位数调换成一位数加两位数后，学生出错概率就增加了，最后一道 7+41，有些学生把 7 和 41 相加算成 111，可以看出这些学生只是简单机械地计算，对于加法运算的算理还是不理解的。

第二题：你会计算 32+5 和 24+30 吗？用你喜欢的方法说说你是如何计算的。

表1　学生计算方法

方法	数线图	小棒	计数器	竖式	拆分算式	无方法
作品				$\begin{array}{r} 32 \\ +\ 5 \\ \hline 37 \end{array}$	2+5=7 32+5=37	
人数	4	6	4	10	4	9

从统计结果来看，大约 1/4 的学生只写出了计算结果，没有写出计算的方法，对这部分学生，我又进行了访谈：你是怎么得到结果的呢？他们却说不出自己的具体算法。而在写出计算方法的学生中，列竖式的最多，占到了 27%，但是当被问到"你列的这个竖式是什么意思呢？""为什么要这样列竖式呢？""这个 5 为什么写

在 2 的下面而不是 3 的下面呢？"学生的表达并不清晰。通过调研的数据和访谈的结果，我意识到：学生虽然知道了两位数加一位数、整十数的计算方法，能够快速得到计算结果，但是缺乏对整数加法运算算理的理解和表达，这样的学习只是肤浅和表面的，不利于学生深刻理解数的意义和加法运算的本质，很难对后续的学习产生深远的作用。因此在教学中，探索两位数加一位数、整十数的算理并能够清晰地表达是本节课学习的重点，要引导学生通过利用小棒、计数器等直观模型，在动手操作中边操作边说清楚每一步的意思，从而对加法运算的本质——相同计数单位上的数相加有所感悟。

3. 思考

以往在进行 100 以内加减法的教学时，很多学生在课前就已经会做了，而且做得很熟练，因此上课时有些学生的热情不高，没有探究的欲望。那么，他们是真的会了吗？还是只知其然而不知其所以然？通过问卷可以看出，大部分学生只是停留在简单的计算层面，没有探究算理的意识，因此导致算理的模糊。

为此，我们教学时可以从学生比较感兴趣的情境出发，激发学生的学习兴趣。之后采取不同的教学策略：比如把两位数加一位数和两位数加整十数进行对比探究；利用小棒、计数器等直观模型，让学生在动手操作的过程中感受运算的道理。学生在探究、合作、表达的过程中，能够体会到成功的喜悦，从而提高学习动机。只有具备学习兴趣和学习动机，之后面对类似的新问题，学生才能将学习经验迁移到今后的学习过程中，进而促进学习品质的提升。

（二）课堂实施

借助小棒、计数器等直观模型对比探究，帮助学生理解两位数加一位数和整十数的计算方法，体会算法多样性，并通过对两个算式及算法的联系、对比，在求"同"存"异"中引导学生自主交流讨论，逐步加深对算法的理解、算理的感悟，发展学生的运算能力。之后，通过游戏对比表演 35+4 和 53+40 拆和合的过程，进一步帮助学生理解算理。

师：你选择用什么学具？

生：小棒。

图1　小棒示意图

师：你是怎么摆的？

生：25+4就是先摆2捆小棒，表示2个十，再摆5根小棒，表示5个一，合起来是25，再摆4根小棒，表示4个一，把它们合起来就是29了。

师：为什么这个4根和5根合并呢？而不是和2捆合并？

生：因为4根表示4个一，5根也表示5个一，而2捆表示2个十，所以应该4根和5根合并。

师：谁用的是计数器的方法？你能边拨计数器边把你的想法和大家说说吗？

生：在十位上拨2个珠子表示2个十，再在个位上拨5个珠子表示5个一，合起来就是25，然后加4就是在个位上再拨4个珠子，合起来就是29。

师：为什么4个珠子放在个位上而不是在十位上呢？

生：4表示4个一，因此要在个位上拨4个珠子。

师：还有其他方法吗？

生：5+4=9　20+9=29

师：你这个方法更简洁，谁能结合小棒或计数器说说这个算式是什么意思吗？

生：在小棒中，5用5根小棒来表示，4用4根小棒来表示，它们合起来是9根小棒，也就是算式中的9；20用2捆小棒来表示，2捆和9根合起来就是29。在计数器中，5用个位上的5个珠子来表示，4用个位上后放的4个珠子来表示，个位上合起来就是9个珠子，也就是9；20用十位上的2个珠子来表示，它们合起来就是2个十，9个一，也就是29。

学生通过用小棒、计数器以及算式的方法得到25+4的计算结果，通过比较三种方法的联系，学生可以深刻体会到两位数加一位数的算理。在此基础上，用同样的方法让学生探索25+40的计算方法。

师：横向观察，先看小棒，为什么在这里就摆4根，而那个同学却要摆4捆？

生：因为25+4中的4表示4个一，而25+40中的4表示4个十。

师：这个4根和4捆又分别跟25中的谁合并到一起的？

生：4 根是跟 5 根小棒合并到一起的，4 捆是跟 2 捆合并到一起的。

师：再看计数器，同样都是加 4 个珠子，它们放的位置一样吗？为什么一会儿加到个位上，一会儿加到十位上啊？

生：25+4 里的 4 指的是 4 个一，所以加在个位上；25+40 里的 4 指的是 4 个十，所以要加在十位上。

师：纵向观察，如果没有小棒、计数器这些模型，你能直接计算出 25+4 和 25+40 的结果吗？你是怎么算的？

生 1：25+4 是先算 5+4=9，然后再和 20 合到一起，得到 29；25+40 是先算 20+40=60，然后再和 5 合到一起，得到 65。

生 2：先把 25 按数位拆开，然后把个位和个位相加，十位和十位相加。

生 3：也就是把几个一和几个一相加，几个十和几个十相加。

通过对 25+4 和 25+40 的算理进行横向和纵向对比，学生更加清楚地理解了在计算两位数加一位数、整十数（不进位）时，先把两位数拆成几个十和几个一，再把几个十和几个十相加，几个一和几个一相加。

师：我们一起做一个小游戏。

【游戏规则】

比如 35+4，35 由两个同学扮演，A 同学表示十位，伸出 3 个手指，表示 3 个十；B 同学表示个位，伸出 5 个手指，表示 5 个一。C 同学伸出 4 个手指表示 4 个一。B 和 C 合起来是 9 个一，再和 A 合起来就是 3 个十、9 个一，也就是 39。

具体演示：

A 同学：我用 3 根手指表示 3 个十。

B 同学：我用 5 根手指表示 5 个一，我俩合起来就是 35。

C 同学：我用 4 根手指表示 4 个一，我和 B 同学是一类，都表示几个一，我们合起来是 9 个一。

A 同学：我是 3 个十，它们是 9 个一，我们三个合起来就是 39，因此 35+4=39。

之后，再请三位同学来表演 53+40 的计算过程。

通过游戏对比演示 35+4 和 53+40 “拆—合” 的过程，不仅能够激发学生的学习兴趣，深化学生对于两位数加一位数和整十数算法和算理的理解，进一步体会位值制，发展学生的运算能力，而且也为之后加减法的计算积累了方法和经验。

三、案例分析

本节课主要是围绕"松鼠妈妈和小松鼠一共采了多少个松果？"以及"松鼠妈妈和松鼠爸爸一共采了多少个松果？"这两个问题展开探究，主要分为"创设情境，激发兴趣—借助模型，理解算理—游戏巩固，加深理解—总结反思，学会迁移"四个教学环节，目的在于培养学生的学习兴趣、学习动机、学习策略，体现探究学习和合作学习。

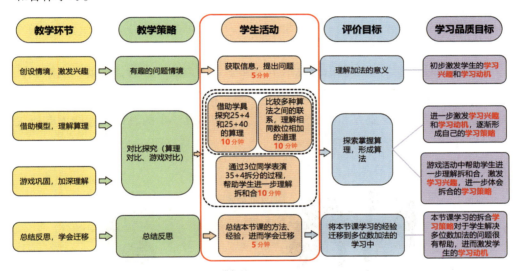

图 2 本课设计思路

（一）有趣的问题情境激发学生兴趣

由于一年级学生年龄小，自我调节能力弱，即使上课铃声响后，学生也不能很快进入上课的状态，那么如何才能使学生快速进入学习状态呢？这就需要我们通过创设有趣的故事情境来引入本节课的内容，从而激发学生学习兴趣，增强学习动机，这一环节是本节课的关键。如果学生对本节课的情境感兴趣，那么就能够快速地进入状态，从而高效地完成本节课的学习内容。

（二）对比探究培养学生探究性

通过从同一个情境出发，把两位数加一位数 25+4 和两位数加整十数 25+40 对比探究，然后利用小棒、计数器等直观模型，让学生在动手探究中感受相同计数单位的数才可以直接相加减，从而加深对十进位值制的理解，增强学生的学习动机。通过对比探究，学生不仅对本节课的学习内容有了更深刻的理解，同时也培养了学生探究问题的能力。

（三）游戏巩固培养学生合作性

一方面，3名学生汇报、展示两位数加一位数拆和合的计算过程，激发了学生的学习兴趣，进一步深化学生对于算法和算理的理解，体会位值制，发展学生的运算能力；另一方面，游戏活动培养了学生的合作能力，同组的学生只有在良好的合作中才能互相促进，产生积极的影响，进而帮助他们更好地理解算理。

（四）总结反思培养学生反思性

教师通过带领学生有意识地总结本节课学习的方法、经验，帮助学生意识到加减法运算的本质就是相同数位上的数相加减，并能将学习经验迁移到后续的学习中，提高学生的运算能力和解决问题的能力。低年级学生的总结反思能力有所欠缺，因此教师应该有意识地帮助学生进行总结反思，从而渐渐地培养学生自我反思的能力。

图3　郝丽廷老师教学实录

四、教学效果

本节课结束后，我对一年级37名学生的学习效果和学习品质进行了后测。

（一）学习效果

后测题目为"你能用自己喜欢的方法计算 43+5 吗？写一写，画一画表达你的计算过程"。结果见表 2。

表 2　计算方法后测结果

方法	计算正确			计算错误
	小棒	计算器	算式	
人数	5	14	15	3
百分率	13.51	37.84	40.54	
人数	34			
百分率	91.89			8.11

（二）学习品质

我设计了四个问题，对本课结束后学生的学习兴趣、学习动机与学习策略进行测试，结果见表 3。

表 3　学习品质后测结果

问题	选项	人数	百分率
你喜欢今天的数学课吗？	喜欢	32	86.49
	一般	5	13.51
	不喜欢	0	0
今天的对比学习对你理解算理有帮助吗？	很有帮助	30	81.08
	一般	5	13.51
	没有帮助	2	5.41
今天上课的内容你掌握得怎么样？	很好	31	83.78
	一般	4	10.81
	不好	2	5.41
今后多位数加法的探究，你知道该怎么做了吗？	知道	19	51.35
	知道一点	15	40.54
	不知道	3	8.11

从后测结果中可以看出，通过 25+4 和 25+40 的对比学习，学生对于两位数加法的算理掌握得很好，在理解算理的基础上逐渐形成了自己的算法，并且对于今后多位数加法的研究，学生也有了自己一定的想法，积累了学习经验。同时，学生的

学习兴趣、学习动机、学习策略以及探究性等学习品质也有所提升。

五、教学反思

我们在教学中不仅要关注学生知识的掌握情况，更要关注学生学习品质的提升。本节课，通过 25+4 和 25+40 的对比学习，学生在利用小棒、计数器等直观模型探索两位数加一位数和整十数算法的对比中，逐步清楚了不管是小棒、计数器还是列式，都可以先把加数按照数位进行拆分，然后几个一和几个一相加、几个十和几个十相加，最后再把计算的结果合并。但是个别学生还是不能清楚地表达自己操作的过程，说明他们的思维还不是很清晰。之后，可以通过学生比较喜欢的游戏活动，进一步帮助学生体会两位数加法中"拆—合"的过程，从而意识到加减法运算的本质就是相同数位上的数相加减，希望学生本节课的学习经验能够迁移到后续多位数加法计算的学习中。

专家点评：

本案例学情分析的重要作用直接体现在教师对学生的极大关注上，学生问题的分析成为教学策略针对性的前提。本研究紧紧围绕学生产生不同问题的根本原因，找到其动力系统和能力系统的乏力，通过激发学生的学习兴趣，增强学生的学习动机，引导学生掌握更多学习策略的方式来启动学生学习的动力系统和能力系统，培养和提升学生的学习品质。学习策略是从同一个学习情境出发，对比探究 25+4 和 25+40，在探究过程中，学生借助小棒、计数器以及算式的方法得到计算结果并比较三种方法的联系，之后采取游戏化的方式巩固所学知识，通过应用这三种学习策略，学生可以深刻体会到两位数加一位数和整十数的算理。教师在本知识学习的教学设计以及实施中探寻适合学生学习的策略与方法，学生在掌握合适的策略后能够独立解决问题，完成学习过程。教学设计的前提是对学生的学情分析，了解学生学习知识适合采取哪些方式。教师的前测和后测数据分析可以看到这个实施过程的效果和这个研究的成效。

巧用学习支架，助力学生表达自觉

姓名	段月芬		
学科	语文	年级	五年级
教科书版本及章节	部编版教材五年级上册 第六单元		
授课内容	《慈母情深》		
相关领域	课文学习		
学习品质	学习兴趣、学习意志力		

一、案例背景

首先，在传统的教学中，教师负责教，学生负责学，但新的教育理念强调，教与学是交往、是互动，是师生双方相互交流、相互沟通、相互启发、相互补充的过程。昭示着不能只关注教师的教，还要关注学生的学，教师和学生形成一个真正的"学习共同体"。在这样的大背景下，教师需要关注学生的学习品质，进而从根本上打破传统意义上"学无条件服从于教"的桎梏。

其次，走进高年级的语文课堂，老师总感觉压抑、沉闷，再也看不到低年级课堂"小手如林""七嘴八舌"的热闹场面，与之相反的是默默无言、金口难开的沉闷景象。尤其像"理解词语意思、概括段落大意、理解重点句子"这一类问题，学生的表达显得特别单薄，缺乏一定的条理性和思维含量，表达缺乏热情和质量。

阅读学习支架，也可以称之为"支架式阅读教学"，顾名思义，就是将支架式教学与阅读教学进行融合，我们可以在学生的最近发展区内，创设有利于学生阅读学习的情境，为学生的阅读学习活动搭建适宜的学习支架，开展学生独立或生生合作的学习活动，将学习支架应用于小学语文阅读教学中，不仅可以提升学生的语文素养，而且能够有效落实语文要素。培养学生的理解与表达能力是语文学科教学的核心目的，教师可以通过建构阅读学习支架，提高学生的理解与表达能力，促进学生表达自觉。

二、研究问题

课前对学生进行前测，以此了解学生的能力储备，从而发现本研究的问题所在。前测题共六项，分别检测学生的提取信息、整体感知、形成解释、做出评价、质疑问难和搜集资料的能力水平。

（一）水平一：读懂文本——做批注

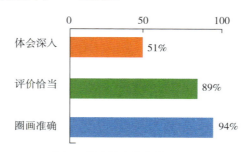

图1 学生批注能力前测结果

大部分的学生能够准确找出人物言行语句，做出准确的评价。学生具备做批注能力，能够做到圈画准确，评价恰当。

（二）水平二：理解文本——体会人物内心

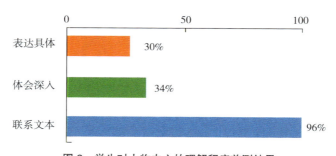

图2 学生对人物内心的理解程度前测结果

在补白时，发现学生对人物内心体会不深入，理解角度单一。96%的学生都能通过联系文本，体会人物的内心，但是只有34%的学生能做到深入体会，所以学生在体会人物内心时，仅仅依靠文本是不够的，需要教师提供一定的阅读学习支架，帮助学生丰富对文中人物、历史背景等方面的了解，从而更深入地理解人物的内心。

（三）水平三：体悟文本——感受情感

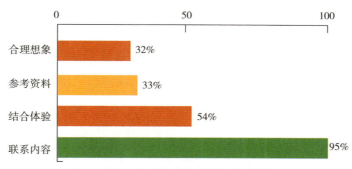

图3　学生对人物情感的理解程度前测结果

从前测单中可以看出学生的解答过于简单，未能充分理解"我"鼻子一酸的原因。本单元的教学重点是引导学生品读作者描写的场景、细节，深入体会作者的情感。教学时，可以设计一些贯穿全文的主问题，由此鼓励学生进行整体感知，能够联系多个场景、细节来体会人物情感，不要让学生仅抓住只言片语进行细碎的分析，更不要让学生机械地判断哪些是场景描写、哪些是细节描写。学生在回答"'我'为什么鼻子一酸？"时，只能联系文本的片断化内容进行分析，无法理解"鼻子一酸"不是一时的情感迸发，而是"我"的情感达到高潮时的一个表现，学生不能做到前后勾连来回答这一问题，所以教师可以适时引入学习支架，帮助学生循序渐进地理解"我"的情感，更深刻地感悟文本中所要表达的情感。

三、研究问题的解决

小学语文支架式阅读教学的类型主要有：问题支架、情境支架、图表支架、音视频支架、范例支架、建议支架、画面支架和实践支架。教师在建构阅读学习支架时，应该根据学生的年龄特点选择学习支架的形式，根据教学的重难点确定学习支架的内容。在教学《慈母情深》这一课时，我在研究文本、分析学情、确定教学重难点的前提下，主要运用了问题支架、图表支架、音视频支架。下面我将结合这一课的教学内容来具体阐述每个阅读学习支架的内容及运用效果。

（一）建构音视频支架，助力学生理解文本

小学语文学科的教学文本大多具有相应的创作背景，其人、物、故事的创作均基于一定的历史条件。就《慈母情深》这一课来说，学生当前生活的年代、所处的

环境与文本的创作背景之间大多存有较大的差距，在一定程度上阻碍了学生阅读理解的进程与效果，使学生难以理解文本蕴含的主题思想及作者抒发的情感内涵。为此，我在课前播放了一段作者梁晓声朗诵文本的片段，这样不但拉近了学生与作者的距离，而且激发了学生的学习兴趣和阅读期待。不仅如此，在课上，当学生较难理解，作者问母亲要钱时的迟疑与纠结时，我适时播放了一段作者梁晓声接受采访的片段，让学生近距离地倾听作者讲述那个年代的故事，带领学生感受那时的艰辛与不易，引起学生的情感共鸣，从而帮助学生更好地理解文本。另外，配乐朗读也是建构音视频支架的一种方式，比如，在教学这一课时，学生分角色朗读"我"与母亲的对话，此时播放缝纫机工作时的声音，学生更能设身处地地去体会母亲工作环境的恶劣，以及作者在这种嘈杂的外界环境之下被压抑的复杂的心情，从而帮助学生走进文本。

（二）建构图表支架，助力学生感知文本

图表支架是指运用图片、图形、表格等直观的工具来帮助学生阅读的支架。

体会文中反复出现的词语的表达效果是本节课的教学重难点，学生较难体会文中反复出现"我的母亲"背后所蕴含的复杂的情感，此时出示梁晓声小时候一家人的全家福，引导学生直观具象地对比图片中的母亲，与作者在工厂看到的母亲有什么不同，感受作者此时内心的惊讶与心痛。

此外，我还通过设计学习任务单来帮助学生感知文本。学习任务单可以借助任务驱动的作用，有效达成教学目标。学习任务单应该帮助学生厘清阅读思路，构建学习方法。首先，本单元的语文要素是体会作者场景和细节描写中蕴含的情感，这也是本节课的教学目标，准确定位目标是第一步；紧接着，教师必须一步一步将描述性目标细化为相互关联、层层递进的学习任务，这节课的学习任务便是从场景、细节中总结一些能表现作者心情的词语，这是第二步：合理设置任务；第三步便是设计学习支架，本节课的教学难点是理解"我"鼻子一酸的深层原因，感悟伟大而无私的母爱，"我"最后的鼻子一酸绝不是单一的情感发泄，而是"我"复杂细腻的情感迸发，那么在设计学习单时，就应当考虑如何通过图表的设计将作者的情感线表达出来，从而引导学生联系上下文更好地感悟作者的心路历程。

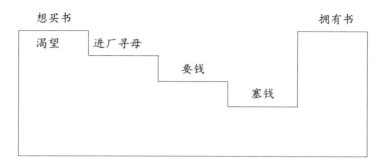

图4 《慈母情深》一课任务单（局部）

（三）建构问题支架，助力学生体悟文本

问题支架就是将问题作为支架，可以是教师的问题、学生的问题，也可以是教材中的问题，通过一系列的问题来引导学生进行自主或合作的思考，从而获得问题的答案。教师应通过帮助学生搭建问题框架，使学生在解决问题的过程中体悟文本，逐步培养学生带着探究的眼光打量文字、语句、人物、场景的良好阅读学习习惯。在教学《慈母情深》一课时，我主要提出了以下问题。

问题1	这节课就让我们一起再次走进课文，去体会作者的"鼻子一酸"里到底蕴含着怎样的深情。
问题2	想想"我"看到、听到、感受到了什么？"我"的心情是什么样的？读了这几段，你又有怎么样的体会？
问题3	母亲工作的环境给你什么感受？
问题4	作者为什么不说"看见我的母亲弯曲着瘦弱的脊背，头凑到缝纫机板上"呢？而要说"看见一个极其瘦弱的脊背弯曲着"？
问题5	通过对比品读，你又有了哪些新的感悟？
问题6	请同学们看这张图，图中的女人正是梁晓声的母亲，在家中她永远都是穿得整整齐齐，面对孩子充满笑意，而此时的母亲和平时见到的样子完全不同，我只知道母亲会连着几天去工作，却不知道竟是这样的工作……你又体会到当时作者怎样的心情？
问题7	母子之间一问一答特别简短，你有什么感受？
问题8	梁晓声在回忆自己童年时，说连五分钱都舍不得要，为什么一元五角钱他竟然开口问母亲要了呢？
问题9	"毛票"为什么是皱皱的呢？
问题10	为什么要写这个人物？这位女工有错吗？
问题11	这句话中的四个"立刻"，给你什么体会？

续表

问题12	是什么令我"鼻子一酸"？我们来回顾一下文中的场景和细节。
问题13	为什么没有权利用那钱为我、为母亲买任何别的东西，你体会到作者怎么样的情感？
问题14	请同学们看这一段资料，作者为什么此时此刻会想起自己的母亲呢？

通过问题4，学生从简单地理解"我"的惊讶，转变为深入理解"我"当时既惊讶又心疼，深入体悟"我"不想承认又不敢承认的复杂情感。通过问题6，教师在提问之前，通过自己的语言引导，适当帮助学生体会"我"的情感。学生在回答一系列有效问题的同时，也在积极地思考问题，这种思考和尝试回答、解决的过程能够较好地调动学生的思维，增强学生表达的自主性，从而提升学生的学习品质。

总而言之，学习支架的建构能够帮助学生在最近发展区内获得最佳的成长效果，有利于促进学生理解能力、表达能力等语文素养的提升。

四、反思与讨论

（一）成功经验

教学的起点，是学生，通过关注"学生的学"，运用前测单找准学生的最近发展区，继而确定学生学习的兴趣点及难点，这样才能有效地激发学生学习的兴趣和热情。再者，通过一些恰当的学习阅读的支架，帮助学生表达自觉，形成良性循环，从而在长时间里持续有效地提升学生的学习品质。

在课堂中适时地运用学习支架并撤出学习支架，可以明显地提高学生的学习效率，学生在课堂上通过这样一次次的良性循环，能够大大提高学习品质。

（二）新的问题

支架的使用重要，支架的撤出更为重要，如果学生长时间地依赖学习支架，会不会因此起到表达自觉的反作用，阻碍学生学习思维的拓展和散发？

（三）将来设计

学习单和观察表的使用一定是长期的，另外，经过了一个阶段的学习，还需要设计有效的评价内容。

　专家点评：

　　本研究教师从学生的学习需求出发，根据学情分析，进行了有针对性的教学策略的教学设计，形成了不同的高度，做到了真正的以"学生的学"为教学中心的教学理念。通过前测，摸清学生的能力与水平，教师根据"最近发展区"理论，设计有利于学生思考和产生师生共情的音频、视频支架、图表支架以及问题支架等各种教学环节的支撑，给学生搭建了不同的坡度。在教学中使用支架策略引起学生对学习的兴趣，给学生提供在学习过程中需要的资源，使学生能够在需要的时候，提取学习信息并转化为自己的学习能量，轻松地完成学习任务，不经意中学生收获了一个目标完成的同时也感受到学习的快乐，为下一个知识链接的学习奠定基础。

◇附录1：《慈母情深》前测单

《慈母情深》前测单

1. 借助图表信息，尝试概括课文大意。

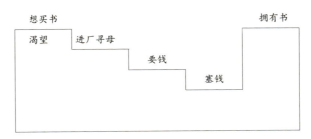

　　2. 从下面的句子中体会"我"的内心，结合句子中的场景、细节等进行批注。

　　（1）不足二百平方米的厂房，四壁潮湿颓败。七八十台破缝纫机一行行排列着，七八十个都不算年轻的女人忙碌在自己的缝纫机旁，因为光线阴暗，每个女人的头上方都吊着一只灯泡。

_____

　　（2）母亲掏衣兜，掏出一卷揉得皱皱的毛票，用龟裂的手指数着。

_____

3. 体会人物内心，联系上下文，展开合理想象，尝试进行补白。

（1）当"我"看见："背直起来了，我的母亲。转过身来了，我的母亲。褐色的口罩上方一双眼神疲惫的眼睛吃惊地望着我，我的母亲的眼睛……""我"想：

_____

（2）当"我"看见："母亲说完，立刻又坐了下去，立刻又弯曲了背，立刻又将头俯在缝纫机板上了，立刻又陷入了机械忙碌状态……""我"想：_____

4. 默读课文，思考"我"为什么"鼻子一酸"？请谈一谈你的理解。

_____

_____

5. 经过第一课时的学习，你还有哪些疑问，请你记录下来。

_____

_____

6. 请你收集与本故事有关的资料（如时代背景、作者资料等），并尝试抓住关键词句记录并分类整理，制成资料卡。

有关（　　）的资料

◇附录2：《慈母情深》第二课时教学实录

1. 复习回顾主要内容，引出"体会作者蕴藏在字里行间的深情"

师：同学们，今天我们继续学习文章《慈母情深》，上节课，我们朗读了课文，学习了生字词，了解了课文的主要内容，梳理了文章印象深刻的场景和细节，还通过抓关键词和结合资料的方法体会到了作者对《青年近卫军》这本书的渴望。现在老师先请一位同学把这些场景串联起来，说说课文的主要内容。

生："我"非常想买一本《青年近卫军》，就到母亲工作的厂房向她要钱，母亲把钱给了"我"，"我"买到了书。

师：这位同学讲得完整连贯。但我们会发现把这些场景或者情节串联之后，是否比原文更加动人？

小结：感人之处蕴藏在字里行间，我们要体会作者蕴藏在字里行间的情感。

2. 体会场景："初到厂房"，感受作者的震惊和心疼

师：出示学习提示：默读课文 6～9 段，想想"我"看到、听到、感受到了什么？"我"的心情是什么样的？读了这几段，你又有怎么样的体会？

师：相信大家都有自己的体会，现在我们来交流。

生："我"看到了厂房的空间很低矮，墙壁都是潮湿的，感觉很压抑。

生："我"感受到了母亲工作的环境很恶劣。

师：你能结合生活经验具体谈一谈吗？

生：我对比了教室的大小，想象了一下，"不足二百平方米"的地方放着"七八十台破缝纫机"，实在是太挤了。

师：除了低矮、潮湿，母亲工作的地方还给你什么感觉？

生：闷热。

师：你从哪儿体会到的？

生："窗户不能开"，空间小、地方挤、东西多，"使我感到犹如身在蒸笼"这些词句让我感受到很闷热。

师：请一位同学当作者，老师当文中的母亲，我们一起来读一读文中的对话。

生对读……

师：这 30 秒的噪声带给你什么样的感受？

生：缝纫机转动时发出的声音很嘈杂。

师：想象一下，这 30 秒的噪声又会带给当时的"我"什么样的感受呢？或者说作者看到母亲在这样的环境中工作，会是怎么样的心情呢？

生：震惊、心疼。

师：你能不能把作者既震惊又心疼的感受读出来？

生读第六自然段……

师：我们可以通过联系生活、联系上下文、边读边想象场景、抓关键词等方法，体会作者描写的场景和细节中流露的深情。

3. 小组合作汇报

布置学习任务：小组选择一个场景学习，想一想："我"看到、听到了什么？心情如何？你从中体会到了什么？

（1）体会"寻找母亲"，再次感受震惊和心疼

师：工作中的母亲是什么样子？

生：很疲惫，一直弯着腰，头凑到缝纫机板上，戴着口罩。

师：作者为什么说"看见一个极其瘦弱的脊背弯曲着，头凑到缝纫机板上"，为什么不说"看见我的母亲脊背弯曲着，头凑到缝纫机板上"，你体会到作者怎样的心情？

生：作者不能确定、不敢确定也不想确定这个极其瘦弱的脊背真的是母亲，体会到作者的震惊，以及对母亲的心疼。

师：在这个场景中，你从哪儿还能感受到"我"震惊、疑惑的心情？

生：重复两声"妈"。

师：为什么要重复两次呢？

生：因为在那么拥挤、嘈杂的环境里，人人还戴着口罩，"我"很难一下子找到哪个是自己的母亲，所以会疑惑、震惊。

师：你愿意试着喊一喊吗？

生读。

师：出示句子"我的母亲背直起来了，转过身来，用疲惫的眼睛吃惊地望着我"，谈一谈两个句子给你的体会一样吗？

生：反复中，体会到"我"心情的变化，从一开始看见时不敢相信母亲竟然如此瘦弱、疲惫，到辨认后的震惊、心痛，让读者感受到母亲的艰辛和"我"内心复杂的感受。

师：真是一个心思细腻的孩子！你能不能把此时作者内心的复杂感受读出来？

生读。

小结：从"进厂寻母"这些场景中，我们体会到了作者的震惊和心痛，我们接着往下看。

（2）体会"向母亲要钱"，感受迟疑和愧疚

师：请讨论这一场景的小组选出代表，分角色朗读"我"与母亲的对话。

生读。

师：母子之间一问一答特别简短，你有什么感受？

生：能看出母亲工作十分紧张忙碌，"我"的回答中有省略号，表示说话吞吞吐吐的。

师：为什么"我"说话吞吞吐吐的？能看出"我"怎样的心情？

生：对辛苦工作的母亲的心疼让"我"不忍心要钱，但想买书的冲动又使"我"说出了口，看得出"我"内心的纠结和迟疑。

（3）体会"母亲塞钱给我"，体会难过

师：在"我"迟疑的时候，母亲已经塞钱给我了。

师：范读"掏出一卷揉得皱皱的毛票，用龟裂的手指数着"，谈谈你的体会。

生：通过"龟裂"，"我"体会到母亲工作的辛苦。

师："毛票"为什么是皱皱的呢？

生：说明母亲兜里都是零钱，是母亲一点一点攒下来的。

师：看到这一幕，作者的心情又是怎么样的？

生：愧疚，心酸，后悔。

师：分角色表演"我"、母亲和女工，带着自己的理解读一读。

生读。

师：谈谈你的感受。

生：母亲毫不犹豫，"我"更惭愧。

师：为什么要写女工这个人物？

生：女工的抱怨和责备，和母亲的行为作对比，更能体会到母亲对"我"无私的爱。

师：这位女工有错吗？

生：没错，因为工作的确很辛苦，在这么艰难的条件下，"我"的母亲还是这么支持"我"读书，更能体会到"我"对母亲的愧疚。

师："我"看到母亲塞钱给我后……请一位同学读一读。

生：读"立刻又坐了下去，立刻又弯曲了背……"

师：作者看到这一幕内心会有怎样的触动？

生：四个"立刻"写了母亲毫不犹豫地投入了工作，体现出一种紧张感，和前面毫不犹豫地给"我"买书的钱对比，更能显出母亲挣钱养家的不容易。

师：作者这样写，体会到他当时怎样的心情？

生：格外心疼。

师：请你带着这样的心情读一读这段话。

生读。

师：又是什么令"我""鼻子一酸"？

生：对母亲的心疼和愧疚。

（4）体会"拥有书"，感受作者对母亲的感恩和责任

师：此时的"我"对母亲又心疼又愧疚，所以给母亲买了一听水果罐头，表达对母亲的爱，可结果呢？

生：母亲责怪"我"，又给"我"凑足了买书的钱。

师：为什么没有权利用那钱为"我"、为母亲买任何别的东西，你体会到作者怎么样的情感？

生1：家里的钱来之不易，"我"已经为给母亲买罐头受到责备，不能再乱买别的东西了。

生2：不能再违背母亲对"我"的期望和支持，"我"买书不再单纯是对读书的渴望，更是对母亲的感恩和责任。

师小结：这节课我们通过联系生活、联系上下文、边读边想象场景、抓关键词等方法，体会到了作者描写的场景和细节中蕴藏的细腻的深情，让我们看到了一幅母慈子孝的美好画面。"虽然那种类乎本能的奉献真令我心酸，但在他们的生命之后不乏好儿女，这是人类最最持久的美好啊！"是作者告诉我们父母之爱蕴藏于点滴之间，需要我们有敏锐的双眼、柔软的心。

4.作业设计

本节课的作业为：写自己与父母相处过程中"鼻子一酸"的经历。（尝试就关键情节运用细节描写，搭建场景。）

低年级阅读"第一本书"的策略建构

姓名	顾倩		
学科	语文	年级	二年级
教科书版本及章节	课外读物		
授课内容	《没头脑和不高兴》		
相关领域	整本书阅读		
学习品质	学习兴趣、学习策略		

一、背景分析

《义务教育语文课程标准（2022年版）》中提出：第一学段的学生课外阅读总量不少于5万字。《没头脑和不高兴》一书总字数近乎5万，基本能够满足课标所提出的课外阅读字数要求。格林兄弟说，童话以最简单的形式"表现着特殊生命的东西"；麦克斯·吕蒂称童话为"缩小的宇宙"。《没头脑和不高兴》成为经典儿童读物，不仅因其充满了天真烂漫的想象，更因为其中蕴含着成长的真谛。《没头脑和不高兴》作为部编本教材中推荐的第一本"整本书"，它要面对的是一年级学生从基础的识字，读懂一篇课文到完整地阅读一本书之间的差异和挑战。如何使学生从语文能力到精神认知都有所成长，这需要教师建构更多积极有效的阅读策略，引导学生实现从学习品质到思维能力的发展。

二、案例描述

《没头脑和不高兴》是由有"外国儿童文学翻译第一人"之称的著名儿童文学作家任溶溶先生创作的一部童话作品。这部童话被誉为"影响几代人的经典故事"，入选《中国小学生基础阅读书目（30本）》。这本书包含了7个童话故事，其中最脍炙人口的篇目当数《没头脑和不高兴》。上海美术电影制片厂在1962年以此童话为蓝本拍摄动画片，它成为小朋友们的童年快乐源泉，也是孩子们精神成长的一面镜子。我们需要帮助学生在阅读过程中体会人物，从人物的改变反思自己，激发孩子在行为习惯上向好的一面。作为一名教育者，培养学生的行为习惯尤为重要，在相关学科的教学中实现"教育"的目标，更是我们的希冀与追求。

从题材看，《没头脑和不高兴》属于热闹派童话。《没头脑和不高兴》作为部编本教材推荐书目中的第一部整本书，是内嵌于语文教材中，作为一种正式学习活动的真正意义上的整本书阅读。了解有关热闹派童话的知识，有助于学生明确作品体裁，熟悉从一本书走向一类书的延展阅读路径。在我国新时期，多部童话作品中塑造的人物形象与传统的乖乖听话的好学生形象不同，颠覆了"唯正面礼教不可"的人物创作方式，出现了越来越多各具特色、贴近现实、有明显个性的儿童形象。《没头脑和不高兴》这本书的人物就是如此，会有迷糊、冒失的时候，但是真实、可爱。

在教学前，我对二年级 21 班 41 名学生进行了前测，结果如下。

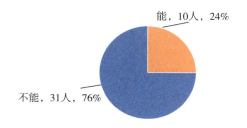

图 1　是否能坚持读完《没头脑和不高兴》这本书？

通过前测结果可得知，24% 的学生能坚持自主阅读《没头脑和不高兴》这本书，但 76% 的学生不能够完成自主阅读，以上结果反映出学生在第一学段对自主阅读较厚篇目的整本书存在一定困难，对此我对学生可能存在的困难进行了更细致的分析。

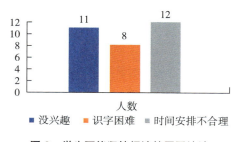

图 2　学生不能坚持阅读的原因统计

学生不能坚持阅读整本书的原因主要集中于没有阅读兴趣，而学生的阅读困难源自以下几方面：1. 没有主动阅读的愿望；2. 识字方面存在一定困难，连续性阅读存在障碍，不能感受阅读的乐趣；3. 不能自主安排阅读进度。由此可以看出，低年级学生需要教师进行多方面的阅读引导。

由此，我在以下几方面提供了一些实际的策略引导。

1. 微课引导

教师可以借助微课，帮助学生积累"热闹派童话"的知识。"热闹派"一词出自任溶溶的《外国童话漫谈》。1982 年，任溶溶提出童话分为"抒情派"和"热闹派"。由于"热闹派"童话寓庄于谐，宣扬游戏精神，受到了儿童读者的广泛欢迎，他自己就成为中国"热闹派"幽默儿童文学的代表作家。此后，在他的引领下又涌现出了以郑渊洁、葛冰和周锐等为代表人物的"热闹派"童话作家，掀起了创作的热潮，出现了一批带有鲜明时代印记的幽默儿童文学代表作品。"热闹派"童话之所以取"热闹"一词为名，首先在于它具有超级释放能量的"闹剧"效果，常通过大量大胆的夸张、象征、想象等艺术表现手法呈现。"热闹派"童话"从儿童现实生活出发，运用放大的视点，表现夸张怪异；追求一种洋溢着流动美的运动感，快节奏，大幅度地转换场景的艺术效果"，这使读者在多样的视觉刺激中获得充满想象力的审美感受。同时，这种童话也善于使用闹剧的表现形式来展现幽默、讽刺、变形，从而达到寓庄于谐的艺术效果。就像《没头脑和不高兴》中，没头脑自己去他设计的三百层高却没电梯的少年宫里看戏，足足要爬半个月的楼梯。这类童话看似热闹荒诞，却蕴含着对社会和人生的认识，且故事性强，注重人物形象的刻画。

【微课：热闹派童话】

提到"热闹派童话"，同学们脑海中会浮现出哪些人物形象呢？宝莲灯中的沉香，还是哈利·波特？都不对，他们不是热闹派童话的主角，而是神话传说和魔幻小说的主角。热闹派童话的主角应该是皮皮鲁、舒克、贝塔、马小跳、米小圈……

相信不少同学已经从老师的举例中猜到了：这样鲜活有趣的人物形象，都属于我们所说的"热闹派"。阅读《没头脑和不高兴》之前，大家要了解一下它所属的类别。从风格来说，一种名曰热闹派，一种名曰抒情派。热闹派的特点是想象丰富，使用极度夸张、变形、象征等艺术手法制造闹剧效果，用漫画似的幽默使读者获得快感，以丰富奇妙的想象力让人物与行动天马行空地组合，超越时间和空间。

现在请你来说说，你最近在阅读过程中遇到的热闹派人物吧。

2. 文本概读

文本概读指大致把整本书阅读一遍，知道每个小故事的大概意思，主要包括读通文本、了解经过、感受人物三个方面。《没头脑和不高兴》由一个个小故事组成，相互独立但又有共同的主题，我们可以从各个小故事中得到启发。

例如文本概读，可以从规划类的任务阅读工具着手，先大致了解文本内容。

表 1　任务阅读工具表格

规划类任务阅读工具（部分）			
	什么习惯?	故事题目	阅读日期	主要人物经历及结局
标签 1				
标签 2				
标签 3				
标签 4				
标签 5				
标签 6				
标签 7				

再如感受人物的微课，《没头脑和不高兴》全书包含七个各自独立的小故事。这七个小故事看似独立，内在却包含着共同的主题和成长中"习惯"的意义。教师依据文本设置不同的"主题性阅读"，学生在阅读全书后，需要打破独立故事片段，建立故事与故事间的关联，从而得到新的启发。

3. 习惯盲盒

图 3　习惯盲盒

习惯盲盒里既有好习惯，也有坏习惯。不同的习惯决定着故事的发展方向、人物的经历和结局。教师启发学生先填充"习惯盲盒"，比如"偷懒""勤劳""仔细""粗心""骄傲""谦虚""理解""任性""会倾听""尊重"等，在积累中了解什么是好习惯，什么是坏习惯。再随机抽取盲盒中的"习惯代表词"，阅读相应的故事。

如果是阅读基础较好的学生，可以随机抽取多个"习惯代表词"，根据"习惯代表词"的性质，续编结尾或改写结尾。

【课堂实录片段】

教师展示学习目标。

学习目标：谈结局，重视日常习惯。

教师提出问题：请同学们说一说你们知道哪些具体"习惯"。学生举例，如"会倾听别人说话、见人打招呼问好、上下楼梯靠右行、在公共场所不大声喧哗、会整理物品、进门摔门等"。教师提供一个盲盒箱，请学生将刚刚说的好习惯坏习惯都分类放进去。

今天我们要阅读的故事由大家决定，请自主抽取习惯词，进行相应的阅读。在这个过程当中，学生格外期待和珍惜抽取关键词的机会。读完故事，请学生交流自己抽到的词语及故事，再说说心中相应的改正坏习惯的方法。

活动效果：在盲盒抽取的过程中学生们非常兴奋，能够享受阅读过程并提出自己的看法，阅读兴趣明显增强。

4. 换位模拟

低年级儿童的思维具有形象性。每一个阅读此书的孩子都能在"没头脑"和"不高兴"这两个人物身上看到自己的影子。《没头脑和不高兴》整本书中有大量的细节描写，如："我开门一看，原来是没头脑。对不起，我书包给忘了。他一边脱帽子手套，一边进屋子找书包。他找到书包，走了。我把门刚给关上，嘭嘭嘭，外面又敲门了。"作者用大量的动作描写给读者还原了真实的场景，为孩子们的想象搭建了一座平台。我们在授课过程中，不妨让活泼好动的低年级小朋友演一演，让他们关注细节，脑海中能够唤醒文字的记忆，运用多种感官将书中情景再现，在手动、眼动、耳动、口动、脑动的过程中体会语言，感受人物形象。

从文本概读到情景再现再到换位模拟，学生实际上经历的是"了解内容—感受情境—体会体悟"的过程。

案例分析与思考：

苏联教育家马卡连柯指出："如果在儿童的早年，不能合理地教育儿童，使其养成了不良的意识和行为习惯，那将给以后的教育带来几倍、几十倍的困难。"因此，儿童需要通过情境模拟，从自我角度、客观角度感受坏习惯带来的不良影响，再做出正确的抉择。

从心理学角度来说，这一时期（0～9岁）的儿童处于前习俗水平。其特点是：以自我为中心，注重个人利益。处于这一道德水平的儿童会以行为的直接后果和自身的利害关系来判断好坏是非。它有两个阶段：一是"惩罚与服从的道德定向阶段"，这个阶段的儿童认为凡是能够避免受到惩罚的行为都是好的，遭到批评指责的行为都是坏的。他们根据是否会受到惩罚或服从权力进行道德判断；二是"朴素的利己主义定向阶段"，这一阶段儿童开始意识到他人的利益与需要，他们对行为好坏的评价取决于能否满足自己的需要，也包括能否满足别人的需要。凡是对自己有利的就好，否则就不好，好与坏的根据是以自己的利益为准。他们会关注行为带来的结果究竟是对自己有利还是不利，尚不能达到以社会法则为判断基准的水平。

因此，坏习惯是需要有对应的后果的，正如书中有坏习惯的人物一样，都感受到了不良习惯带来的坏处。"泰焦傲"自满得意于自己的杂技天赋，懈怠懒惰，最后无法再表演走钢丝的绝技；"没头脑"总是没头脑，变成工程师也没头脑，设计了没有电梯的高楼；"闹闹"吵吵闹闹，想干什么奶奶都听不见，无法满足自己的愿望……学生通过阅读《没头脑和不高兴》这部有趣的作品，在轻松的阅读氛围或活动过程中，反思、修正自身的日常习惯，逐渐学会遵守规则。

整本书的阅读教学还要依据学情设置不同的阅读方式，如支架较少的规划性任务，阅读基础中上的学生可以选择主题类任务、支架较多的阶段性任务及贯通性任务。下一步我将不断探索针对不同学生设置分级的阅读活动，真正意义上帮助学生实现从学习品质的培养到思维能力的转变。

 专家点评：

教师从学情出发，根据学生的学习出现的问题，进一步找到原因。依据学习品质理论，发现学生出现问题的深层原因是学生学习品质素养的

薄弱，为此改变教学方式，教师的"教"的主动逐渐转变为学生"学"的主动。

本案例呈现了研究性的设计，提高学生的学习兴趣及调动主动学习积极性的 4 个策略。同时，采取"微课引导""抽取习惯盲盒""换位模拟"等环节的情景设计和活动，培养以及提升学生学习品质。这些设计不仅能够活跃课堂，激发学生学习兴趣，同时也构建了新的学习环境和路径，推进了双边教与学的探究活动的不断升温和学习情感的巩固。

学生在一节课的时间里，逐渐摆脱了教师牵引，通过活动链接不同的环节，节省了教学时间，增加了学习的趣味性，减少了无效时间对内容的拖拽，避免了学生注意力的分散和精神懈怠，减少了教师组织教学和辅导薄弱学生的时间，激发了学生的学习主动性，达到学生主动学习、快乐学习、有效学习的效果。

设计情境，挑战思维，提升水平

姓名	武文颖		
学科	数学	年级	四年级
教科书版本及章节	北师大版教材四年级上册 第三单元		
授课内容	《有多少名观众》		
相关领域	数与代数		
学习品质	学习兴趣、学习动机、思维能力、学习策略		

一、背景分析

素养导向的课堂教学是以学生为主体，关注学习者本身、学习过程、学习者对学习的看法和态度、学习者学习过程中的个人能力和学习策略、学习者学习过程中的心理状态和情绪体验，在探究发现、交流分享、概括提炼中获得知识与技能，形成能力，进而培养学生积极情感态度与价值观，其价值导向就是关注学生的学习品质。此外，在课堂中融入表现性任务，并对学生完成的任务进行分析，可以帮助教师有效判断学生对知识的理解与掌握，更好地落实以核心素养为导向的课堂教学，在关注学生学习品质的过程中推动其学习和能力发展。文章以北师大版四年级上册《有多少名观众》第二个教学环节为例，阐述并分析如何在真实情境中进行问题探究，推动学生学习，落实对数感这一学科素养的培养和发展，并借助对学习的表现性评价分析学生的学习品质。

二、案例描述

（一）调研内容

设计"好"探究任务，必须以教学内容本质为核心，同时要对学生思维具有一定的挑战性，使他们必须经过真思考、真探究才能完成任务。[①]

针对本课的教学内容，在课前我进行了如下的学情调研。

调研目的：学生是否有估计的意识？估数的方法有哪些？

调研对象：农科院附小四（8）班44名学生。

调研题目：估一估，这些书架上大约有多少本书？写出你的思考过程和方法。

图1　书架示意图

（二）调研结果

1. 学生是否有估计的意识

通过对学生做题方法的分析，44名学生中，仅有5人选择精确计算，具有估计意识的学生达39人，占全班人数的88.6%。说明绝大部分学生能够审清题意再作答，同时在解决问题的过程中，具有估计意识，能运用估算的方法解决问题。

---

① 刘加霞，张殿军. 数学表现性评价任务及其量规的设计与运用——以"圆的认识"为例 [J]. 小学教学（数学版），2021（02）：9-14.

2. 估数方法有哪些

表 1　学生估数方法统计

估数方法	$19≈20$, $20×7×3$ $=140×3$ $=420$（本）	$19≈20$, $20×3×7$ $=60×7$ $=420$（本）	$19≈20$, $3×7=21$（个） $21×20=420$（本）	有估计意识，但数量关系有问题。
学生作品				
人数（共 39）	14	12	8	5
占比	35.9	30.8	20.5	12.8

在具有估计意识的 39 位学生中，通过对学生估数方法的分析，我发现学生的估数方法大致可以分为以上几种。前三种方法，学生能够正确分析数量关系，选择自己喜欢的方式进行估数。这三种估数方法都体现了"以小估大"的策略。看来这些学生已能够应用"以小估大"的乘法策略进行估数，这主要源于学生在第一学段数的认识与运算中对估数的接触。尤其在二年级下册《生活中的大数》单元，学生在估计生活中的大数时就已经接触过"以小估大"的策略，只不过数位没有本单元的多。

（三）我的思考

此前测题情境与书中情境类似，那么在绝大多数学生已经有了估计意识且能选择恰当估数方法的前提下，如果再继续使用书中的情境图进行教学，学生的收获和成长在哪里呢？通过前测还发现多数学生的估算结果都集中在 420 本，那么学生对结果的大致范围是否有感知呢？

我想，虽然书中给出的是生活中的情境，但是主情境图和一个看台的情境图并不贴合生活实际。生活中，我们常见到的场馆中的看台一般呈梯形，不会像书中那样工整。显然，如果将书中的情境图和任务呈现给学生，对于学生来说，在思维上并没有挑战性，也不必经过探究就可以轻易完成。如果将贴切生活实际的梯形看台图呈现给学生，学生是否会有更多的估数方法和策略呢？他们能否在估算中感受到估算还具有把握运算结果范围的价值呢？

基于以素养为核心的课堂教学，教师应该更加关注影响学生学习过程的关键品格和必备要素——"学习品质"。

综合以上想法,我把书中的情境变为北京海洋馆海洋剧场有多少名观众的真实情境,贴切学生实际生活的场景更能激发学生的学习兴趣,让学生在真实的情境中,体验更多估计大数的策略与乘法的应用价值,通过感受估算还具有把握运算结果范围的价值,发展学生的数感。在真情境真探究的任务推动下,丰富学生的学习策略和方法,促进思维发展,让学生在探究中有收获,在学习中成功体验,正向促进学生积极的学习情感体验。

三、教学策略

(一)总体思路

在整节课的教学过程中都融入教师对学生学习品质的关注,但是每一个环节教师关注的侧重点也有所不同。本节课的教学环节和所关注的学习品质维度大致如下。

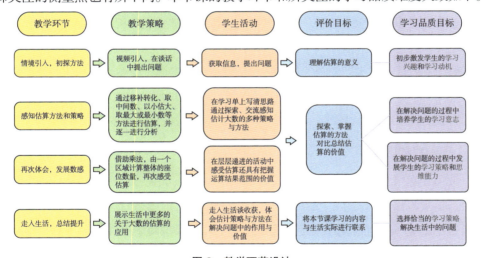

图 2　教学环节设计

第二环节"感知估算方法和策略"的表现性任务为:根据情境图(图 3),估计一个看台的人数。

图3 看台情境图

针对此表现性任务，依据本节课的教学目标和核心内容，同时关注学生的学习品质，我制定了指向本节课核心目标和核心价值的评价指标与要素（表2），同时根据对学生方法的预测，制作了表现性任务评价表及学生学习过程中的学习品质（表3）。

表2 估算"一个看台人数"方法的评价指标与要素

评价指标	评价要素	学习品质
完成任务的思路或方法	观察情境图，进行分析，动笔圈画。	学习认知学习策略
	选取合适估算单位，利用乘法，对整体进行估计。	
任务完成过程中的想法	画图表达自己的思考过程。	思维能力学习策略学习意志
	列式呈现自己的估算方法。	
完成任务后的结果与效果	作品集中展示后，感悟估算的价值之一：把握运算结果的范围。	学业成就学习兴趣
	不同估算策略的内在本质：选取的估算单位不同。	
	培养对数的感悟，发展数感。	

表3 学生"估算策略"层级水平

学习品质	等级水平	表现行为描述
学习策略思维能力学习意志	水平一	学生没有估算方法，一行一行数出人数进行相加，结果趋于精算。没有找到合适的估算单位。
学习策略思维能力学习意志	水平二	学生没有找到合适的估算单位，但是能将梯形看台分成中间是规则的长方形，两边是近似三角形的零散部分进行相加求和。在解决问题的过程中有估算也有精算。
	水平三	学生能找到一个确定的单位进行估算，如以人数最多的一行或人数最少的一行或人数适中的一行为标准，再乘行数对整体进行估计。
	水平四	学生能通过画图分析，将梯形图变成较为规整的长方形，再将其分为大致相等的几部分，只数出其中一小部分，再应用乘法对整体进行估计。其深层思维就是在水平三的基础上缩小估算的单位。

（二）教学实录

在教学时，教师采用以下方式和顺序组织汇报交流，不仅让学生感受到多种估算策略，更让学生在不同的估算策略中体会估算的作用与价值，同时发展学生的数感。

1. 多种不同估算策略逐一展示

（呈现第一种方法，图 4）

图 4 方法一

生 1：我发现这个看台不规则，我把这个看台分为一个长方形和两个近似的三角形进行估计（图 4）。我数了一下，一行约为 20 人，一共有 9 行，所以列式为 20×9=180 人。这样大长方形里有 180 人。然后再数，左边有 18 人，我把它估成 20，18≈20；右边有 25 人。所以列式 180+20+25=225≈230（人）。

师评价：这位同学通过对图形进行切分，把它分成长方形和两个近似的三角形，用乘法估出这个长方形里的人数，再估一估两边的人数，就把整个看台的人数估出来了。

（呈现第二种方法，图 5）

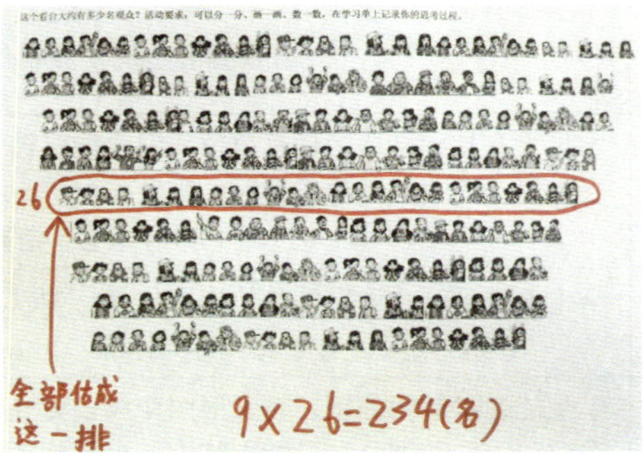

图 5 方法二

生 2：通过观察这个看台的座位图，我发现，如果把最上一排多的几个人挪到最下一排，人数就与中间一排人数差不多，如果把上面第二排多出的人放到下面第二排，人数也与中间这排人数差不多。以此类推，所以我选取中间这一排的人数进行估计。中间这一排一共有 26 人，因此列式为 26×9=234（名）。

师评价：这位同学真善于观察，通过对图的整体分析，选择一行人数适中的去估，只用一步就估出了这个看台的大概人数。

（呈现第三种方法，图 6）

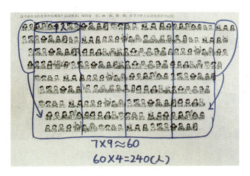

图 6　方法三

生 3：我发现这个图形上面多，下面少，所以我先把这两边多出来的部分补到下面，把这个图形变成一个规则的长方形。然后我把这个长方形分成大致相等的 4 份，每一份里一排的人数大致相等，大约有 7 人，所以列式为 7×9×4≈60×4=240（人）。

师评价：这位同学的方法挺特别，不用数出那么多的人数，只要分一分，运用乘法很简便地就估出了这个看台的人数。

（同时呈现方法四和方法五，对比体会，图 7、图 8）

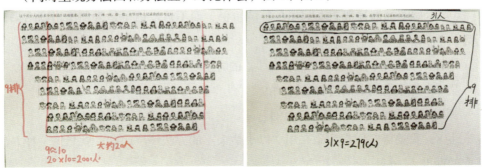

图 7　方法四　　　　　　　　　　　**图 8　方法五**

师提问：看了这两位同学的方法，你们有什么感觉？

生 4：我感觉方法四肯定是估小了，因为他用人数最少的一行去估的整体，其他行的人数肯定都比 21 人多，所以肯定估小了。方法五肯定估大了，因为他用人数最多的一行去估的整体，其他行的人数肯定都不到 31 人，所以肯定估大了。这两种方法与实际结果相比，偏差都比较大。

图 9　本课教学实录

2. 对比体会，感受估算有利于人们把握运算结果的范围

师追问：你们觉得这两种方法怎么样？

生 5：一个估得太大了，一个估得太小了，都可能距离实际结果太远了。

师提问：请同学们对比这些估的结果，想一想，这两种估的方法，有没有价值？

生 6：我发现了，这两种方法告诉我们一个范围。我们估计的结果都在这两个数的范围之内。

（学生如醍醐灌顶般感受到了估算的价值，而不再以估得是否趋于精确结果进行评价）

师提问：同学们，再对比一下这些估的方法，有没有什么相同的地方？

生 7：都是借用乘法进行估计的。

师提问：再看看方法二、三、四、五，它们有没有什么相同的地方？

生 8：我觉得它们都像是在用"以小估大"的方法解决问题，就是每一种方法选取的标准不一样。

（学生恍然大悟，教室里响起掌声）

四、教学效果

本节课后，对四年级 8 班 44 名学生进行后测分析，有 95.6% 的学生对"估算能给运算结果合理的范围"这一价值有感受，改变了以前"估算估得越准确越好"这一认知。经过本节课后，不仅发展了学生的数感，还丰富了学生的估算策略和估算方法，有 93.3% 的同学能根据情境信息找到合适的估算方法进行估算。

五、教学反思

第一，表现性评价关注的不仅仅是最后的答案，同时更加关注学生学习的过程，在真情境真探究的推动下，学生会主动思考，寻求解决问题的方法和策略。

第二，在真实情境的推动下，激发学生的学习兴趣，在兴趣的推动下，学生遇到困难会主动想办法解决问题，例如，通过圈画等活动使寻找正确答案的步骤或过程外显化。

第三，在学生解决问题的过程中，适时利用表现性评价，掌握学生数学理解的程度，可以使数学理解更加循证有据。加以老师适当的评价，明晰学生解决问题中的策略和方法，对学生也是一种鼓励。

专家点评：

　　本案例研究的价值：1. 教师根据教学目标和教学难点，立足不同学生思维水平的培养，这样的目标设计更具有针对性和个性化。2. 教师不局限文本，为了让学生具有更大的思维空间，在理解文本的基础上更加贴近生活实际，帮助学生打开视野，考虑到了学生的不同认知和思维水平，让知识的学习穿越课堂活动落地回到生活中。因为有这样的一个明确的培养目标，学生的学习兴趣和动机就会被激发出来。3. 环节推进策略驱动。教师充分抓住学生的兴趣时机，在第一个策略完毕后，立刻推进第二个策略移步转化，给学生一个小台阶，让学生独立去选择应对策略。把时间交给学生，培养了学生独立思考的能力，同时把不同水平的学生都向更高层推进了一步。这个过程一定是有教学逻辑和教学张力的，在学生的选择策略的自我探究中，最后教师又再次引领学生走入生活去验证学生对于估算的理解和能力。让学生发现自己的思考层次比以前高了，成就感由此产生。

因此选择有效策略完成自己的小目标会变成一种学习习惯，以此提高学生的认知和思维水平，同时提升学生的学习品质。

小游戏，大成效

姓名	张宏伟		
学科	科学	年级	五年级
教科书版本及章节	教科版教材五年级上册 第一单元		
授课内容	《光的反射现象》		
相关领域	跨学科：物质与能量 学科核心概念：物质的运动与相互作用		
学习品质	学习兴趣、学习动机		

法国教育家卢梭认为，寓教于乐才是教育的最高境界。如何让学生的学习能够快乐，如何在教育中激发学生的内在动力，这些问题值得教育者们思考。研究表明，游戏化学习具有激发学生学习动机、发展学生认知能力以及促进学生积极参与等优势。①

一、案例背景

学生学习品质一直是国际教育领域所关注的一个重要话题。鉴于学生学习品质在其成长及终身发展中所具有的广泛性和长期性影响，作为一名一线教师，关注学生，并明确学生学习品质的内涵特质，分析学生学习品质发展的影响因素，并在实践中探寻培养学生学习品质的具体路径，无疑有着特别重要的实践意义。②学生学习品质的内涵特质包括五大系统和九个维度，学习兴趣与动力系统是五大系统中的一个，它包含学习兴趣和学习动机两个维度，而在小学科学课中采用怎样的学习策略可以激发学生的学习兴趣和促进学生学习动机的生成是我思考的问题。

受传统教学观念的影响，传授式教学是小学科学教师常采用的教学方式，在

---

① 关京 . 游戏化学习对于教育的启示 [J]. 中小学心理健康教育 ,2021（26）:4-7.

② 覃仁敏，何善亮 . 学习品质的教育价值及培养路径 [J]. 教学与管理，2021（22）:4-6.

教学过程中教师一味地向学生输送知识，再加上科学知识本身比较枯燥，在此种教学方式下是无法充分调动学生的学习兴趣的，对于学生整体的学习效率来说也有很大的弊端。因此，教师首先要转变教学观念，将传授式教学方式改为探究式教学方式，再根据学生的学习特点灵活选择教学策略，而游戏化教学策略可以有效地改善这一学习问题，它需要教师将游戏化学习与科学知识深度融合，合理地设计课堂游戏，以此来调动学生的积极性，从而发展其科学思维，促进其科学素养的提升，但在游戏化教学的展开过程中教师要做到时刻把握游戏的节奏，适当地对学生进行引导，才能保障学生学习的有效性。[①]

二、存在问题

皮亚杰把儿童心理的发展划分为四大阶段，五年级的学生属于第二阶段到第三阶段的过渡时期：即具体运算阶段到形式运算阶段，学生在这个阶段具有逐步可以离开具体事物，根据假设来进行逻辑推理的思维。《光》单元是教科版五年级上册第一单元，本单元的学习内容较为抽象，对学生的科学思维要求较高，尤其是归纳推理能力，需要在观察的基础上进行分析、比较、推理的科学思维，因此本单元注重让学生在实践活动中形成对"光"的认识，在科学实践中不仅增长学生的知识、技能、方法，还逐步培养学生归纳推理的科学思维。

在教学前，为更好地了解学生关于本单元的学习兴趣和学习动机，我设计了一个前测问题，五年级 4 班 15 名学生参与了访谈前测，学习兴趣和学习动机的前测结果如下。

问题：你对《光》单元的学习兴趣是怎样的？

A. 浓厚　　B. 一般　　C. 不感兴趣

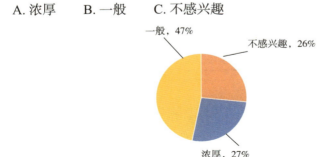

图 1　学习兴趣和学习动机前测结果

---

① 吴胜国. 谈游戏化教学在小学科学教育中的应用策略 [J]. 考试周刊，2021（74）:163-165.

依据学习兴趣和学习动机的前测内容分析后，我发现：11名学生对于《光》单元的学习兴趣和学习动机不高，约占73%。与参加前测的学生进一步沟通后，我发现，学习兴趣和学习动机不高的因素主要有：1. 本单元知识层面的学习抽象且有难度；2. 本单元实验内容缺少趣味性；3. 本单元前面课程的内容以传授式教学为主，探究式教学为辅。由此我想改变原有的教学方法，创新教学模式，尝试将游戏融入课堂当中，使得整个课堂充满生动性和趣味性，以寓教于乐来激发学生的学习兴趣和学习动机，增强学生的参与性。我在小学科学课堂中进行了初探和实践，接下来将针对《光》单元的第六课《光的反射现象》一课中融入游戏化学习的实施做主要阐述。

三、问题解决

（一）如何实施

首先为了更好地了解学生关于本节课学习内容的前概念，我设计了3个前测问题，五年级四班42名学生参与了问卷调查，本节课学习内容的前测结果分析如下。

1. 你可以试着说一说或者画一画什么是光的反射。

40位同学参与了问题1的回答，约占95%。根据表1可以看出，大部分学生对于光的反射概念有所了解。

表1　对光的反射概念认识前测结果

水平	知识	人数	百分比
水平一（低）	画图是光通过三棱镜发生偏折的图像，将折射和反射概念混淆。	4	10
水平二（中）	用画图和文字的形式表示出了光遇到物体时传播路线发生了改变。	18	45
水平三（高）	用画图和文字的形式表示出了光遇到物体时传播路线发生了改变，且用箭头正确表示出了光的传播方向发生了改变。	18	45

2. 生活中有哪些是光的反射现象？

39位同学参与了问题2的回答，约占93%。根据表2可以看出，大部分学生能够举出生活中光的反射现象实例，但是对于光的反射现象，认识又较为单一，仅仅举出了镜子的例子。

表 2　对光的反射现象认识前测结果

水平	知识	人数	百分比
水平一（低）	没有举出实例，而是只写出了：玻璃、手电筒、阳光等词语。	3	8
水平二（中）	只提到了生活中的镜子。	22	56
水平三（高）	举出了除镜子外其他的实例，如：阳光照到书上可以看见书、汽车后视镜等。	14	36

3. 你知道光的反射有什么规律吗？

只有 6 位同学参与了问题 3 的回答，约占 14%。根据表 3 可以看出，均未写出正确的反射规律。

表 3　对光的反射规律认识前测结果

水平	知识	人数	百分比
水平一（低）	没有写出正确的反射规律，答案如：任何物体都能反射光，光射到不透明物体会发生反射。	6	100
水平二（中）		0	0
水平三（高）		0	0

通过分析本节课学习内容的前测，我发现五年级的学生具有了一定的生活经验和知识储备，大多数学生可以在生活中发现光遇到平面镜时，传播方向会发生变化的反射现象。学生对于光的反射现象是熟悉的，但对于生活中反射现象的了解又比较单一，因此我确定了本节课的教学重点：通过光的反射实验，认识光的反射现象，建立光的反射的科学概念。因为学生对于光的反射规律都不清楚，所以本节课有难度的是关卡二中包含的转化法实验内容和关卡三的内容，即学生自己动手发现光的反射规律，由此确定了本节课的教学难点：分析综合实验现象，抽象概括出光的反射规律。五年级的学生具备了一定的科学探究能力，能够利用镜子控制光的反射，也能够进行比较和归纳的思维活动。因此，学生可以在观察的基础上，了解更多的反射现象，归纳出光的反射规律，突破本节课的重难点。

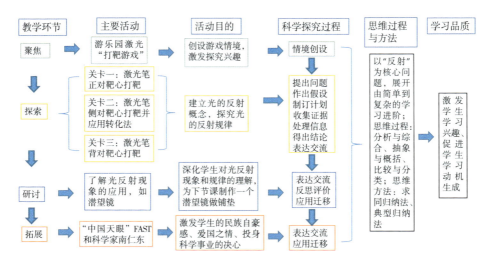

图 2　本课教学环节设计

在聚焦环节，首先创设游乐园情境贴近学生生活，激发学生的探究兴趣，然后聚焦到"打靶游戏"这个有趣的活动，学生注意力一下被吸引了过来，学习热情也因为游戏而高涨了起来。

在探索环节，我将"打靶游戏"设置为由易到难的闯关游戏，共设置了三个关卡，随着游戏难度的增加知识由浅入深，也使得探究活动步步深入，让学生的认知由点及面，富有挑战性的同时又极具乐趣。整堂课几乎是被游戏贯穿和引领，让学生在玩中学、学中玩，初步建立起本课科学概念和探究出光的反射规律。

探索环节的三个关卡分别是：关卡一，激光笔正对靶心打靶，回扣光沿直线传播的特点；关卡二，激光笔侧对靶心打靶，建立光的反射概念，探究光的反射规律；关卡三，激光笔背对靶心打靶，进一步感受入射光的位置变化会影响反射光的位置变化。关卡二中学生利用教师提供的激光笔、侧面贴有一个平面镜的透明水槽进行实验，实际上是将光的反射过程以光线的形式更加清晰地展现在学生眼前，使学生更加精准地把握光反射发生的过程和特点——传播方向发生改变，又返回来了。实验结束后进行记录、讨论、交流解释，对实验结果进行对比、分析，最终让学生自己总结出光的反射规律：入射光和反射光都是直线，入射光的位置会影响反射光的位置。这中间穿插了很重要的一种实验方法，即"转化法"（课堂具体内容详见下面情景再现）。关卡三是本节课游戏内容的升华，一个更具有挑战性的"打靶游戏"激发了学生的挑战欲，学生进一步感受到想要打中靶心，需要反复调整激光笔的位置，因此对"入射光的位置会影响反射光的位置"这一规律更加印象深刻。

情景再现（突破教学难点）

关卡二：激光笔侧对靶心打靶，建立光的反射概念，探究光的反射规律。（后半部分）

师：通过前面的学习我们知道光是沿直线传播的，但是碰到镜子后反射光光线也是沿直线传播的吗？

生：是的。

师：你们刚刚实验看到光线了吗？

生：没看见。

师：没有看到光线，因此这只是你们的猜测，怎样才能让光路可见来证实你们的猜测呢？

生：用烟雾让光路可见，用水让光路可见。

师：把不可见的光路通过一些方法让它可见了，这种实验方法叫作转化法，而我们在后面科学课的学习中很多实验都可以用到转化法。

师：反射光是不是沿直线传播的？今天张老师还给每组准备了两杯有颜色的水，再借用刚刚的实验盒和激光笔，实验怎么做才能证实你们的猜测呢？

生：将两杯水倒入实验盒中，再用激光笔照射底部平面镜，从侧面看一看反射光是不是直线。

师：按照你们说的试一试吧。

生：小组活动。

师：看到了什么现象？说明了什么？

生：看到了入射光和反射光都是一条笔直的红线，说明入射光和反射光都是沿直线传播。

师：刚刚同学们还提到了一种让光路可见的方法——烟雾，在液体水中的现象我们看到了，烟雾中的现象还是这样吗？在你们刚刚做实验时，张老师在这个盒子里悄悄点了香，现在烟雾收集差不多了，我们一起来看看吧。

生：观看教师的演示实验。

师：结合刚刚液体水中的现象，我们现在可以得出实验结论：入射光和反射光都是沿什么传播？

生：直线。

师：通过刚刚的实验，我们知道了入射光和反射光都是沿直线传播，这是第一条光的反射规律。那么入射光和反射光的变化关系是什么？这第二条光的反射规律还需要继续实验来找到它。

师：反复调整照入有颜色水里激光笔的位置或者角度，找一找入射光和反射光的关系，实验结束后完成记录单下半部分的填写。

生：合作进行实验，根据要求完成实验记录单下半部分的填写。

师：现在来汇报一下你们的实验结果吧。

生：小组汇报实验结果。

师：当我们调整激光笔的位置，首先会影响谁的位置？

生：入射光。

师：而入射光位置发生变化又会影响谁的位置变化？

生：反射光。

师：因此可以得出入射光和反射光之间变化关系的实验结论是什么？

生：入射光的位置变化会影响反射光的位置变化。

图 3　本课教学实录

在研讨环节，学生开动脑筋，回忆起身边的反射现象，在进一步分析和归纳的思维活动中，学生会在头脑中自主地深化光的反射现象和规律；潜望镜的提出承接了探索环节的关卡三，将课堂光反射知识与应用和动手实践融合起来，这样的融合既能深化学生对光反射的理解，同时也为下节课制作一个潜望镜做好了铺垫。

在拓展环节，让学生了解我国科技发展取得的巨大成就"中国天眼"和我国科学家南仁东的故事，激发学生对祖国科技文明的自豪感，崇尚科学精神的情怀以及学习科学家不畏艰辛、不怕失败的科学态度和精神。

（二）成效如何

本节课结束后，为更好地了解在游戏化学习的策略下，学生的学习兴趣和学习动机是否有提高，我设计了 1 个后测问题，五年级 4 班 15 名学生参与了访谈后测，学习兴趣和学习动机后测结果如下。

问题：与《光》单元前面几节课的学习相比，你觉得这节课_____。

A. 更有趣　　　B. 一样　　　C. 更无聊

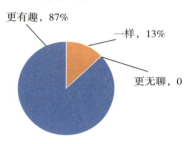

图 4　学习兴趣与学习动机后测结果

通过对学生学习兴趣和学习动机的后测分析，我发现 15 名学生中，13 名都觉得游戏化学习方式使得课堂更有趣，2 名学生觉得和以前一样，0 名学生觉得更无聊。与参加后测的学生进一步沟通后，我发现学生觉得本节课更有趣的原因是：1. 本节课知识内容掌握起来更容易；2. 本节课实验变得更多了且更有趣味性。因此游戏化学习的学习策略在小学科学课堂中若使用得当，是可以增加学生学习兴趣与激发学习动机的。

本节课结束后，为更好地了解在游戏化学习的策略下，学生的学习兴趣和学习动机提高之后，学习效果如何的问题，我将 3 个前测问题重新进行后测，五年级 4 班 42 名学生参与了问卷调查，学习效果后测结果如下。

1. 试着说一说或者画一画什么是光的反射。

42 名学生参与了问题 1 的回答，占 100%。根据表 4 可以看出，绝大部分学生对光的反射概念认识更加清晰。

表4　对光的反射概念认识后测结果

水平	知识	人数	百分比
水平一（低）		0	0
水平二（中）	用画图和文字的形式表示出了光遇到物体时传播路线发生了改变，能正确标出平面镜的位置，但没有用箭头表示出光的传播方向发生了改变。	4	10
水平三（高）	用画图和文字的形式表示出了光遇到物体时传播路线发生了改变，能正确标出平面镜的位置，且用箭头正确表示出了光的传播方向发生了改变。	38	90

2.生活中有哪些是光的反射现象？

42名学生参与了问题2的回答，占100%。根据表5可以看出，大部分学生能够举出两种以上正确的光的反射现象实例。

表5　对光的反射现象的认识后测结果

水平	知识	人数	百分比
水平一（低）	举出了一种正确的光反射现象的实例。	3	7
水平二（中）	举出了两种正确的光反射现象的实例。	5	12
水平三（高）	举出了两种以上正确的光反射现象的实例。	34	81

3.你知道光的反射有什么规律吗？

42名学生参与了问题3的回答，占100%。根据表6可以看出，大部分学生对于光的反射规律认识更加深入。

表6　对光的反射规律认识后测结果

水平	知识	人数	百分比
水平一（低）	没有写出任何一条正确的反射规律。	5	12
水平二（中）	能写出一条正确的反射规律。	7	17
水平三（高）	能写出两条正确的反射规律：入射光和反射光都是沿直线传播的，且入射光的位置会影响反射光的位置。	30	71

通过对学生学习效果的前后测对比分析后，我发现本课的教学成果显著（表7）。课后，所有学生都参与了三道后测题的回答，答题率得到显著提升，且学生对本节课知识的掌握程度明显高于授课之前，学习效果也更好于本单元前面采用传统教学方式授课。由此看来，采用游戏化学习的策略，让全体学生在课堂中全程参与游戏，这种教学方式大大增强了学生学习的兴趣，学生在玩中学会了知识，解决了

大部分学生对光这个抽象概念的理解。

表 7　前测与后测数据对比

	前测问题 1 （人数及百分比）	后测问题 1 （人数及百分比）	与前测比后测增长比例	与前测比后测下降比例
水平一（低）	4/10	0/0		10
水平二（中）	18/45	4/10		35
水平三（高）	18/45	38/90	45	
	前测问题 2 （人数及百分比）	后测问题 2 （人数及百分比）	与前测比后测增长比例	与前测比后测下降比例
水平一（低）	3/8	3/7		1
水平二（中）	22/56	5/12		44
水平三（高）	14/36	34/81	45	
	前测问题 3 （人数及百分比）	后测问题 3 （人数及百分比）	与前测比后测增长比例	与前测比后测下降比例
水平一（低）	6/100	5/12		88
水平二（中）	0/0	7/17	17	
水平三（高）	0/0	30/71	71	

在本节课游戏化学习的过程中，生生互动明显多于师生互动，学生可以有效表达并与他人交流、分享自己的观点，同时学生之间共同学习，让一个学生影响另一个学生，可以调动来自不同学生、不同维度的学习资源，更有利于激发学生的学习内驱力，使之成为引发每个学生深度学习的催化剂。

四、反思讨论

最初，我将三个关卡的游戏全部设置在了导入环节，虽然学生的学习兴趣被迅速激发出来，但本节课的学习线索在导入环节就全部呈现了出来，使内容的逻辑出现了混乱，学生学习的效果并不好。后来我将三个关卡的游戏改为在探索环节，本节课的内容从头至尾围绕着难度不同的"打靶游戏"而展开，在游戏难度层层递进的同时，学生的学习更加深入，本节课的逻辑性也更凸显了出来。

课程之初，我采用视频的方式，让学生知道"入射光和反射光都是沿直线传播的"这个规律，后来改为采用转化法，通过学生用带颜色的水和教师演示烟雾的实验，让学生亲自探究出了这个规律。这个环节将传授式的教学方式改为探究式，学生的学习效果得到了很大提升。

随着教育改革的不断深化，一线教师的教育理念也在更新，越来越多的游戏化学习的教学案例涌现出来，因此游戏化学习的效果也进一步得到了证实。但在教学实践中，因游戏化设备不足等原因，导致教师采用游戏化学习时仍然面临诸多挑战①，而学生学习品质需要持久的培育，若游戏化学习的课程没有系统性、连续性，只有一节或几节，学生学习品质培育的效果将会是短暂且微乎其微的。因此，如何让游戏融入学生学习的方方面面②，进而让游戏化学习的效果转变为持久且举足轻重的，是需要一线教师继续思考并在实践中探索的。

专家点评：

本案例的特点和价值在于教师的研究理论与实践探究性及科学数据研究，结合所产生的有效教学。通过课堂教学设计和课堂教学中师生活动体现出来的教师对学生学情分析，聚焦在不同水平所产生的问题的研究。本节课的教学自始至终围绕着学生喜爱的难度不同的"打靶游戏"而开展，在游戏难度层层递进的同时，学生的学习与思考也不断深入，最终突破障碍完成目标。

本节课依据学生学习规律也更凸显了关注学生的"学"。本案例的亮点是教师根据观察学生的学习前期和课堂中不断出现的问题，进行策略的调整，积极果断改进方式，让学生能够更加科学有效地学习探究并快速达到目标。教学开始时教师采用的是视频的方式，让学生知道"入射光和反射光都是沿直线传播的"这个规律，之后改为采用"转化法"，通过学生用带颜色的水和教师演示烟雾的实验，让学生亲自探究出了这个规律，在这环节中将传授式的教学方式改为探究式，学生学习动力在不断转换中得到了加强，学习效果显而易见。在教师引导下学生思维的贯通性和灵活性，让学生的学习情绪充满了动态的变化，教师隐蔽的教学策略给予学生

① 郭振国.游戏化学习的理论发展 [J].求学，2021（28）:25-26.
② 沈兰.游戏化学习:儿童学习品质培育初探 [J].上海教育科研,2018（08）:19-22.

一种引导，当遇到解决不了的问题时，需要改变策略，能够疏通各种渠道有效完成目标，而活动过程数据的记录可以让教学产生显性实效。

借助支架，曲线梳理，提升品质

姓名	安燕飞		
学科	语文	年级	六年级
教科书版本及章节	部编版教材六年级上册 第五单元		
授课内容	《盼》		
相关领域	语文教学		
学习品质	学习动机、学习策略		

一、案例背景

在小学语文教学中，为了能帮助学生更好地理解文章内容，体会人物情感，教师们经常使用学习单，或运用批注的方法进行阅读，教学效果良好。在关注到情节曲线图这一教学方式后，我在平时教学中也一直思索：情节曲线图是否能够很好地帮助学生梳理文章脉络，捋清作者习作思路，进而提升学生的习作能力。

《义务教育语文课程标准（2022 年版）》在小学语文第三学段阅读教学中明确指出："学习记笔记、列大纲、写脚本、画思维导图等整理和呈现信息的方法。"在教学过程中，我发现六年级的学生虽然已经接触过曲线图，但是在绘制情节曲线图时，仍旧存在绘制粗略、情感节点难以把握等问题。通过课堂实施后，大部分学生能够知道什么叫"情节曲线图"，了解其在叙事性作品阅读中起到的作用，知道"情节曲线图"的绘制方法，掌握了其画图要点，并在阅读中运用。

基于以上分析，我在六年级上册第五单元《盼》这篇课文前，通过问卷调查对学生的学情进行了分析。

二、学情前测分析

根据本课内容，我设计了两个前测问题，如图 1。

1. 你了解情节曲线图吗？

_____

_____

2. 你在绘制情节曲线图中遇到的问题是什么？

_____

_____

图 1　前测问题

　　通过统计可以发现，47% 的学生对情节曲线图不够了解，53% 的学生能够将事件大致的主要内容通过情节曲线图的方式呈现，但是整体绘制比较粗略，对于情感节点的把握不够全面准确，需要教师的进一步点拨。

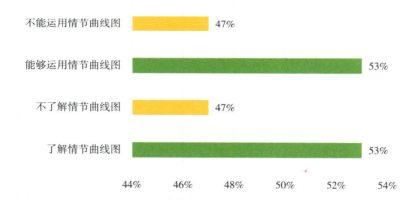

图 2　前测结果

　　《盼》是一篇记叙文，以"新雨衣"为线索，从孩子的视角叙述事情的经过。围绕一个"盼"字，描述我得到雨衣、盼穿雨衣、穿上雨衣等小事件。课文很好地表现了本单元的两个语文要素：一是紧紧围绕中心意思选取不同事例，二是把重点事例写具体、生动，如详细描写了盼下雨、盼外出、盼雨停等事。通过第二、三学段的学习，学生已经初步掌握"把事情写清楚，按照一定的顺序进行叙述，有条理、清晰地表达"的方法。在刻画人物方面，学生也能够运用描写人物的基本方法。本节课需要提高的是培养学生在围绕一个中心意思表达时要将重要部分进行详细、具体的描写，给人留下更加深刻的印象，并学会通过情节曲线图来表达心理变化的能力。

三、案例描述

在教学过程中主要安排以下几个环节。

（一）环节一：课题导入

通过课题导入把握中心。研读课文提取重要的事例，再通过品读关键语句，更加深入感悟盼心，通过进一步归纳梳理、总结学习的方法，最后通过迁移运用，学生初试身手，加强习作能力。

在课题导入时，结合学生的生活实际激发他们的想象，结合教材中的插图，进一步思考作者的盼望是什么。接着按照起因、经过、结果的发展顺序梳理文章的主要内容，进一步把握文章《盼》的中心意思。这一环节设计的意图是通过课题交流激活学生的生活经验，引发学生进行联想想象，激发学生的阅读兴趣，提高学生多角度思考的能力。按照事情的发展顺序进行提炼，加强学生梳理问题、把握重点的能力。

在学生标注文章重要情节这一教学环节中，大部分学生都能准确地把握"盼穿雨衣"的重要情节。聚焦重要情节，首先，借助图示引导学生进一步对这一重要情节进行具体事例的分析。其次，充分利用情节曲线图，巧妙引导学生厘清课文的具体事例，这样能够很好地解决课后问题——文章围绕"盼"写了"我"的哪些表现。再借助图示说一说"盼"的具体事例，进一步提高学生的概括能力，体会作者用不同事例表达的精妙之处。

在梳理了文章的主要情节后，学生对文章的内容有了整体的认知和把握。为了让学生更深入地体会人物的情感变化，以及作者的习作方法，我在实施教学的第三环节中做了以下几步处理。

首先，通过关注人物的对话，圈画关键词句，进行赏析、品读，让学生进一步梳理出作者的内心活动。如学生通过"让、奔"等动词体会到主人公兴奋、急不可待的心情；买酱油，不声不响地听英语讲座等句子，体会到作者心有不甘、失落的内心活动。其次，通过分角色朗读，加强感悟。最后，文中也有对环境的描写，这种情景交融的习作方法更能够衬托出主人公的迫切、兴奋之情，以及愿望达成后的心满意足。

（二）环节二：批注赏析

学生在阅读中通过找重点语句、圈重点词句，对人物的语言、动作、心理等描写内容和环境描写部分进行批注赏析，为接下来绘制情节曲线图进行铺垫，深入体会人物围绕"盼"的中心意思，思考如何将"盼穿雨衣"这个部分写得详细具体，使读者感同身受。

（三）环节三：绘制情节曲线图

通过对重点语句的梳理，绘制情节曲线图，让学生进一步体会作者从得到雨衣时的惊喜，到久未变天时的些许抱怨，又到终于下雨时的喜悦，再到借故外出未果时的失落，最后到穿上雨衣的兴奋，在曲折变化的情感中达到感同身受的效果。

情景再现1

师：同学们，课前我们通过对重点语句的赏析和品读，梳理了课文的主要内容。接下来，我们试着用一种新的方式来呈现主人公的心理变化——情节曲线图，你们了解吗？

生1：情节曲线图就是将主要情节通过曲线的起伏来呈现，看起来直观明了。

生2：情节曲线图还可以将主要情节体现出来，更能体现情节的跌宕起伏，帮助我们了解课文的重点。

师：这两位同学，对情节曲线图的认识很准确到位。我们给他们一些掌声，好吗？

生：（掌声）

师：那么同学们知道如何绘制情节曲线图吗？

生：（沉默）

师：情节曲线图的绘制不仅要体现情节的变化，更要凸显情节变化中人物情感的变化，在情感变化中感悟人物形象。

讲解后学生绘制的情节曲线图如下。

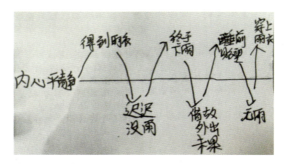

图3 学生1绘制的情节曲线图

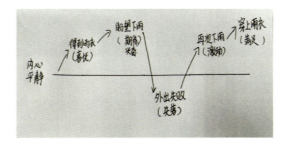

图4 学生2绘制的情节曲线图

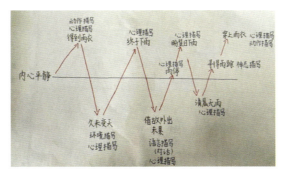

图5 学生3绘制的情节曲线图

通过以上三张学生绘制的情节曲线图，可以看出在我指导后学生对于文章的理解和掌握情况。图3中，学生已经能够通过情节曲线图将重要的情节起伏变化进行梳理，并能够围绕文章中心意思进行心情变化的梳理，但是并没有将心情进行标记体现。图4、图5中，学生不仅可以将情节的起伏变化体现在图中，还有意识地将文章所运用的动作、心理等描写方法增补在图中。但是，三个情节曲线图的绘制都忽视了要将情节、心理、写法这几个要素融合，在我的引导下，通过生生点评、师生点评，学生们把自己的情节曲线图进行改进，试着将这几个要素进行融合，最终呈现如下：

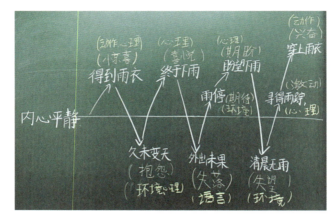

图6　师生共同绘制的情节曲线图

通过这节课的学习，学生领悟到情节曲线图对梳理文章内容、体会情感变化、运用于习作的重要性。为了更好地把握学生的学习效果，针对本节课做了以下的学习效果评测。

表1　后测结果

你的收获	百分比
能通过情节曲线图，厘清文章主要情节的内容。	84.5
能通过情节曲线图来梳理文章内容，体现情感变化。	95
能通过情节曲线图，感悟人物形象。	88
能绘制全面具体的情节曲线图，能够运用到习作中。	75

分析可知：有84.5%的学生通过本节课情节曲线图的学习，能够厘清文章主要情节的内容；有95%的学生能通过情节曲线图来梳理文章内容，体现情感变化；有88%的学生能通过情节曲线图，更深刻地感悟人物形象；有75%的学生能通过绘制全面具体的情节曲线图，迁移运用到习作中。总体上，绝大部分学生能够通过情节曲线图来梳理文章的内容，把握文章情节变化，也能够尝试着运用于习作。

（四）环节四：归纳总结

通过对以上内容的整理和归纳，让学生进一步把握中心意思，明确重要情节，提高概括能力。并对重要部分的描写方法进一步总结，让学生体会到如何加强动作、语言、心理和情景交融的描写。

情景再现 2

师：在课堂最后，我们一起来回顾这节课学到的习作方法有哪些。

生 1：文中有对语言的描写，生动形象，体现出孩子的童真和可爱。

生 2：还有动作、神态等描写，体现出主人公在等待下雨过程的心情变化。

生 3：文中的环境描写也是一个大亮点，借助晴天、下雨天环境的描述，从侧面来体现主人公在等待下雨和终于盼来下雨天的不同心境。

生 4：我觉得情节曲线图的绘制不仅让我清楚明确了文章的主要内容，也让我更深刻体会到心情的起伏变化，我觉得这也是一种习作的方法，可以学习。

师：非常好，看来大家的收获满满。同学们，刚才有同学已经了解到情节曲线图对习作的重要性，我们也来动笔试试吧！请大家试着用情节曲线图的方式完成以下小练笔。

> **小练笔 初试身手**
>
> 　想一想你生活中有过期盼的事情吗？试着用绘制情节曲线图的方式进行呈现。
>
> **小提示：**1. 试着用情节曲线梳理主要情节。
> 　　　　　2. 结合动作、神态、心理等描写，也可试着运用情景交融法进行写作。

图 7　小练笔要求

在分析重要情节中，引导学生通过抓住文中关键词句体会课文中的动作、语言、心理的描写以及情景交融的写法，进行归纳总结，帮助学生深入体会围绕中心意思，将重要部分写具体的习作方法。

通过这节课中情节曲线图的教学，部分学生还能将这样的学习品质延伸到后期的语文习作中来，在进行阅读与习作时会有意识地将这种习作方法运用其中，以此来明确习作内容，梳理习作思路，厘清习作重点，体现情感变化，来丰富习作内容，提升习作水平。

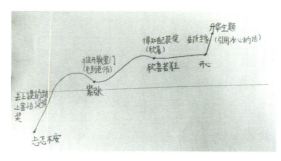

图 8　学生 1：舞蹈获奖

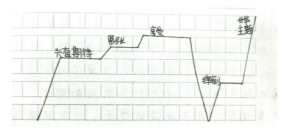

图 9　学生 2：运动会

通过课堂小练笔，将以上的学习方法进行迁移应用，让学生通过绘制情节曲线图初试身手，引导学生感知动作、语言、心理描写方法的作用，进一步体会围绕中心意思把重要事情写具体的习作方法，为本单元习作打好基础。

图 10　教学流程图

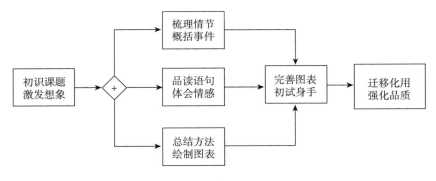

图 11　学习流程图

四、反思与评价

　　本节课通过情节曲线图的绘制使用，以及学习单的导读和探究，学生对文章的情感把握更到位，增强了发现美、感受美的能力。学生不仅可以理出课文的脉络，还能提高对整体内容的把握。后续的教学中，会将这种方法继续延伸到课文、阅读的梳理及作文提纲的完成，促进学生读写能力的提升。综上，本节课通过教学中重点突破解决问题的方法来实现学习上的主动性和探索性，提升学生的学习品质。在学习中，学生能够独立关注一个问题，接着找到解决问题的方法和策略，解决这个问题，继而对自己提出学习挑战，战胜学习中的困难并解决学习中的难题。

 **专家点评：**

　　　本案例的研究价值在于教师对学生学习策略的关注。针对本课教学难点，探索学生在学习过程中突破难点的方法，学会情节曲线图的绘制和在课文内容理解中的使用方法。

　　　本节课教师借助学习单支架的使用，通过学生对生活的体验、迁移的方法、引导学生使用学习单，对文章的情感把握更到位，增强了学生的审美能力；学生通过学习，提高了对课文的整体把握和理解，增强了后续阅读课文理清课文脉络的能力。并将这种方法继续延伸到其他课文、阅读的梳理及作文提纲的写作中，促进学生读写能力的提升。从学习流程图可以看出教师课堂中引导学生学习的走向，层次清楚，说明在课前设计时进行了充分思考。

借助这节课的情节曲线图，部分学生还能将这样的学习品质延伸到后期的语文写作中来，在进行写作时会有意识地将这种写作方法运用其中，以此来明确写作内容、梳理写作思路、抓住写作重点、体现情感变化，从而丰富写作内容，提升写作水平。

锦囊妙计，助力学生激发学习动机

姓名	曹旭		
学科	英语	年级	六年级
教科书版本及章节	人民教育出版社义务教育教科书《英语（一年级起点）》六年级上册第五单元		
授课内容	*Famous People* Lesson 3		
相关领域	人与社会		
学习品质	学习兴趣、学习动机、学习策略		

长期以来，阅读教学成为学生英语学习的瓶颈之一。反观我们的高年级英语阅读教学，更多的是将文本当成语言材料进行处理，学生被动接受教师灌输的知识点，课堂变得越来越沉闷，教学效率与效果可想而知。如何激发高年级学生的内驱力，使其成为学习的主人，从而终身受益？该问题值得教育者们思考。

一、案例背景

学习品质不同于学业知识，看不见、抓不着、难以评价，然而其重要性却不亚于知识与技能，甚至说比知识和技能的学习更有长远的意义，学习品质的好坏决定了学生现在和将来学习和发展的质量。在我们的教学活动中，教师往往花费大量的时间与精力进行备课，为了教而教，忽略了学生的学习需求，不了解学生学习的困难与障碍，导致学生的学习效率低下。

奥苏贝尔认为，学生的学习与动机是相辅相成的。学生学习的动机激发，能够引导和维持他们的学习活动，促进其学习品质的发展。学生的学习内部动机可分为认知内驱力，即要求了解、理解和掌握知识以及解决问题的需要；自我提高内驱力，即个体因自己的胜任或工作能力而赢得相应的地位需要；附属内驱力，即个体为了获得他人的赞许或认可而表现出把工作、学习做好的一种需要。

通过课堂观察发现，在我所任教的班级中，学生在学习过程中往往出现学习动力不足、学习专注度不够等问题。教师在授课时发力比较多，而学生仅仅是借助教师的力量学习，自己主观动力使用不足，这样在课堂教学中就会出现学习力量偏向"教"的一面，而学生"学"的一面处于劣势。对于学生来说，在学习水平存在差异、家庭背景不同、教育资源不同的情况下，教师在课堂上的关注不足，也不能够关注到每一个学生，学习效果就会大打折扣，长此以往会出现两极分化，而就我们学校的弱势学生而言，所付出的代价就是越来越不爱学、越来越不会学。因此学习品质的提升和培养不仅仅是对教师教学的一个重要的助力，更是学生学习的重要基石和动力。

二、存在问题

Famous People Lesson 3 是义务教育教科书（一年级起点）六年级上册第五单元的教学内容。本课时课本中介绍名人的文本信息较为短小，简单提及名人的成就，学习材料有限，学习程度较好的学生会对本课时的学习内容不感兴趣；而学习程度较弱的学生可能在表达人物优秀品质方面会存在一定的困难。

在教学前，为更好地了解学生对于本课时学习的已有知识水平、学习兴趣点与在学习中可能存在的问题，我设计了前测问卷，六年级 2 班 38 名学生参与了前测，结果如下。

问题一：你知道作家海伦·凯勒吗？（水平一）

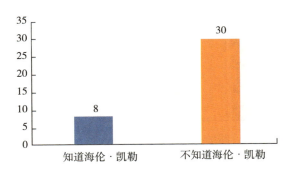

图 1　问题一前测结果

调查问卷结果显示，仅有 21% 的学生知道海伦·凯勒，并知道她是一名作家，著作为《假如给我三天光明》。通过访谈，我发现少数学生知道她为聋哑人，但对她的经历知之甚少。由此，我认为在教学过程中，应该从学生的认知背景出发，为学生提供相应的学习材料，如视频、阅读等，帮助学生更加深入了解海伦·凯勒的学习经历。

　　问题二：你知道科学家牛顿吗？（水平一）

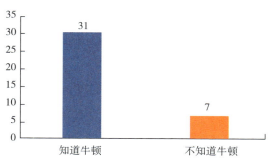

图 2　问题二前测结果

　　调查问卷结果显示，82% 的学生知道牛顿是一名科学家。通过访谈，我发现学生知道牛顿与苹果树的小故事、牛顿运动三大定律等。由此，我认为在教学过程中，应将学习材料与学生的兴趣点相结合，通过人物表演等方式，使学生展现自己对牛顿的理解。

　　问题三：你认为在文本阅读中，影响你理解文本内容的因素有什么？（水平二）

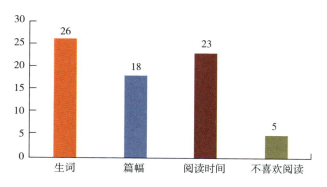

图 3　问题三前测结果

　　调查问卷结果显示，68% 的学生认为影响阅读理解的因素为"生词不会处理"；

47% 的学生认为影响阅读理解的因素为"文本内容较长"；61% 的学生认为影响阅读理解的因素为"阅读时间较短"，且 13% 的学生认为"自己什么都看不懂，不喜欢阅读"。由此，我认为在教学过程中，应设计相关的教学活动，满足不同程度学生的学习需求，使程度较好的学生有更多的学习机会，程度较弱的学生有更多的学习时间。

问题四：你能从名人身上学习到哪些优秀品质？（水平三）

调查问卷结果显示，82% 的学生仅能用 never give up, be brave 这两个词来形容从名人身上学习到的优秀品质，且学生可能难以从简短的生平介绍中独立总结出海伦·凯勒与牛顿走向成功的因素，并用英文进行表达。由此，我认为在教学过程中，应设计相关的教学活动，使程度较好的学生能够表达出更多海伦·凯勒的优秀品质，而程度较弱的学生也能在学习材料的支撑下表达出 1 ~ 2 点人物身上的优秀品质。

接下来将针对 Famous People 单元的第三课 Famous People Who Inspire Us 中的实施做主要阐述。

三、问题解决

（一）如何实施

活动 1：精读活动

T: Helen Keller got very sick when she was young. And then what couldn't she do? When she grew up, what could she do? Please read and tick on your Learning Sheet.

S1: When she was young, she could not see, hear and speak.

S2: When she grew up, she could write many books, go to university and help others.

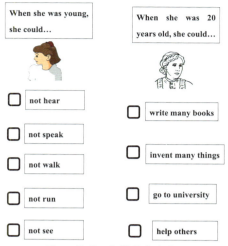

图 4　海伦·凯勒信息表单

活动意图：挖掘教材文本，设计任务单呈现海伦·凯勒"年幼时不能听、看、说，成年后可以上大学、写书、帮助他人"这一矛盾点。引导学生在阅读中自主发现问题，提高学习兴趣；学习单的完成可以帮助学生直观理解学习内容。

活动 2：补充阅读

T: When she was young, she got very sick. She couldn't see, hear and speak. But when she grew up, she could read, write books and help others. What happened to her? How did she make it?

S1: She learned the words by her hands.

T: What do you think of her?

S1: I think she is hard working, because it is not easy for her to do it.

S2: She learned to read by touching the words.

T: What can you learn from her?

S2: I think we should never give up when we are in trouble, she practiced reading days and nights, only stopping when her fingers began to bleed.

💡 Which body part is the most important for her? Please draw.

Why? Please underline.

Story 1

Helen Keller didn't know the words, so she didn't know everything around her had a name. When Helen was seven years old, Anne Sullivan came to teach her. Anne spelled water on her hand, W-A-T-E-R, and let Helen feel the water flowing.

Story 2

She learned to "read" by touching the words. It is Braille. It is a kind of special words for blind people. She practiced reading day and night, only stopping when her fingers began to bleed. And soon, she learned to read in Braille.

图 5　补充阅读材料

活动意图：根据学生的已知经验，补充课外阅读，使学生了解海伦·凯勒的学习过程，体会海伦·凯勒在学习时努力与不放弃的优秀品质。此外，在阅读过程中，为学生提供两篇不同的阅读，学生可以根据自己的实际情况，选择适合自己能力水平的任务。在相同的时间里，程度较好的学生可以选择完成两篇阅读，程度较弱的学生完成保底的一篇阅读即可，为程度较好的学生提供更多的学习机会，也为程度较弱的学生提供充足的学习时间。

活动 3：体验活动

（1）观看海伦·凯勒学习词汇的视频

T: Was it easy for her? Why?

S1: It was difficult for her, because she could not see and hear anything.

T: Did she give up?

S2: No, she never gave up and tried her best to learn it.

（2）组织学生读盲文

T: Is it easy for you to read?

S1: No!

T: What about Helen Keller?

S2: No!

T: But Helen Keller could remember and read all the words! Why could she make it?

S1: She worked hard.

S2: She never gave up.

S3: She kept trying.

活动意图：通过观看海伦·凯勒学习的视频、摸盲文等体验活动，帮助学生直观了解海伦·凯勒的学习活动，体会其学习的艰难，感受其成功的不易，深入体会人物的优秀品质，在一定程度上保持学习兴趣。

活动 4：介绍相关人物

T: Now, you should choose one person and try to introduce him or her. Maybe you can also act him or her out.

形式 1：借助"冰棍人偶"介绍人物的生平

S1: She is Helen Keller. She was from the USA. She was a writer. She is famous for writing many books and helping others.

形式 2：扮演牛顿，进行人物自述

S2: I am Newton. I am from England. I am a scientist. I am the first person who find out why apples fall.

活动意图：通过不同形式的介绍活动，如"冰棍人偶""人物自述"等方式，丰富活动形式，激发学生的展示欲望。并在保证基本语言的同时，为程度较好、喜爱表演的学生提供更高层级的任务，以表演的形式进行自述，口述人物信息的同时，通过语音语调、表情、动作等方式展现自己对于人物优秀品质的理解。

（二）学习成效分析

基于理论、学习内容以及学情，我结合学习目标，对六年级 2 班的 38 名学生进行了预期学习效果分析；并在课堂实施完成后，通过问卷与写作的方式进行了学习效果调研，其对比如下。

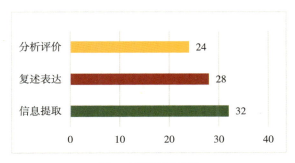

图 6　预期学习效果

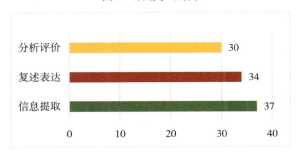

图 7　验证学习效果

1.预期学习效果分析

在信息提取方面（水平一），84% 的学生可以通过文本阅读与表格的填写，了解到海伦·凯勒与牛顿的基本信息，如姓名、职业、国籍、成就。

在复述表达方面（水平二），74% 的学生可以借助表格，选择一位名人，用自己的语言复述介绍其基本信息。

在分析评价方面（水平三），63% 的学生可以通过故事阅读，在教师引导与同伴交流中，从两位名人的故事中分析其努力、坚持不懈以及善于思考的优秀品质。

2.学习效果分析

问题一：通过 Unit 5 Lesson 3 的学习，你都能从哪些方面介绍海伦·凯勒与牛顿？（水平一）

在信息提取方面，97% 的学生可以通过文本阅读提取信息，并完成书中表格的填写，了解到海伦·凯勒与牛顿的基本信息，如 name,job,country,achievement 等。

问题二：请你选择一位名人，并尝试从姓名、职业、国籍、成就等方面介绍该名人。（水平二）

在复述表达方面，89% 的学生可以选择一位名人，用自己的语言独立进行书面表达，介绍名人相关信息，如姓名、职业、国籍、成就等。

问题三：你学习到海伦·凯勒与牛顿的哪些优秀品质？（水平三）

在分析评价方面，79% 的学生可以从这两位名人身上学到坚持不懈、努力、乐于思考的优秀品质，并能用英文进行表达，如 never give up, work hard, keep thinking 等；5% 的学生了解到两位名人的优秀品质，但无法用英文进行表达，因此书写了中文。

学生在课程学习后，在信息提取、复述表达与分析评价方面均超过预期结果数据，这说明在学习过程中，大部分学生能够有兴趣学习、积极地投入学习活动中，并有效完成学习活动。

四、我的思考

针对学生在学习中出现的问题，我进行了多轮设计与实施，并产生以下思考。

在第一轮的设计与实施中，所有阅读中的问题均由教师提出，学生缺少自主发现问题的机会，因此学生按部就班地完成阅读学习，缺少积极阅读与自主探索的精神。我在后续的设计与实施中，引导学生从教材文本入手，挖掘海伦·凯勒"年幼时不能听、看、说，成年后可以上大学、写书、帮助他人"这一矛盾点，并设计任务单，让这一矛盾点直观地体现在任务单中，使学生在阅读中，自主阅读探索矛盾点，引发学生继续学习的动机。

在第一轮的设计与实施中，我为学生补充了大量的视频，但在后续的总结与表达环节中，只有程度较好的学生可以用英语对其品质进行表达。因此在后续的设计与实施中，我根据教学内容与不同学生的学习需求，补充两篇相关小阅读，学生根据自己的实际情况，选择适合自己能力水平的任务，在为程度较弱的学生提供充足阅读时间的同时，为程度较好的学生提供更多的阅读机会，使不同程度的学生都能获得成功的体验；且学生能够借助该文本内容，为后续的品质总结提供语言支持。

在学生的学习过程中，学习动机是提高学习效果的重要保证之一，它影响着学生从事学习活动的方向、强度、持续性及质量，在其作用下，启动学习智能和思维作用于学习过程。但学生的学习动机的激发与维持不是一蹴而就的，需要教师在课前充分了解学生的学习需求，将学生的兴趣与学习材料结合起来，为不同的学生提供成功的机会，使其能够更高效地投入任务的完成中。这就对教师提出了更高的要求，只有转变以教师为中心的教学方式，在课堂中发挥学生的主观能动性，才能将课堂真正地还给学生，使学生成为学习的主人，从而养成良好的学习习惯，促进学习品质的提升，使学生终身受益。

 专家点评：

本案例的研究核心点在于教师将学生学习品质与学生的学习问题联系起来，通过理性思考，转化为教学设计以及课堂实践的检验内容的相关策略，尝试探究适合学生学习的活动形式和方法。教师从问题入手，进行学情分析是教学过程的重要一环，要真实地了解学生的学习困难和障碍，而调研是最切实有效的方法。通过调查，了解学生问题的原因，同时划分出不同认知能力水平的学生，用数据来清晰体现他们的不同水平，从而进行针对性的探究转化，实施改善问题的方法和策略。

本案例呈现了四个活动。活动内容是否能够帮助学生产生学习力、生成学生的独立见解、不断提升学生爱学习的内在驱动力是教师思考的核心。学生的四个活动都会有不同的效果产生。例如，活动1：精读活动引导学生在阅读中自主发现问题，提高学习兴趣；学习单的完成帮助学生直观地理解学习内容。问题不是教师提出的，而是通过活动让学生自己发现的，这样的教学立足点直接体现在学生的怎样"学"上面。教师的"教"却隐藏在一个个设计和引导的幕后推动层面上。活动2：在阅读过程中补充阅读活动，教师为学生提供了两篇不同的阅读文章，学生可以根据自己的实际情况，选择适合自己能力水平并感兴趣的内容。在相同的时间里，程度较好的学生可以选择完成两篇阅读，程度较弱的学生完成保底的一篇阅读即可，为程度较好的学生提供更多的学习机会，也为程度较弱的学生提供了充足的学习时间。

这位教师设计的试水活动成为能够服务不同水平学生的支架，学生学习压力会相对减轻，学习兴趣就会增强。

复习课，也很有趣

姓名	张瑞晨		
学科	数学	年级	四年级
教科书版本及章节	北师大版教材四年级上册 第六单元		
授课内容	除法复习课		
相关领域	数与代数		
学习品质	学习兴趣、学习动机、学习策略、学习意志力		

一、案例背景

《论语》云："知之者不如好之者，好之者不如乐之者。"学习兴趣对于学习来说非常重要。《义务教育数学课程标准（2022年版）》中提出，应提高学习数学的兴趣，建立学好数学的信心，形成质疑问难、自我反思和勇于探索的科学精神。

在海淀区中小学生"9L"学习品质评价体系中，学习兴趣与动力系统是极其重要的一环，而学习兴趣更是影响学业成绩的重中之重。激发学生对于学习的兴趣，能让学习效果事半功倍。

复习课，是提高学生对于已学知识系统掌握的课程。一节好的复习课，不仅能够帮助学生"查缺补漏"，还能促进学生的思维发展。在教学过程中，我发现学生上复习课的兴趣不高，有部分学生出现注意力分散等现象。对此，我进行了学习兴趣的相关调研。通过分析调研结果，我发现有85%以上的学生对新知识很感兴趣，喜欢挑战新的问题，相比于复习课，78%的学生更喜欢上新课。而且有学生认为在课上做题讲题是一种"负担"，没意思。这也就导致了部分学生在复习课上出现兴趣不高、注意力不集中等情况。

那么，如何在复习时有效地将学生吸引到课堂上呢？在设计除法复习课时，我尝试以学生感兴趣的《黑猫警长》为情景，将本单元的重难点串联起来，以此提高学生在复习课上的兴趣。

二、案例细节

（一）片段一：以《黑猫警长》为情景导入

师：今天这节课，我们跟着黑猫警长一起去探案。小动物们参加"机器人大赛"，参赛者们提前来到酒店，为第二天的比赛做准备。结果当天晚上酒店发生了案件，黑猫警长带着警员们来到了现场。警察将目标锁定在了参赛的机器人身上，白猫班长说："谁的机器人移动最快，谁就是嫌疑人。"我们今天就帮着黑猫警长一起，找一找幕后真凶。

学生们在课下经常看《黑猫警长》的图书，对破案充满了兴趣。在课前准备课件时，就有学生看到了今天课程的首页标题为"跟着黑猫警长去探案"。当时学生表现得十分激动，有的学生还好奇地问我数学课和黑猫警长有什么关系，并且对这节课充满了期待。在导入环节，我向学生初步介绍了故事的人物和案件发生的背景，并将破案线索确定为"比较机器人的速度"，这样在明确了本节课的"破案"关键的同时，也激发了学生的好奇心和学习兴趣。

（二）片段二：跟黑猫警长比一比

师：警员们在记录本上记下了几个计算速度的算式，我们跟黑猫警长一起去看一看。

（PPT 演示算式，5 秒后消失）

生：我还没算出来呢！

师：黑猫警长已经知道谁的速度更快了，你知道了吗？想一想他是怎么知道的呢？

生1：这才几秒不可能算出来。

生2：我知道了，只要估算一下，看它是几位数就行了。

图 1　本课教学实录

黑猫警长作为学生们喜爱的人物形象，有聪明、机敏的特点，是孩子们心中的榜样。为了能跟黑猫警长判断得一样快，学生会自发地想办法，利用估算提高速度。此环节在培养学生估计意识的同时，也激发了学生的学习动机，把"要我学"转变为"我要学"。

（三）片段三：帮帮警员们

师：警员们对于 C 组机器人的速度进行了竖式计算，并且认为 C2 速度最快。你们认为这个结论对吗？

（学生阅读材料并讨论）

生 1：第一个竖式不应该乘 30，应该乘 27，最后速度是 21 米 / 分。

生 2：第二个竖式没调商，结果应该是 18 米 / 分。

生 3：那最后的结果就错了，应该是 C1 最快。

师：看来竖式计算时要十分细心啊，否则就成了冤案了。谁来说一说竖式计算中都有哪些容易出错的地方？

本环节对于学生有一定难度。不仅涉及了除法中试商、调商等易错点，还对其数学阅读能力有一定的要求。但作为"探案"中的重要一环，想要找出"真凶"就务必迎难而上。学生们更是在讨论后获得一定的解题策略，有了"跳一跳够得着"的感受。由此他们便有了解决问题的信心，并在不断尝试中找出解决方案。通过此过程可以挖掘并培养学生永不放弃的精神和勇于探索的坚毅品质。

以上三个教学片段均在知识、思维和学习品质方面对学生有所锻炼和提升，培养其关键能力和必备品格（表1）。

表1　三段教学片段对于学生学习品质的提升

	知识层面	思维层面	品质层面	
片段一	情境导入	应用意识	提高学习兴趣	
片段二	估算	数感	激发学习动机	引导学生使用学习策略，突破困难点
片段三	试商、调商	数学阅读	增强学习意志力	

三、教学效果

为更好地了解学生情况，复习课后我再次进行了问卷调查。分析结果发现，大部分学生认为这节复习课与自己想象中的不一样，并且有80％的学生认为这种结合学生喜爱的情景进行教学的复习课很有意思。同时，通过访谈发现，学生们认为这种课堂教学方式很有趣，希望以后的复习课都能这么上，并且上完复习课后也很有成就感。绝大部分学生认为这节"探案课"让他们对数学学习产生了更大的兴趣，对数学课有了更大的期待。

四、反思与讨论

本节课以"跟着黑猫警长探案"为线索，在"破案"的过程中复习了除法相关的知识点，同时也对学生的数学阅读、逻辑推理等能力进行了锻炼。通过分析复习课前后两次调研数据发现，认为数学很有意思的学生人数比例从68％提高到了80％，厌恶做同类型题目的人数比例从46％降低到了8％，有70％的学生认为这节复习课对自己的帮助很大，也有很多学生在课下访谈时明确表示希望有"黑猫警长探案"的系列课程。由此可见，推理探案的情景更能激发学生们的好奇心与学习兴趣，在激发学生学习兴趣与学习动机方面有积极作用。

此外，在授课的过程中，也出现了学生过于关注"探案"结果，而忽视"破案"过程的情况，导致学习效果下降；也有少部分学生认为破案没意思，没有达到预期中的教学效果。

经过本次的复习课，我认为在后续的课程设计中可以在情景上进行创新，例如使用红军长征、阿凡提，或一些时事新闻等素材，让学生感觉到复习课也是很有趣的，从而更乐于学习，激发学生们的学习兴趣。

 专家点评：

　　本案例的研究价值在于教师的教育思想和教学观念的转变所带来的课堂教学模式的新构建。教师从教到学的一个观念上的转变，让课堂从教师主动教变成了学生主动学。教师的教学设计完全是站在学情分析的前提下，针对教学目标和内容搭建了一个为学生提供舞台展示的场景。这个研究的突出特点是教师选择了学习品质理论和新课标对学生核心素养进行培养的依据和支撑。在研究学生学习兴趣和动机的一个基础层面上，又研究了学生心理和独立探究层面。教师选择学生最感兴趣的"破案游戏"，在这个游戏中完成了知识复习、思维逻辑训练目标，更重要的是培养和提升了学生的意志品质，教师通过教学策略润物细无声地传递给学生学习策略，在教与学的过程中为学生主动学习、有兴趣学习和带思考学习提供了一个十分有张力的环境。

　　本案例的另一个价值就是教师的科研思想。教师虽然年轻，但从观念上已经从教书型正在向科研型转变。从学情分析的数据统计，到教学过程的学生训练数据记录，以及到效果后测统计都是有据可查而不是主观臆断。在数字时代，能够将教学形成数字化数据，这样的科学研究式的教学是有根基的，也是落地的、有推广价值的。

◇附录1:《复习课》前测结果

课前测一测

题号	题目	符合程度					结果分析		
		非常不符合	基本不符合	不确定	基本符合	非常符合	平均值	负向比例	正向比例
1	我喜欢学习数学，感觉数学很有意思	4	1	8	9	19	0.93	12	68
2	我喜欢上数学课	2	4	6	10	19	0.98	15	71
3	我喜欢学习新的数学知识，对新的内容充满期待	2	0	4	9	26	1.39	5	85

续表

题号	题目	符合程度					结果分析		
		非常不符合	基本不符合	不确定	基本符合	非常符合	平均值	负向比例	正向比例
4	我喜欢挑战新的问题，对新问题很感兴趣	1	1	3	14	22	1.34	5	88
5	相比于学习新的知识，我更喜欢做已经学过的题	13	7	4	5	12	-0.10	49	41
6	我喜欢做同一类型的题	10	9	10	7	5	-0.29	46	29
7	相比于复习，我更喜欢新课	3	2	4	13	19	1.05	12	78
8	相比于新课，在复习课上我能更加认真听讲，积极做笔记	12	7	8	10	4	-0.32	46	34
9	我觉得上复习课没有上新课重要	12	6	7	10	6	-0.20	44	39
10	如果不督促我，我很少主动做同一类型的题目	13	6	8	5	9	-0.22	46	34
11	我喜欢数学老师，所以喜欢上数学课	19	4	4	3	11	-0.41	56	34
12	为了考试取得好成绩，我不得不上复习课	14	4	5	5	13	-0.02	44	44
13	不到临考试，我不愿意做复习题	13	9	5	4	10	-0.27	54	34
14	我认为在课上听老师讲复习题是一种负担、没意思	20	10	0	2	9	-0.73	73	27
15	在数学的复习上，我花了比其他科目更长的时间	10	2	7	10	12	0.29	29	54

结果分析标准：

非常不符合：-2

基本不符合：-1

不确定：0

基本符合：1

非常符合：2

平均值为正表示符合，平均值为负表示不符合。

◇附录2：《复习课》后测结果

课后写一写

题号	题目	符合程度					结果分析		
		非常不符合	基本不符合	不确定	基本符合	非常符合	平均值	负向比例	正向比例
1	这节复习课与我想象中的复习课是一样的	20	2	8	4	6	-0.65	55	25
2	我认为这节复习课很无聊	33	3	1	1	2	-1.60	90	8
3	我认为这节复习课很有趣	5	1	2	6	26	1.18	15	80
4	我认为复习课一直都是这么无聊的	32	0	3	2	3	-1.40	80	13
5	这节课让我眼前一亮，原来复习课还能这么上	6	3	3	3	25	0.95	23	70
6	这节复习课帮助我巩固了已学的知识	5	2	2	2	29	1.20	18	78
7	这节复习课让我提升了自己的思维能力	6	0	5	3	26	1.08	15	73
8	这节复习课让我对学习数学知识更感兴趣	6	2	4	2	25	0.95	20	68
9	这节复习课帮我对知识漏洞进行了弥补	7	1	2	3	27	1.05	20	75
10	我希望以后的复习课都能以这种形式上	5	0	5	0	30	1.25	13	75

续表

题号	题目	符合程度					结果分析		
		非常不符合	基本不符合	不确定	基本符合	非常符合	平均值	负向比例	正向比例
11	这节复习课对我帮助很大	6	4	2	2	26	0.95	25	70
12	做题讲题还是那么无聊	31	3	3	1	2	-1.50	85	8
13	我对于做题还是感觉很烦	31	0	5	1	3	-1.38	78	10
14	这节课让我对解决问题产生了兴趣	6	2	3	2	27	1.05	20	73
15	这节课让我对数学学习产生了兴趣	6	1	3	3	27	1.10	18	75

结果分析标准：

非常不符合：-2

基本不符合：-1

不确定：0

基本符合：1

非常符合：2

平均值为正表示符合，平均值为负表示不符合。

聚焦学习策略，提升学习品质

姓名	刘畅		
学科	数学	年级	三年级
教科书版本及章节	北师大版教材三年级上册 第六单元		
授课内容	《蚂蚁做操》		
相关领域	数与代数		
学习品质	学习策略		

一、案例背景

学生的学习品质包括学习能力、学习习惯、学习策略等因素，学习策略直接影响学生的学习效率、学习效果。好的学习策略可以提升学生的学习品质，训练学生应对复杂问题的能力，帮助学生形成顺应时代发展的能力。通过学习品质评价来反映教育质量，既关注学习成效，也关注学生的学习力，可以说是一种全面发展的质量观。《义务教育数学课程标准（2022 年版）》中提出要"促进学生理解和掌握数学的基础知识和基本技能，体会和运用数学的思想与方法，获得数学的基本活动经验；培养学生良好的学习习惯，形成积极的情感、态度和价值观，逐步形成核心素养"。在教育教学过程中，我关注学生的学习策略，比如在《蚂蚁做操》一课中，引导学生学会利用直观模型找到抽象算式中的算理，注重将学过的旧知识与新知识建立联系，实现新旧知识的完整衔接。

二、案例描述

《蚂蚁做操》是北师大版小学数学三年级上册第六单元第一课时的内容。本单元是在学生已经掌握了表内乘法，并且会计算整十、整百、整千数和两位数乘（除）以一位数的乘除法口算的基础上，学习任意两、三位数乘一位数的乘法竖式，探索乘法竖式的算理，以及运用乘法解决有关的实际问题。

（一）前测分析

在学习本节课前，我对三（4）班 41 名学生进行了前测。

表 1　前测单

有一群小朋友在操场做操，每排 12 人，有 4 排，一共有多少小朋友在做操？请写出你的方法并计算结果。你认为你的方法之间有联系吗？请你写一写。		
方法一：	方法二：	方法三：
你的方法之间有什么联系呢？		

根据前测的数据进行分析（表 2），我发现，全班同学都可以利用学过的知识

计算出 12×4 的结果，他们选择了圈点子图、表格拆数等方法，说明该班学生前期学习基础较好。对于即将学习的新知识"乘法竖式"，也有很大一部分学生可以正确列出乘法竖式并运算出正确结果。但是对于新旧知识的衔接，出现的问题比较大，很多学生并不能理解学过的拆数的方法，例如点子图和表格，与乘法竖式之间有什么联系。可见学生对乘法竖式的书写和计算是有初步认识与了解的，但是对于乘法竖式的算理理解得并不够，新知识和旧知识之间并没有很好地联系上，不能将知识形成知识网，从而将新旧知识进行衔接。

表 2　前测结果

	用学过的方法（点子图、表格）计算结果	用竖式计算结果	可以找到竖式与其他方法之间的联系	不能找到竖式与其他方法之间的联系
学生数量	41	31	9	32
百分比	100	75.6	22	78

（二）我的思考

根据学生已有知识的掌握情况和对新知识的了解程度，以及新旧知识衔接存在的问题，我认为本节课教学主要体现了以下几个方面的特点。

第一，借助新旧知识的共同特点，找到新旧知识的联系，实现新旧知识的衔接，培养学生用旧知联系新知的迁移能力。

情景再现 1

师：其实我们有很多种方法知道小蚂蚁的只数，对吗？都有什么方法？

生：点子图、表格！

师：那请你现在在点子图上圈一圈、写一写，你明白你圈出的各个部分是什么意思吗？

学生圈点子图，解释圈的点子图各个部分。

师：我们来看看这几位同学圈的点子图，谁明白他们的意思？

学生发现这几种圈法都是在拆数。

师：是的，像这样拆数确实很方便计算（放黑板贴）。其实除了点子图，还有一种方法也可以表示（投影展示表格）。

师：不论是点子图还是表格，都是在干吗呢？

生：拆数！

师：除了点子图和表格，其实竖式也可以帮助我们记录这个过程，你可以试试用竖式记录拆分的过程吗？在你的学习单上试着写一写，记录拆分的过程。

学生尝试用竖式计算结果。

师：我们来一起看一看，谁明白他们的意思？

师：8怎么来的？为什么写在个位？4怎么来的？写在个位怎么不行呢？

师：有意思的事情发生了，快看看黑板上的三种方法，是有联系的，它们有什么一样的地方吗？跟你的同桌说说。

师小结：那看来很有趣，不管我们用点子图、表格还是乘法竖式，原来都是有联系的，因为我们都是在拆数。

图1　本课教学实录

第二，让学生在具体情境中体会乘法算式计算的简便性，能够根据实际问题选择合适的计算方法得到结果。逐步积累学生解决问题、归纳分析的能力。

情景再现2

师：你们太棒了！不但学会了多种方法来表示出小蚂蚁的只数，还学习了乘法竖式。操场上的小蚂蚁们做完操回到洞口，发现了一块西瓜，那么大块儿，根本搬不动，于是它们想叫更多的蚂蚁帮忙，来帮忙的蚂蚁们排着整齐的队伍，整整三列，每列都有213只蚂蚁！你知道有多少只蚂蚁来帮忙了吗？在你的学习单上写一写，算一算。

师：你能说说竖式每部分的意思吗？为什么大家都用了乘法竖式或表格而不是点子图呢？

生：213太多了！没有那么大的点子图，圈起来也不方便！

师：是的，我们应该根据实际数量，选择合适的方法解决问题，你们真有策略！

师：那竖式中 3 乘 3 你想到了什么？如果是点子图，是点子图中的哪部分？如果是表格呢？ 10 乘 3 你想到了什么？ 200 乘 3 你想到了什么？

在教师的引导下，学生运用多种方法计算两、三位数乘一位数，把竖式作为多种算法之一，从不同的角度思考、体验多样算法，方法灵活地进行计算。理解其他算法与竖式之间的内在联系，实现新旧知识的衔接，帮助学生更好地理解竖式每一步的含义。同时让学生在具体情境中感受乘法竖式计算的简便性，学会根据实际问题选择合适的计算方法。

三、案例分析

本节课通过"蚂蚁做操"的情境引入，旨在通过"蚂蚁做操"这一故事情境，让学生从生活经验出发，根据情境图中的信息提出数学问题、解决数学问题。在独立思考和与同伴交流的过程中，探索两、三位数乘一位数不进位的计算方法，认识乘法竖式，掌握乘法竖式的算法，并理解多种计算方法之间的联系，进一步明晰算理。教科书所呈现的算法从本质上与竖式计算的道理是一致的，都体现了位值的思想。

四、教学效果

在本节课后，我对三（4）班的学生进行了后测。

表 3　后测结果

问题：请你利用点子图、表格、乘法竖式等多种计算方法得到 13×3 的结果，并写出不同算法之间的联系。	可以正确用乘法竖式计算出结果，无法找到计算方法之间的联系	可以用乘法竖式计算出结果并能找到多种算法之间的联系
学生人数	2	39
百分比	4.9	95.1

五、教学反思

本节课我引导学生全面观察数学信息，学生能够清晰、完整地描述数学问题。学生的课堂参与度高，在课堂中能深入思考、认真倾听、积极发言，遇到困难具有探索精神。我关注学生的学习策略以及新旧知识衔接，逐步引导学生理解新旧知识的联系，培养学生的知识迁移能力，并引导其选择合适的策略解决具体问题，逐步提升解决问题的能力。通过这节课的前测与后测数据，我也认识到：良好的学习策略可以让学生拥有高质量的学习效果，并且能减轻学生的学习负担，所以在教学实践中应注重学习策略的培养，助力学生学习与成长。

专家点评：

　　关于新旧知识的衔接成为本课教学研究的核心问题。教师引导学生从生活经验出发，根据情境图中的信息提出数学问题，思考解决问题的方法，并通过不同渠道解决问题，这成为本课的亮点。本案例呈现了几个情境片段，映照出课堂教学的情境，也反映出了学生的问题思想的脉络。

　　学生在运用多种方法计算两、三位数乘一位数时，把竖式作为多种算法之一，从不同的角度思考、体验多样算法，灵活地进行计算，理解其他算法与竖式之间的内在联系，实现新旧知识的衔接。帮助学生更好地领悟竖式每一步的含义，同时让学生在具体情境中感受乘法竖式计算的简便性，学会根据实际问题选择合适的计算方法。教师将教科书上的新知识和学生已经学过的旧知识进行联系，能够促进学生对新旧知识的理解更加深刻。

　　这是培养学生独立、自主、合作、探究学习的基础，有了这个基础，学生有时间独立思考，有时间讨论问题，有空间组织活动，在问题的发现和解决中不断碰撞，产生更加有效的学习效果。

立足学情，巧设支架，提升品质

姓名	张安琪		
学科	英语	年级	五年级
教科书版本及章节	人民教育出版社义务教育教科书 《英语（一年级起点）》五年级上册第三单元		
授课内容	Animals Lesson 3		
相关领域	课文学习		
学习品质	自主探究、学习兴趣、学习动机		

一、案例背景

《英语（一年级起点）》五年级上册第三单元 Animals 围绕动物话题进行学习，Lesson 3（第 3 课）是一篇短文，介绍了四位同学各自喜欢的动物及相关知识，包括其外形、食物、居所等，并且还涉及一些动物分类知识。学生之前在一年级和三年级曾分别围绕动物园常见的动物和宠物进行过学习，重点学习了谈论动物的外形、行动能力等。本课是学生首次接触有关动物习性的内容，科学性更强。而展望未来，到六年级上学期，学生还会再次围绕动物话题进行学习。那时，学生将进一步学习动物的分类，从更科学的视角认识动物。也就是说，五年级这一课对于动物科学知识的学习起到承上启下的作用，是学生从对动物的感性认识到理性认识的过渡，因此在教学时需要特别关注引导学生梳理各类动物相关信息，这也为学生能够有条理、有逻辑地介绍动物奠定基础。

基于语篇研读，可以注意到：本课语篇在篇章结构上的显著特点是，在介绍四种动物时，都依次介绍了动物的住所（Home），食物（Food）和外形（Appearance）三类信息。同时，教材为学生设计了阅读填写动物信息卡的活动。可以看出该活动设计的初衷是引导学生在信息卡的支持下提取有关动物的关键信息，并认识介绍动物的维度，为学生后续仿照范例从这三个层面介绍自己喜欢的某种动物做铺垫。

二、问题呈现

在试讲中，对语篇进行阅读后，教师引导学生总结可以从哪些角度对动物进行介绍。学生 1 回答说，可以从 Home，Food 和 Appearance 三个角度。教师进一步追问学生是如何想到的，学生回答是根据信息卡中列出了这三个分类而知的。由此可以看出，学生直接借鉴了信息卡上给出的结构，而缺乏自己对语篇内容的观察与比较，没有自主对语篇进行结构化梳理，没有亲自体验建构写作结构的过程。这样的课堂使学生止步于浅层次的知识提取，在培养学生的思维、学习方法与策略方面有所欠缺。

根据该问题，笔者思考：如何促进学生在阅读过程中更加关注语篇在篇章结构上的特点，通过观察、比较、分析自主建构出知识结构，更好地提升学生的思维品质呢？

三、实施策略

为了解决以上问题，笔者对教学进行了如下调整。笔者设计了一份学习单（图1），学习单设计为"冰淇淋"形式，充满童趣，吸引学生兴趣。每一个"冰淇淋"呈现了一种动物的相关信息。"冰淇淋"的三层分别是三类信息——Home，Food 和 Appearance。设计这一任务单，旨在促进学生通过观察、比较、分析，带着思考阅读，提取动物相关信息，并最终自主归纳总结出介绍动物的框架。

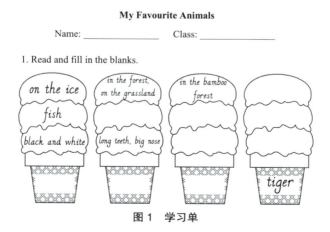

图 1　学习单

实际教学中，笔者首先请学生观察学习单，讨论如何进行填写。笔者预测学生能够在冰淇淋下方填写动物名称，上方填写动物相关信息。接下来，笔者请学生阅读文本，提取相关信息，完成任务单的填写。

情景再现：

教师请学生观察学习单，说明填写要求。学生1回答："冰淇淋最上方一层有ice、forest这样的关键词，推测这一层要填写有关动物的住所的关键信息；第二层有fish这一关键词，推测填写有关食物的关键信息；第三层有关于颜色和身体特征的描述，推测填写关于动物的信息。"

由此看出，学生观察细致，能够注意到三个层次信息类别的差别。这反映出，学生其实有很强的观察、推理能力，我们要在课堂中充分给予学生推理、思考的空间。

在后续的活动中，通过巡视，笔者观察到，多数学生都能够准确提取相关信息，填写在学习单的相应位置上。由此说明，该学习单为学生的阅读提供了有效的支持——不仅提示学生提取关键信息，也引导学生在阅读中有意注意不同类型的信息，对信息进行分类整理，结构化地组织信息。同时，阅读前教师提前指导学生对学习单进行观察也更好地保证了学习单的效用。

四、反思总结

本案例中，笔者通过试讲发现了原有教学设计在培养学生思维品质和学习能力方面的不足之处。针对语篇篇章结构的特点，笔者设计了学习单，促进学生在学习单的支持下，与语篇深入互动，自主对语篇中不同类别的信息进行梳理，体验建构知识结构化的过程，较好地提升学习品质。同时，该学习单的设计形式新颖、充满童趣，也较好地激发了学生的学习兴趣与学习动机。

该案例反映出，在英语教学中，教师应当细致研读语篇，针对不同语篇的特点，结合对学情的把握，进行学习活动的设计，并根据实际教学中的问题对教学进行必要的调整与完善。课堂教学应充分激发学生思考的热情，并为学生提供充分的支持，促进学生成为终身的主动学习者。

专家点评：

　　本案例研究教师更加关注学生在学习过程中思维的参与和学习能力的培养。通过对学生学习状态进行观察和分析，教师发现学生在学习中缺乏对文本内容的理解与思考，同时缺乏自主建构写作结构的过程。教师采取借助学习单的辅助方式促进学生自主梳理提炼信息，建构写作框架，学生因此能够主动思考、参与到建构知识结构的梳理过程中，而不是机械模仿。同时，该学习单的设计形式新颖、可视化，充满童趣，激发了学生的学习兴趣，促进了学生学习品质的形成和提升。

第三章 守护生长的力量
——用心培育，用爱守护

　　生长的力量并不需要向外面寻找，儿童本身就具备充沛的力量。教师要做的事情是用心、用情、用爱来浇灌每一株幼苗，守护每一朵花的绽放。

中国农业科学院附属小学附设幼儿班"农科小院儿"

600秒，从"抢险消防队"到"安心游乐园"

柯梦青

十分钟有多短？它甚至不足一天的百分之一，如白驹过隙般一闪而过。十分钟有多长？表盘上的秒针要马不停蹄地跳跃600下才能走完十分钟。十分钟的课间休息，对于一年级的小学生来说太过短暂，好像一眨眼的工夫就没了。可是，对于刚刚走上教师岗位就担任一年级班主任的我而言，这600秒曾经漫长得有些煎熬。幸运的是，最终，我和孩子们一起收获了十分精彩的课间十分钟。

丁零零……烦人的下课铃声又响起了，我随之陷入了如一江春水向东流般的"忧愁"之中。一（11）班的一些"活宝"真是气人！只要一下课，他们就迫不及待地蹿到教室角落里扎堆、拥挤。还有的时候，他们会如离弦的箭一般飞奔到楼道里，疯狂地追跑打闹。十分钟的课间休息，这些调皮、爱闹的男孩像疯狂燃烧的火苗到处乱窜，不安全的因素或许隐藏其中。

保障安全，是迫在眉睫的大事！我必须做一名称职的消防员。为了遏制住教室里"人挤人"的现象，我将全班的桌椅整体后移，使潜伏于"后方"空闲阵地的危险走投无路。果不其然，失去"作战空间"的男生再也无法在教室后面集合了。为了避免小家伙们在楼道里"疯跑"，我安排了班里最能"兴风作浪"的小宸做"安全小卫士"，让他肩负使命的同时，既能有效约束自己的行为，又能不断提醒那些追跑打闹的同学"缓步、轻声、靠右行"。除此之外，我也进入"一级战备"状态，将保障课间十分钟的安全作为头等大事。只要看到教室、楼道里有学生追、跑、打、闹，我的脸色就立刻由晴转阴，冲着他们大声训斥、怒吼，"停止追跑打闹！""回到教室里去！"

通过多管齐下的努力，危险的小火苗终于被扑灭了。下课后，"危险制造者"不再三五成群聚围在一起切磋身手了，一（11）班的孩子也不再在楼道里追、跑、打、闹了。我为自己终于摆脱了男孩子"险、闹、乱、烦"的课间十分钟而扬扬自得。

可是，就在我为自己努力换来的"安全十分钟"而沾沾自喜时，又隐约觉察到了一些不对劲。课间十分钟，只要我一踏进教室的门，孩子们就变得异常安静，带给我欢声笑语的小精灵不在我身边快乐地飞舞了，绽放在孩子们脸上的笑容也不翼而飞了。我特别不习惯如此安全、安静的课间十分钟。这样风声鹤唳、死气沉沉的班级根本就不是我想要的，我想要的是天真烂漫的孩子组成的快乐王国。这个王国应该是轻松、愉快的，是幸福洋溢的。可是现在，笑声没了，欢乐没了，除了安全，我们什么都没有了。

我因此陷入了两难的境地，眼前好像有一架天平，一边是对孩子至关重要的安全，一边是他们的欢乐、自由，我该何去何从？爱玩、爱闹是孩子们的天性，我有什么权利用自己不容违背的禁令、怒气冲冲的面孔去扼杀孩子们的天性呢？可是，一年级的小孩子安全意识太差，而且之前已经发生过一年级的孩子因为追、跑、打、闹被撞伤的事情，保证孩子的安全也是不容松懈的。到底如何才能在保证孩子们安全的前提下而又快乐地度过这课间十分钟呢？

就在我为之苦恼时，综艺节目《爸爸去哪儿》为我送来了拯救课间十分钟的良药。看到五个爸爸和六个孩子乐此不疲地玩"木头人"游戏，我突然灵机一动：我为什么不利用课间十分钟引导孩子们做一些简单、安全的游戏呢？第二天，下课铃响起之后，我没有像往常一样充当"治安队长"，而是让之前总是打闹的那几个小家伙到教室前方的安全阵地紧急集合，微笑着问他们："你们会玩'木头人'的游戏吗？"

"会！"他们斩钉截铁地说。

"那柯老师和你们一起玩，好不好？"

"好！"

几个孩子欢欣鼓舞地喊了起来。我们一边欢快地说着"不许说话不许动，不许露出大门牙……"，一边认认真真地忍着笑。在我们的带动下，越来越多的孩子三五成群地玩起"木头人"的游戏。这一天的课间十分钟，久违了的欢声笑语终于又在我们班响起，没有了"人挤人"和"追跑打闹"，我们班也终于成了充满欢乐的安全阵地。

静下心来反思"课间十分钟"的遭遇时，我恍然大悟，原来，引导比管制更重要。引导孩子们在课间做有意义的事情，远比制止追跑打闹现象更好。如何让孩子们做既安全又快乐的事情呢？我想到了组建"班级俱乐部"，让有特长、有爱好的同学做会长，自己招募会员，利用课间做志趣相投的事情。

　　孩子们的自发性和创造力让我喜出望外，一周之内，我们班成立了"恐龙俱乐部"，爱好恐龙的同学聚在一起研究恐龙的演变历程、种类、性情和特征；组建了"历史故事俱乐部"，那些对三皇五帝、秦皇汉武情有独钟的同学围坐一起共同探讨里面的传说故事；还有绘画俱乐部、黏土俱乐部、班级贡献小分队……课间十分钟，孩子们忙起来了、动起来了、笑起来了、也乐起来了。我们的十分钟，不再是危险、安静的十分钟，而成了孩子们演绎精彩、充满活力的课间十分钟，也成了我和孩子们共谱爱与欢乐乐章的十分钟。

　　要想除掉旷野里的杂草，用铲子铲、用火烧都不彻底，而在杂草地里种上庄稼，才是除去杂草的最好方法。我对课间十分钟的应对，从"监控"走向"引导"，通过做小游戏、组建班级俱乐部为孩子们提供一个可选择、可发挥、可自由活动的舞台。孩子们有了想做、爱做、会做的"正事"，课间十分钟就不再危险了。而丰富多彩的班级俱乐部活动，则让我切实感受到孩子们超凡的创造力和超强的学习力，他们不再"烦人、气人、急人"，而是变得"可爱、可亲、可喜"。我和孩子们的关系也由"我"与"你们"的对立，走向"我们"的和谐。

动之以情，晓之以理，以诚相待，架起桥梁

刘瑞琪

　　疫情之后，特殊的暑期开始了，作为班主任，要进行一次一对一的连线家访，关注孩子与家长居家学习生活状况，给予力所能及的帮助与疏导。其余班里的家长，我几乎都已经顺利连线完成，但是对于小齐（化名）的家访，我迟迟没敢进行，我一直在思考如何进行他的家访。

　　因为我从一年级开始接触孩子，在小齐妈妈给我的反馈中，小齐是一个没有上进心，对学习提不起劲、说到学习就头疼，没有自理能力、生活懒散的孩子。我推测是因为小齐爸爸妈妈上班很忙，出差在外的时间比在家的时间多，只要见到小齐就会一顿批评和指责，各种负面认知传递给了小齐。平时照顾孩子最多的小齐奶奶，在小齐爸爸妈妈口中，也是造成小齐现在这种情况的原因之一。然而目前的状况更加糟糕，妈妈由于工作需要调回哈尔滨，爸爸虽然留在北京，基本上也是一周才能回一次家，小齐的生活起居和学习活动都由奶奶负责。与小齐妈妈第一次连线之前，我都能想到小齐妈妈会说些什么。果不其然，和小齐妈妈沟通第一句之后，她就滔滔不绝地诉说对于孩子的种种不满，以及对于老人"溺爱"的指责。

　　而事实上，小齐同学现在是一个乐于劳动、做事不遗余力、有担当、有集体荣誉感的孩子。小齐同学主动加入班级的每一次午间劳动，无论是不是当日值日生，每天都可以看到他收拾餐车，整理、分类垃圾，扫地、拖地的身影。他默默劳动，从不张扬。他总能看到班级需要整理、清洁的地方。开学至今，听到他说的最多的话就是"你躲开，我来吧！""刘老师，餐车整理好送出去了"等。虽然在班级各种评比中，他没有出色的表现，但是孩子依然默默地做着能够为同学、班级服务的事情。他是一个心中有他人，非常朴实的孩子，努力在自己力所能及的范围内为集体出力。这一切，我都看在了眼中、记在了心里，同时，我也用手机记录下了他的点滴进步。

　　连续几天的线上交流，我感觉到，小齐妈妈目前的焦虑来自几方面：一是小齐爸爸、妈妈各方面都十分优秀，而小齐妈妈觉得孩子没有上进心；二是在妈妈看来，小齐现在的状态，很大原因在于老人的溺爱；三是小齐妈妈确实没有时间和耐心陪伴教育孩子。面对如此焦虑的妈妈，我应该怎么做、怎么说，妈妈才愿意听呢？

一、动之以情——从消极视角转向积极视角

　　为了让妈妈减轻目前的焦虑情绪，我准备让妈妈重新认识一下自己的儿子。我把平时在班级中拍到的小齐劳动、上课、参与午餐活动的照片发给小齐妈妈，向她一张一张地描述孩子在班级中的生活状态："您看，这是孩子在扫地，别的同学已经去户外活动了，而他为了班级不在中午的卫生抽查中被扣分，还在认真地打扫，他心中有集体荣誉感。您看这一张，他单腿跪在地上，把同学们摆放凌乱的餐盘逐

一按照一个方向摆好，放进餐桶，您感受到他的用心、细心、和耐心了吗？您看这一张，他在帮同学们发水果，可有办法了！他每次都是一组一组地询问，几个同学吃，就拿几个，而且他总会把小个儿的留给自己。您再看这一张，两个垃圾袋旁边一点儿垃圾都没有，您知道为什么吗？他总是早早吃完午饭，就站在垃圾袋旁边，有同学扔垃圾，他都会指导大家白色的袋子放纸巾，黑色的袋子放果皮，万一有同学放错了，他就会戴好手套拣出来，进行分类，他是一个心思多么细腻的孩子！再看看他原来的照片，那个时候座位旁满地垃圾的小齐已经看不到了。您看到了孩子的努力、孩子的成长了吗？这个学期班级的周评比，垃圾分类小标兵、优秀组员，小齐已经开始有了收获。而且这个学期末校级评比活动中，同学们极力推荐他参选劳动之星，并且小齐高票当选，这也是孩子默默成长的结果。孩子的点滴进步，老师和班里的同学都看在眼里。看完这些照片，相信您也感受到了孩子在班级中的成长。成长不是光看成绩，各方面的成长都是孩子的进步！我们家校携手，一步一步帮助孩子、一点一滴指导孩子，心急吃不了热豆腐，任何事情都要依据孩子的自身情况而确定目标。"

二、晓之以理——从背对背到手牵手

为了让小齐妈妈能够走出"老人溺爱"的旋涡，我给小齐妈妈讲了班里另一个同学小宋在疫情期间的真实故事。因为爸爸妈妈2月就要正常上班，家里没有老人能够帮助，之前的阿姨回了老家，疫情期间到不了北京。在这种情况下，孩子只能独自在家，中午和晚上都是自己吃冷饭，或者用微波炉热一热，就这样，小宋坚持了近两个月的吃冷饭生活。爸爸妈妈和我联系沟通的时候，说得最多的就是孩子每天吃冷饭，他们很心疼。孩子在家用水用电，父母也是担心得要命。是呀！如果家里有老人能够帮助一下，哪怕就是在家里做一顿热饭，对于孩子而言就是幸福的，对于爸爸妈妈而言也不会上班一天就提心吊胆一天。

相比之下，小齐可是一个幸福的孩子，您和小齐爸爸能全身心地投入工作，有如此突出的成绩，是不是就因为背后有着爷爷奶奶的默默付出、鼎力相助？您看爷爷奶奶从一年级入学到现在一直帮助您照顾孩子，无论是上学接送、作业辅导、一日三餐，还是疫情期间的一直陪伴，解决了你们多少后顾之忧！您在出差时，在单位加班做事时，应该从来没有担心过小齐没人接、没人给他准备一日三餐吧！老人愿意照顾孩子是我们上班族安心上班的底气，也是孩子最好的依靠。所以，老人对于孩子的爱，那也是对于我们的爱，我们要主动与老人携手，一起教育自己的孩子。其实奶奶完全可以放手，哪个老人不喜欢旅游？哪个老人不愿意跳跳广场舞？哪个老人不愿意在老家与熟悉的亲朋好友聚聚？小齐奶奶全都放弃了，不就是想让你们安心工作吗？其实回家之后对饭菜的一句肯定，关心一下老人的身体，老人就会高兴好几天。每一个孩子在成长的过程中都有自己的轨迹，家长要适时适度地引导好孩子，相信我们的孩子都是优秀的。我听到电话那一头的小齐妈妈哽咽了。

三、以诚相待——从"虎"妈到慈母

作为家长，要学会和孩子沟通，我教给了小齐妈妈一些适合与小齐沟通的方法。父母要接纳孩子行为背后的情绪，正视孩子的行为，在适当处理之后尽快将此事翻篇儿。在接纳情绪的前提下，要让孩子分清楚情绪和行为的区别，情绪没有好坏之分，只有在不良情绪支配下做出的行为才可能是不良的行为。要让孩子明白他可以想所欲想，但是不能为所欲为。对于小齐要多谈心，不要说教，让管教和沟通成为家长与孩子之间的一个合作和互助的过程。同时让小齐参与管教过程，让孩子反省自己的行为，并自行找到解决方案。

以督促小齐写作业为例，换一个方式表达，效果就会不一样。作为家长，可以把平时常说的"你怎么还不写作业？你写作业怎么这么费劲，都几点了，你别磨蹭了！"换成"今天作业准备几点完成？咱们看看有进步没有！今天作业我看了，有两处稍微有点难，你先独立完成，如果 20 分钟之内不能解决，妈妈帮你一起分析"。

我们常说好孩子都是夸出来的，语言的表达语气、形式不同，孩子的接受程度也会有所不同。我还建议小齐妈妈尽量每周抽出半天时间，带他到户外游玩或者散步，这样既锻炼了孩子的身体，又增进了母子之间的感情。目前在能够陪伴孩子的时候，可以多和孩子做一做亲子游戏。他喜欢拼乐高，小齐妈妈可以和孩子一起拼，看谁拼得快，有趣又温馨，同时让他在亲子活动中有成就感。在陪伴孩子的时候，作为家长一定要保持良好的情绪，不能高兴的时候兴高采烈，工作不顺心了，就对孩子不耐烦。同时，我还建议小齐妈妈在哈尔滨工作期间，要常与儿子视频通话，多鼓励孩子。与小齐的沟通就比较适合这种"爬山"式教育，一步一台阶，稳扎稳

打，家长和孩子沟通也要以诚相待。

面对焦虑型家长，教师要善于倾听家长的心声，感受家长内心的困惑，给予及时安抚。小齐妈妈之后再和我谈话时，语言发生了很大的变化，她说："小齐最近字写得比以前好看多了；小齐最近的运动量又增加了，今天吃完晚饭，他洗的碗，还挺干净；今天小齐在家拖地了……"现在，妈妈口中的小齐不再是以前妈妈眼中那个懒散、不求上进的儿子了，因此家校沟通的能量不可小觑。

同时我也在反思，很多家长与孩子的沟通都缺少方法，作为教师在合适的时机可以向家长传授相关要点。在亲子沟通的问题上，家长至少需要童心、真心、细心、专心、耐心、恒心以及狠心，"七心协力"，才会有好的效果。家长要有童心感、知童趣。这颗童心里装着好奇、幼稚、善良、乐观以及自由，做父母的若是昂着高高的头，老是用成人的思维去看儿童的世界和问题，就永远走不进儿童的心灵。同时亲子沟通有"戒律"，这些禁忌，家长应尽力避免：从沟通的话题看，一忌"三句话不离学习"，孩子需要健康、友谊、兴趣爱好以及自由的心境等，除了谈学习还是谈学习的亲子沟通会非常无聊；二忌"无原则地攀比"，把孩子比得一无是处，孩子就会信心全无；三忌"全盘说教"，从沟通的途径看，要忌面对面地单一说教，沟通的途径很多，可以和孩子谈话、玩游戏、远足野炊、书信等，单一的形式只会产生单一的效果甚至没有效果。

沟通是一门学问，也是一门艺术。在与家长沟通的过程中，了解家长的心理，根据沟通对象、需求类型的不同，以真诚的态度，运用灵活的沟通技巧，采取多种沟通形式，才能收到最佳效果。小齐的故事体现了家校协力共育对一个孩子的改变，只要用心，无论是怎样的问题，都能够解决。

长风破浪会有时，直挂云帆济沧海
——如何让学生爱上数学学科，爱上数学老师？

孟琳琳

新学期，我将担任四年级两个班的数学教学工作。原来的数学老师特别真诚地告诉我两个班的实情："一个班还好一点，在四个班中排第三；另外一个班，待达标的学生有八九人，还有中下游的学生需要老师辅导多遍，督促着学习，特别费劲，提前给您打个预防针，以免您接受不了。"听了这话，我当时心里忐忑不安，压力重重，心想：这才三年级，怎么就那么多待达标了？这是怎样的一个班级呢？

开学第一天，我精神抖擞地走进教室，第一节课我就吃了闭门羹。为什么这么说呢？课堂前15分钟，不仅没人回答我在课堂上提出的简单问题，而且学生专注力和听课习惯就让我大吃一惊：有做小动作的、有交头接耳的、有看课外书的，完全像一盘散沙一样，学习风气和态度让我感到震撼。多年教龄的我迅速调整了课堂节奏，知识点的讲解可以慢慢来，要想改变学生的学习状态，就必须关注学生的专注力，培养他们的听课习惯和发言习惯。如何做呢？首先，利用榜样力量，坐姿规范、专注力集中者，点名表扬；认真倾听、大胆发言者，全班给予掌声鼓励；声音洪亮、大胆展示者，送上我富有魔力的夸奖。其次，我先从学困生入手，放慢脚步、让其走上讲台、耐心指导、静静等待，当微弱的声音能解释出问题时，让全班赋予雷鸣般的掌声。孩子的眼神由起初的害怕躲闪，到现在的坚定，敢和他人对视；由上讲台时胆小的小碎步，到回到座位的大步流星；由全班的散漫，到每位同学的专注。我通过眼神和表情看到了学困生内心的喜悦，看到了全班孩子们纯真的内心。

下课后，我又找了其他学科教师和学生了解班级学习情况。学生说："老师，我们班成绩差，学习不好的（学生）也多，这都是正常的事，您也别生气，每年都这样，其他学科也这样。"听了之后，我快速思考能做些什么，才能让两个班的学生爱上数学，爱上数学老师。通过查阅理论资料，我发现资料中都会提到因材施教，但是对于我所教授的这两个班则不适用，因为他们多数不喜欢数学、不喜欢思考、不喜欢听讲、不喜欢发言、不喜欢交作业，这些问题是班级的共性，我应该找一个适用于这两个班的方法，让他们爱上数学、爱上思考、爱上发言、爱上我。所以，我这样做了。

1. 课堂上，关注学生的听讲、发言、思考和书写习惯

在课堂上，我会要求所有的学生对于老师或同学们的每一句话，眼神、耳朵送到。同时，坐姿、站姿要规范。以榜样引领带动其他学生，及时表扬做得好的孩子。表扬是我发自内心的，不会简单地说"你真棒"，而是会变换不同的表达，比如："你的思维震撼到了我，你有数学家的潜力，我看好你！"每节课我都会花大量时间关注学困生，要求回答问题声音洪亮，至少完整重复他人的想法，鼓励其说出听到的内容，只要敢于张口，我就会大力表扬，全班同学都给予热烈的掌声。我尽全力照顾到每一位学困生，目的是激发他们的学习兴趣，增强他们的自信心。对于爱思考、喜欢质疑的学生，无论对与错，只要有自己的想法，我就会让全班给予雷鸣般的掌声，目的是发散学生思维。坚持了两周，聪明的孩子引领课堂，中游的孩子成为主力，学困生紧跟脚步、信心十足，全班的学习气氛被充分调动起来；再坚持一个月，在弱班听课时，学校负责人说道："这个班的常规进步了好多，每个孩子都那么专注，学习数学的兴趣越来越浓了，思维也越来越活了，真好！"

2. 课堂下，注重作业和单元练习卷的反馈

面对平常作业，我的做法和往年不一样，我增加了鼓励、欣赏性的评语。当批改到书写整洁规范、思维过程完整的作业时，我就写上欣赏的评语，比如："宝贝儿，批改你的作业老师感到很幸福，作业漂亮极了！"当看到学生作业进步大时，我会写下类似的评语："孩子，你的书写进步飞速，我特别开心！加油！"学生拿到作业，会感受到内在的驱动力，从而激励自己更加注意书写细节和思维完整度。

此外，我还注重单元卷的及时反馈。每次学生完成当天练习，我都会在卷头写上欣赏鼓励的评语，比如："宝贝，你太棒了，功夫不负有心人，加油，老师看好你！"此外，对于成绩弱或者没考好的学生，我会在正确的或者思维含量较高的题目旁备注："孩子，你的审题很棒，思维严谨，赞！"长时间坚持这样做，孩子们每次发试卷，都在期待我对他们的评价，有时候时间真的很紧张，我就只写了等级。

孩子们还特意跑来问我："老师，我的评语呢？"第二天复批试卷改错时，有的家长会写上感谢老师的话语，我看后心里暖暖的。这样做虽然花费了我很多时间，但是得到了家长的肯定和支持，是非常值得的，孩子们的进步就是最好的证明。

经过一年的坚持，期末考试时，全年级 21 个班，我当初接手的好点儿的班级考到了全年级第一，最弱的班级也名列前茅，成绩得到了同事和家长的高度赞赏。当暑假家访时，家长都反馈了以下内容：孩子的数学学习兴趣因为老师的鼓励明显提高，孩子很喜欢思考，喜欢您或特别喜欢上数学课，等等。

鼓励和认可是学生获得自信的有效途径，自信是成功的基础。长风破浪会有时，直挂云帆济沧海——这句诗所赋予的教育理念改变了我，也改变了我的学生。

小"魔王"变身小"暖男"

苏竹青

因为特殊情况，我在学年中间接了一个新班。开始是代课，后来在五年级第二学期做了这个班的班主任。当时班里的情况比较棘手，还有几位年级里"知名"的学生。其中最突出的就是小王（化名），他的问题体现在多个方面：在学习上，不写作业，不听课，上课就看课外书或睡觉，如果上课不做这两件事，那就是不停地说话，影响集体的纪律；他还经常做一些类似爬高、舞扫帚等非常危险的事情，运动会时，他一个瓶子飞起来，另一个同学意外被砸中，疼得倒地；他总是好心办坏事，随便动他人的东西，多次破坏班级的公共财物；还有上课不按时到班里，卫生不过关等，着实让人头疼。最可怕的是，他与别人发生摩擦之后爱动手，以前发生过比较严重的受伤事件。因为每天层出不穷的问题，我多次与小王及其家长进行沟通，结果却不尽如人意，孩子不愿接受老师的批评和意见，家长也表示无奈。就这样，一个学期在各种问题与处理问题中度过。

一、改变心态，深入了解

暑假开始，我断断续续进行了一系列教育理论与方法学习。面对班级中的问题，我开始用一种研究的心态来面对。开学前两周，我去小王家进行家访，到了小王家，他和爷爷两个人在家。小王在爷爷的提示下帮我倒了杯水，然后就去和爷爷同住的卧室了。爷爷说他在家主要是在屋里看电视、玩手机。我向爷爷了解了一些他成长中的重要事件，随后希望和小王继续交流，但是小王比较排斥，不愿意和我进行交流。我征得小王的同意，走进他们的卧室，里面拉着窗帘，光线有点暗。谈到他和爸爸妈妈的交流情况，小王会说一些比较好的内容，我感觉他有一些掩饰。

小王的问题涉及方面很多，要从一个最主要的入手。学生每天大部分的时间都在学习上，学习有了进展，其他问题就减少了发展空间。小王在语文学习上有自己的优点：平时喜欢看课外书，虽然囫囵吞枣，但也扩大了他的知识面；再加上他喜欢相声，口才不错。他的主要问题在书写方面，在识记字形和书写上有很大障碍。另一个大问题则是他的心理障碍，他从思想上不愿意学习。开学初，我督促他学习，对他说："你只有付出努力，才能进步，才能成长。"他大声喊道："我不想努力，不想成长！"

二、分析问题，探索对策

（一）找准起点，借助力量

小王当时的情况，需要有一个人单独陪伴指导，才能够完成一些学习任务，集体辅导对他是完全不可行的。老师每天都有大量的教育教学任务，有时还要处理学生临时出现的情况，很难一对一地进行指导。因为小王爸爸妈妈平时下班比较晚，所以刚开学第一个月的时候，我经常和他爷爷进行交流。爷爷从小带他，跟他感情很好，但是事实证明，爷爷对他学习上的督促还是不够。他极不情愿放学后单独接受辅导，虽然完成了一部分学习任务，但情绪上非常抵触。鉴于这种情况，我几乎每天通过微信和电话与小王家长沟通，希望他妈妈能够在家里多做孩子的思想工作，引导他在学校里配合辅导和学习，并尝试通过各种方法引导孩子改变学习态度。孩子的作业比上学期稍有进步，但是微信和电话沟通还是不如当面沟通，和家长一起帮助孩子效果会更好。

因此在 9 月底的时候，我和小王妈妈商量，看她能不能放学时偶尔来接孩子，一起沟通和指导孩子。当天，他妈妈克服困难，放学后来接他，我们到班里沟通了孩子的作业情况，之后她和我共同辅导孩子。在此同时，我还辅导了班里的其他几个孩子，处理了学生放学后的一个意外情况，上交了资料，检查了班级卫生。小王基本完成了作业，他妈妈不无感慨地说："老师，您真是太不容易了！"她表示愿意全力配合教育孩子。就这样基本固定下来，他妈妈大概每星期来一次，整理一下他的作业，和老师交流他这一阶段的情况，并且对下周的学习进行规划。这样从每天的活动入手，落实到点点滴滴的行动中。

（二）针对难点，设法解决

通过家访，我了解到小王对饮食非常挑剔，他的协调能力相对较差，再联系他书写的困难情况，我推测他在某些感知方面可能比较薄弱。因此，其中一个关键环节就是提高他对汉字的感知。在电影《地球上的星星》中，老师引导学生用沙子来练习写字。我受此启发，和他妈妈单独辅导时，我就让他拿了一个纸杯，接了一点儿水，之后蘸水在黑板上写。一开始，他嫌麻烦，不愿意写。我和他妈妈一再坚持和鼓励，他终于把当天那课的生字，蘸水写完了。我在旁边给他纠正笔画和笔顺，发现他一些基本的笔画都不会写。在黑板上写字，方便对这些笔画进行指导。之前，他嫌累不愿意动笔写字，现在用手指写字，他的感受明显放大，同时手指的疲劳感更强了，相比之下，他反而接受在本子上写字了。

在这之后，他对汉字的学习有了新的变化。同时，我每天将他的进步和问题，通过微信第一时间反馈给他妈妈。我们全力配合，一点一滴地跟进。孩子完成学习任务，我及时对他进行肯定，同时给家长树立信心，再提出新的目标。后来三个月的学习是艰苦的，用小王的话说："我太苦了！"但也是卓有成效的，小王获得了前所未有的成就感。

三、不断努力，变化显著

11月初，我们迎来了5、6单元的测试，小王之前的考试没有及格过。考试的过程中，他嘴里一直念念叨叨，我知道他一紧张就这样，于是安抚他踏实考试。交了卷子，他说这是自己最激动的一次考试。这次他考了41.5，算及格了，与之前的成绩相比，几乎翻了一番。

后来，小王的学习螺旋式上升。有一周我的印象最深：周一英语课第一次拿出了书，周二写了同步作业，周三科任课提前写了生字词作业，第四天主动举手读课文，并且读得很通顺。在此基础上，我又提高了对他阅读和作文的作业要求，为期末考试复习做准备。以下表格呈现了小王一学期语文成绩的变化。

表1 小王上学期与本学期语文成绩对比

考试项目	上学期期末测试	本学期前测	1、2单元测试	3、4单元测试	期中专项测试	5、6单元测试	7、8单元测试	期末专项测试	本学期期末测试
分数/总分	37/100	15/70	21.5/70	25/70	55/100	41.5/70	42/70	76/100	76/100

与此同时，小王的问题行为大大减少。虽然他还是会做一些违反班级纪律，影响其他人的或者破坏性的事情，但是基于我对他的了解，我会从动机出发来认识和引导他。家长也非常配合，教育他及时进行弥补和改进。

不仅如此，小王对待老师的态度也发生了颠覆性的变化。之前的抵触情绪，化为完全的信任。有时，我因为班里发生的事情而烦恼，他还会来安慰我，劝导犯错误的同学。小王由原来的"小魔王"变成了"小暖男"。

四、反思

回想起来，孩子之前的行为，应该是认为面对的困难就像大山一样，对自己失去了信心，因此也就放弃成长。老师和家长共同的努力，让孩子重拾信心，找到了行动的方向和方法。在小王的成长过程中，老师的力量、家长的力量，尤其是他自己的努力，都发挥了重要的作用。从中，我感受到孩子的发展潜力是巨大的，应该以解决问题为依托，尽力扫除发展道路上的障碍，在点点滴滴的引导和行动中，让孩子快乐成长！

做孩子信任的"孙妈妈"

孙洪涛

　　刚刚送走一届毕业生，现在回想起毕业那天，和孩子们在学校门口抱头痛哭、依依惜别的情景，眼角不禁又泛起了泪花。看着孩子们无论是身体还是心智都走向成熟，我的内心油然而生满满的成就感、自豪感。在这六年中，我付出了很多，其中的辛酸与幸福，只有经历过才能深有体会。

　　每当我翻开毕业画册，看到一年级刚入学时在主席台上拍下的那张集体照，就会想起那一张张灿烂的笑脸。在这群天真可爱的孩子们中间，有一个小女孩给我留下的印象非常深刻，她出奇地懂事，待人和善，老师说的规则她都遵守得很好。这个小姑娘在低年级时多次被评为"金穗好少年"，她就是莹莹（化名）。

　　就是这样一个喜欢跳舞、无忧无虑的女孩子在升入四年级后，我却发现她的学习成绩有所下降，学习劲头也没有之前足了，整个精神状态较之以前相差甚远。我及时和莹莹妈妈进行了沟通，得知孩子的爸爸和妈妈已经分开很长一段时间了，一直是姥姥、姥爷和妈妈守护孩子的成长。听到这个消息，我内心一震，想到孩子终日没有爸爸在身边，而不完整的家庭一定会给孩子带来很大的影响。回想孩子在学校的表现，与之前相比，她的内心的确变得很脆弱，有时候和同学之间发生一些很小的矛盾，情绪上就会有很大的起伏。这一次和孩子妈妈的沟通特别有实效，我找准了解决问题的着力点，下一步还要找准解决问题的方法和策略。生活在单亲家庭里的孩子非常脆弱、敏感，需要得到大家更多的关心，尤其是老师和同学的鼓励。于是，我对这个小姑娘更加温柔和体贴，不断鼓励她勇敢参加各项活动，在活动中打开心扉、体验成功、享受快乐。

　　记得有一次国旗下展示活动，在合唱环节需要有一位同学领舞，我一下就想到了莹莹，因为她从小就学习舞蹈，有着很好的舞蹈天赋。莹莹满心欢喜地承担起了领舞的任务。从平日排练到正式表演，她都特别努力认真。无论是课间、放学后，还是周末，只要有时间莹莹就练习舞蹈动作。在正式表演那一天，莹莹表现得非常出色，她得到了老师的称赞和同学们的喜爱。通过这次活动，莹莹的自信心大大提升，她在班里的威信也有了提高，有很多司学都成为她的好朋友。不仅如此，孩子在体育课上的表现也有了明显的转变。从之前的不敢剧烈运动、经常摔倒，到现在和同学们一起跳绳、跑步，莹莹的身体素质慢慢增强，内心也变得更加坚强、阳光。

记得有一次和莹莹妈妈聊天，她说："孙老师，孩子和您在一起的时间比和我在一起的时间都长。让我们感到特别开心的是，她在我们面前多次称呼您为'孙妈妈'，可见孩子对您的依赖。我们家情况比较特殊，我是一名警察，平时陪孩子的时间很少，孩子爸爸又长期不在身边，莹莹特别需要老师的关心，尤其是在心理这方面，特别需要别人的鼓励，孩子就拜托给您啦！"孩子的依赖、家长的信任让我十分感动，我想我一定要尽自己所能保护好孩子，让她的身心能够健康成长。

后来到了高年级，步入青春期的莹莹上课不爱回答问题了，和老师的交流也少了，虽然我还是她口中的"孙妈妈"，但感觉到她对老师有些畏难情绪。于是，我建议她担任我的语文课代表一职，没想到的是，她特别开心，而且工作起来尽心尽力。虽然，莹莹从早上的早读到放学都在不停地忙碌着，收发作业、催交作业，同时她还担任了宣传委员一职，在学校里面的时间安排得满满当当的，但是我能感受到，她的内心是快乐的，因为笑容总是挂在脸上。

转眼间莹莹小学毕业，在收到录取通知书的那一刻，莹莹妈妈第一时间和我分享了她考入理想中学的好消息，并给我发了长长的一段信息，其中有几句话令我记忆犹新："六年时光转瞬即逝，莹莹不仅增长了才艺，收获了朋友，最难能可贵的是对您发自肺腑的爱戴，称您为'孙妈妈'，您对她的影响远远超越了作为生母的我，我对您表示衷心的感谢和深深的敬意。"我想，这一声声"孙妈妈"不正是孩子对我最大的依赖和信任吗？

新学期我要继续当好"孙妈妈"，让我的孩子们在农科院附小这片沃土上健康、茁壮成长。

为爱代言 以笔为媒
——架起亲子关系沟通的桥梁

王硕达

经常听到家长们抱怨孩子不听话、不好管，也经常听到孩子们抱怨家长不理解他们、跟不上时代、回家就像"进监狱"……而当让孩子们谈谈父母对他们的爱时，说的更多的是生病时照顾他们、上下学接送他们这种非常浅层的内容。由此，不难看出，孩子与父母之间的矛盾主要在于没有深入交流与换位思考，更多地集中在对"家庭教育"的理解与需求的偏差上。怎样能够借助语文课堂，给予学生充分地、切实地感受到父母之爱的真谛的机会；怎样能够借助教材资源，给予学生自由地、坦诚地与父母交流对"爱"的理解与需求的空间；怎样能够借助语文学科的特点，给予双方对"爱"的表达的渠道，成为我一直思考的问题。

于是，我开始在教学中进行一些尝试。我以统编版小学语文教材五年级上册第六单元中的《"精彩极了"和"糟糕透了"》一文作为切入点，通过作业设计创造机会让学生和父母进行深入沟通。本文讲述了主角巴迪童年时期写第一首小诗时，母亲和父亲给予他"精彩极了"和"糟糕透了"两种截然不同的评价，这两种评价在他的成长中产生了深远的影响，作者从这两种截然不同的评价中感悟到了父母给予的爱。母亲的爱是"灵感和创作的源泉"，而父亲的"警告"则时常提醒自己"小心、注意、总结、提高"。作者不仅认识到两种评价对自己健康成长的必要性，而且认识到这两种看来截然相反的评价所蕴含的共同点，那就是爱。每个父母表达爱的方式不尽相同，爱的故事更不可能相同。本文的重难点就是让学生理解作者是怎样逐渐感悟到父母两种不同的评价中所饱含的爱。

从文学创作的角度来看，虽然"感恩父母"已经是十分常见，甚至是颇为"陈旧"的写作题材，但是学生依旧可以写出新意，写出真情实感。因此，我以明信片的形式设计了本课的作业，让学生借助文章中的关键信息进行语言重构，表达对父母教育的理解，表达自己的情感。下面是我对本课的作业设计。

1. 作业目标

（1）引导学生在品读课文内容的基础上，感受巴迪父母对于他和而不同的爱。

（2）引导学生回忆自己的成长历程，寻找对于父母教育方式不理解的事件并加以重新分析与感悟，体会父母之爱。

（3）借助明信片的形式，抒发自己对于父母之爱的理解与感恩。

2. 作业内容

巴迪理解了自己的父母，你呢？老师为大家准备了一张爱的明信片，你想将它送给谁呢？你会在上面写下怎样的心里话呢？静静地想一想，请你在课后将心里话记录在这张明信片上，偷偷地藏在一个地方，等着他（她）来发现吧。

3. 评价标准

（1）书写工整、行款整齐、语句通顺，能借助生活中真实发生的事例抒发自己的理解与感悟。

（2）能在过程中真实、准确、恰当地表达自己的感受，抒发自己对于父母之爱的理解与感恩。

（3）在表达时能够注意"您"、"请"等敬语的恰当使用。

在这节课的教学中，学生在"我读"的过程中获得"我感"，在"我写"的过程中完成"我的创造"，在拓展延伸中实现了二次阅读，完成探究创新，厚植语文课堂与自我成长的土壤，促进了语文核心素养的提升。

从学生作业完成的实际情况来看，大多数能够结合自己在学习和生活中的实际事例描述父母的教育方式，既能抒发自己最初的不理解，也能在最后感受到父母对于自己的殷殷期盼。结合课文的学习，更能抒发真正的感恩之情。部分学生更是在练笔中，提出了对于家庭教育中一些自己乐于接受又能够起到更好效果的教育方法，将真实的事件、真实的情感有机紧密地结合在一起。

同时，孩子们也乐于将这次特殊的作业与家长进行分享，家长也对孩子们的真情流露给予了积极正向的评价与反馈，不少家长还利用便签的形式给孩子们回了信，诉说自己的心里话，亲子关系通过这次特殊的作业获得稳固与提升。

虽然有个别学生对于父母之爱理解得不够深入，对于事件的描述过程、细节不清晰，但总体上看，这份作业的完成效果基本上达到了预期目标，学生在感悟与表达的过程中体会到了"父母之爱"的良苦用心，小小的明信片成为孩子与父母间沟通的桥梁。

播撒爱的抱抱

尹彩莲

回首从教的三十载光阴，青春消逝在三尺讲台上，皱纹堆积在飘飞的粉屑里，收获的除了平凡还是平凡。平凡的是相貌，平凡的是职业。回首这三十年从事的教育之路，我的心中始终坚持着一个原则，那就是"把简单的事情做彻底，把平凡的事情做经典，把每一件小事都做得更精彩"。既然我无法走出平凡，何不把平凡当成一种事业，让平凡的我在平凡的点滴中浇灌孩子们，让他们在成长中发光发热。

作为一名老师，学生成长一直是我乐趣的来源。我爱着我的学生，我把每个孩子看作一颗种子，十个手指不一般长短，每个人的花期也不同。有的花一开始就灿烂盛放，有的花需要漫长的等待。而我要做的是用平常心欣赏盛放的花朵；浇灌土里积蓄力量生长的种子，用耐心陪"种子"们一程。

我教六（5）班已经五年多了，航航（化名）是一个花期与众不同的"种子"，他是个独特的男孩子，他的每一次成长都凝聚着我对这份教育事业的认真和执着，渗透着我对教育本质及教育规律的探究，见证着我对优秀教育思想及先进教育理念的追求。在接手这个班级前，我就从认识的幼儿园老师那里久闻航航的大名。在周围人的评价中，他是一名很棘手的学生，幼儿园前三届、后三届都知道他是一个"混世魔王"。上一年级时，航航很快就在农科南校区"尽人皆知"：上课不进教室；课堂上不断发出怪叫；随意拿老师同学的东西……他非常随心所欲，老师不能说他，一说就哭，一哭整个班就别想上课啦！他几乎每日必哭，不如意就哭，有时都不需要理由，哭是他表达不满情绪的唯一方式。

在一年级的秋季学期，有一次，由于航航上午第四节英语课上大叫被我批评了几句，他不满意了！"哇……"的一声，他又开始哭了。这马上就要吃午饭了，四十多人等着吃饭呢！我哪有时间理他呀，心想着既然哭是常态，就让他哭一会儿吧！接下来的午饭时间他不肯吃饭，等我分完饭再看他，他人就不见了。

我顾不上吃饭，在校园到处找他。好不容易在男厕所找到他，他把自己关在厕所一隔间里，反锁着门死活不出来，不仅如此，他还威胁我说，要跳楼。为了让他情绪稳定下来，我转移他的注意力，"今天午饭吃五彩意面，看上去很好吃的样子……"他一声不吭，我又重复了一次，"帅帅这小个子一下吃了两碗，看来一定很好吃！"他依然不开口。由于当天上午我连续上了三节课，已又累又饿了，恨不得吃完饭再理他。可我想：假如我离开了，只留下他一人孤零零地在这委屈吗？要是由于我的离开，他发生了意外怎么办呢？想到这里我缓和语气说："航航，不管发生什么事情咱们先吃饭，这样吧！我教你两个控制情绪的小窍门，第一个方法是深呼吸，使劲吸气让氧气进入胸腔，进入大脑，大脑有氧气了就会冷静下来，你才会不说让自己后悔的话，不做让自己后悔的事。你先深呼吸三次，看是不是好受点儿？"我一边说，一边听见厕所隔间里传出吸气呼气的声音。我微笑着继续说："第二个方法，你用冷水洗一把脸。等我出去后你从隔间出来洗把脸，不让同学看到你哭过！"我出去后，航航果真从厕所隔间出来洗了把脸。等他从男厕所出来，我摸着他的头说："先吃饭！"

吃完饭等航航情绪完全稳定下来后，下午我们进行了一次正式的交流。

"我是你的好朋友，告诉老师，有什么我能帮到你的吗？"只见他两串晶莹的泪水突然流了下来。

"老师，我讨厌自己，我管不住自己。"他边说边敲自己的头。

我赶紧抓住他的手，把他抱在怀里，问道："好孩子，快告诉我到底发生什么事了？"

"老师……我表现不好……总破坏纪律……给班里扣分……我不喜欢自己！"他越说越激动，几乎是大喊出来。我瞬间哽咽了，多么可爱的孩子，多么让人心疼的孩子，躲在厕所、不吃饭是他对自己的惩罚，源于他觉得自己做得不够好。一语惊醒梦中人！航航的这颗谦卑、脆弱而好强的心，差一点儿让我用简单粗暴的方式抹杀了！作为一名教师，学生最亲密的引航者，在学生最需要指点引航的时候，险些被我一竿子推向无尽的"深海"。我很内疚，今后我应该以更加敏锐的教育嗅觉去关注和爱护每一个鲜活的、独特的学生个体，抓住关键时机适时地引领学生转变，形成健全的心智、良好的品性。如果我没有在厕所里"蹲下来"和航航谈话，就不会了解他之所以这样做的原因，就会错失珍贵的教育时机。在这件事之后，我一再提醒自己：让关注的眼神再温柔些，让贴心的语言再温暖些，让智慧的爱再多些，让教育的眼光再放长远些。

接下来的日子也不是风平浪静。航航两天发脾气三天打架是常有的事，班里的同学接二连三地过来告状。我虽然苦恼，但是并没有一次次简单粗暴地批评他，而是跟他约定当情绪无法自控时，使用"深呼吸"和"洗脸"这两个暗号，听到这个暗号就要放下所有使自己冷静下来。等呼吸均匀、拳头松开、头脑清醒时再去纠扯事情的来龙去脉，呼吸均匀时作出的判断才不会让自己后悔。我们还约定每一次由情绪激动到稳定下来就是一次成长，每一次成长我们都要来一个爱的抱抱庆祝一下。

经过了解，我发现很多时候，因为同学对航航过往不好的行为抱有成见，航航身边玩伴不多，这导致他常常利用一些行为来引起其他人的注意。同时，由于他表达自我的方法不正确，这又促使其他同学对他更加不满。而喜欢争强好胜、情绪又容易冲动的特性，导致航航最终不是对同学大声地哭吼，就是打同学。为了帮助航航，我抓住重点事件，带着全班同学对航航情绪失控进行过几次追根溯源，让航航认识到自己有时确实任性不讲理。追根溯源让事情的来龙去脉更明晰，大家也意识到有误解航航的时候，逐渐修正了对航航的认识。

在与航航家人沟通后，我了解到他容易陷入自我情绪闭环里，此时是听不见别人说话的。我对航航的问题越是了解，就越是增强了帮助他解决问题的信心。于是，五年多的时间里，我为他挖空心思，不断调整教育方式、改变教育观念，在形成自我教育思想的同时，也成就了一个新的自我。五年漫长的静待时间里，航航不断走出情绪闭环，由过去的每日一哭到一周一哭，直至一学期都不哭。现在，航航和我都特别骄傲，因为我做到了静待，航航做到了情绪管理，我们都成长了。

航航的事例让我坚信，最好的教育是润物细无声的。在这潜移默化的教育中，我用自己纤细的肩膀挑起一名教师的责任，用智慧而深沉、宽容而博大、坚韧而无私的爱去呵护每一个学生独特、宝贵的生命，同时我也收获了学生无数爱的"抱抱"。

从"小纸条"里挖掘出《土豆报》的故事

周玉洁

如果说教育的核心是促进人的发展，那么学校教育的核心就是促进儿童的社会化。作为班主任，从我走上讲台的那一刻起，就在不断思考一个问题：我要培养什么样的人呢？我又应该打造出一个什么样的集体？如何打造呢？带着这样的思考，我开启了我的班主任工作。

我一直相信，生活本身就是最好的教材。学生在校每天都会经历许多大大小小的事情，如果细心观察并加以引导，那么其实每件小事都可以成为教育的契机。在这里有个小故事想和大家进行分享，是关于我们班的"土豆报"。

有一次在语文课上，我注意到有两个男生在互传纸条，打开后发现是一则漫画。漫画画得挺有意思，是两个土豆的对话。具体上面配的是什么字，我实在是看不懂，于是下课后我向两个孩子"请教"，探寻究竟。学生自然是被我的好奇心吓住了，他们一心想着会挨批评，却没想到我叫他们过来和他们一起聊起了两个土豆的对话。学生见我如此真诚，这下彻底放心了，和我说他们的漫画其实是连载的，我之所以看不懂是因为没看以前的。说着，这位男生从自己的书包里掏出了一小摞纸，上面画满了土豆之间的对话。

读着读着，我读出了一些不一样的感受，原来，这些发生在土豆身上的事情正是每天孩子们在班里看到、听到的事情。例如：土豆班要进行干部选举了，今天某个小土豆迟到被批评了……这使我不禁产生了想法，何不鼓励孩子们将这些漫画做成一个系列、制作成报纸，供大家阅读呢？我立刻把想法与这两位男生进行了沟通，他们还在为上课传纸条的事情忐忑不安，于是连忙答应了下来。

后来，我又利用班会课时间在班里帮他们宣传办理"土豆报"的想法，没想到掀起了一阵制作班级小报的热潮。大家纷纷利用课间制作小报，短短几周的时间，我们班又出现了"彩虹报""肚子报"，等等。后来的"土豆报"越来越正规了，可以说是我们班的一大特色，它被班级记者团承包，不定期地发表一些文章和漫画，讲述班级中的那些"小事"。整张报纸从插图到配文全部手工制作。其实我非常喜欢"土豆报"这个名字，土豆本身具有朴实无华的特点，虽然外表普通，却营养丰富。我们班级中的这些小事可能在别人眼中很是普通，但孩子们却特别在乎，它有着丰富的营养，滋润孩子们的心灵，陪伴他们成长。因而，我试图借助土豆的这一特点，鼓励学生将我们的小报定名为"土豆报"。在那一学年，我们班的课间纪律都格外让人放心，因为孩子们背完古诗后就赶忙去制作小报了，忙得不亦乐乎，而我也和他们一起享受着这幸福的时刻。

我们农科院附小一直以"生长教育"为理念，这里的"生长"在我的理解中有两层含义。一方面是生理上的成长，另一方面是心理上的蜕变。如果把一个孩子比喻成一颗种子，那么爱心、耐心和陪伴就一定会成为阳光、雨露和养料。所谓"教育"，不过是用生命呵护生命，用心灵滋润心灵，用成长引领成长，用快乐传递快乐。

我和我的新疆娃娃

张关

2020年10月16日，为践行"社会稳定和长治久安"的新疆工作总目标，书写"建设美丽新疆、共圆祖国梦想"的崭新未来，我肩负重任，怀揣一颗拳拳之心，来到了塔克拉玛干沙漠之畔的大美和田，开启了难忘的两年援疆生活。

这里气候极度干燥，白日里最常见的就是一片昏黄，因黄沙蔽日，天空似乎永远挂着幔帐，不肯露出真容。这里是少数民族聚居地，维吾尔族同胞占当地人口90%以上，所以绝大部分学生语言基础薄弱，而且缺少汉语的学习环境。并且，部分学生家庭成员多，家中经济条件十分困难。面对这样的情况，我秉持"首善、实干、团结、奉献"的援疆精神，立志让戈壁开出最美的"教育之花"。

两年的光阴里，我组织和参与了京和教育交流研讨会、班主任系列讲座、联盟校师德师风专题培训、书写爱国情怀硬笔书法比赛、红歌唱响校园合唱比赛、弘扬传统文化经典古文吟唱活动、学雷锋月、清明祭英烈、校园足球赛、春季运动会、送教下乡等活动，帮助当地教师提升专业素养，带领学生开阔视野，取得了良好成效。

此外，我还担任了二年级 4 班的语文老师，与 54 个新疆娃娃一起学习、生活。教学中注重习惯培养、因材施教、深入浅出，让学生在 40 分钟有限的时间里享受学习过程：我们在课堂上看中国——小兴安岭、西沙群岛、日月潭、巍峨天山、黄山奇石、秀丽西湖，纵横南北、连贯东西，祖国的大好河山尽收眼底；在书籍中明道理——懂得谦虚做事、友善待人、知错能改、勤于思考；在有趣的实践活动中感受生活的美好——寻找美丽的四季、共度传统佳节、召开班级趣味运动会、评选故事大王、争做冬奥小使者、与植物交朋友、畅游海底世界……通过及时肯定、奖励学生的成果与进步，改变以往的学习模式，使学生对语文学科的喜爱程度与日俱增。课下，我与我的新疆娃娃们成了好朋友，他们会在节日亲手为我制作礼物，休息时偷偷跟我说悄悄话，还会往我手里塞好吃的。

通过"我在北京有个家"青少年助学帮扶项目，我与麦尔孜耶·买吐送结了亲，她成了我的"新疆女儿"，我成了她的"北京妈妈"。结亲仪式上，我激动地搂着我的新疆女儿，对她诉说着自己的爱意与希望，而她的小脸上也洋溢着幸福的笑容！

"妈妈"这个词崇高而伟大，我总担心自己做得不够好。幸好她是我班中的学生，我们能够朝夕相处，让我可以随时随地在学习和生活上给予麦尔孜耶关心和帮助。课间，我拉着她的小手，和她一起读书，给她讲故事，陪着她一起做游戏。她的汉语水平有限，我便常常利用课余时间给她补习功课，帮助她提高成绩，鼓励她积极发言，建立自信。除了捐助 6000 元助学金，我还一直和她的父母保持联系，主动了解她家的生活情况。在六一儿童节，我为她购买了她梦寐以求的芭比娃娃；假期里，我送给她课外书，激励她养成读书的好习惯；开学前，我早早地为她准备好漂亮的新书包和各种学习用品，鼓励她在学习上更加刻苦努力。后来她悄悄地告诉我她舍不得用，把它们都藏在了小书桌的抽屉里，她说这些都是最珍贵的礼物，要好好珍惜。

转眼间到了分别的时候，临行前她特意回学校找我，并交给我一封信，信中写道："妈妈，我爱您！我一定好好学习，将来到北京去看您！"看着曾经那么腼腆的小姑娘，现在用水汪汪的大眼睛深情地望着我，嘴角含笑自信地说出自己的心声，我感到无比幸福，也为她感到骄傲！

万里援疆付真情，大漠两载写华章。教书育人润心田，民族团结情意浓！我把一颗赤诚之心留在了玉龙喀什河畔，留在了巍巍昆仑脚下。如今我虽然离开了和田这片被我视为第二故乡的热土，但我始终忘不了那些纯真的面庞——爱踢球的安萨尔，喜欢绘画的谢孜睿，擅长唱歌的萨比热，热心的阿卜杜萨拉木……我把每一个新疆娃娃都当作自己的孩子，相信在温暖与关爱中成长起来的孩子们一定是阳光自信的，他们的未来一定是灿烂美好的。

因材施教，用爱守护
——我与"小小艺术家"的故事

苑晓艳

一、故事背景

"宝剑锋从磨砺出，梅花香自苦寒来。"我踏入教师这个神圣的岗位已经有六年的时间了。在这六年里，我在自己的家乡教过语文、教过美术、当过班主任，到如今又来到北京成为中国农业科学院附属小学的一名美术教师。从初次登上教师讲台的紧张，到如今的从容不迫，六年的时间让我成长和收获了很多。今年注定是不平凡的一年，疫情防控逐渐常态化，"双减"政策逐步落实。"双减"立足于促进人的全面发展，使中小学教育不再紧盯分数，真正意识到发展的多元性以及素质发展的主导性价值。在这种背景下，如何通过教育，使得学生作为主体的价值得以呈现，提高学生的创新能力和综合素质，需要每一名教师付出努力和思考。接下来我分享一个教学过程中的小故事。

二、故事开端

阳阳（化名）是五年级某班的学生，他是一个性格内向的男孩子。几乎没有和我说过话，如果不是他的作业比较独特，我都差点忽视他的存在。他的作业到底独特在何处呢？我在美术课结束后总是会给学生们布置作业，创作一幅关于各种主题的绘画作品，而阳阳连续两次交的都是白纸。我仔细观察后发现，这并不是没有痕迹的白纸，白纸上都有反复擦过的痕迹，这让我对阳阳更加好奇。通过观察，我发现他每次上课时美术用具带得都很齐全，他上课的纪律性也特别好，从来不会影响课堂，但是每次却创作不出作品。带着这份疑惑和好奇，我在下课后找到他，在教学楼道里和阳阳进行交流。由于疫情防控需要，他全程戴着口罩，说话声音很小，我基本都听不清他的声音，后来我再问他，他索性就不说话了，似乎是发现有同学围着他，担心其他同学认为我在批评他，再加上当时环境也比较嘈杂，我意识到我的交流方式可能不太妥当，所以就让他回了教室。

三、故事发展

第二次交流是在课堂中，学生在进行作品创作的时候，我走到他的座位边上，仔细看他画画，发现他一直画、一直擦，我意识到他可能是对自己的画没信心，不敢画。当他再次画时，我轻轻拍了一下他，说："这个线条画得非常流畅，这个线造型正好符合椅子的外轮廓，别擦！"他惊讶地回过头，我顺势给他圈了一下，让他明白这条线在设计椅子作品时很关键。他很开心，终于，这条线没再被擦去。接下来每次他画一笔，我就称赞一次，就这样，在鼓励中他完成了第一幅作业。我在接下来的作业批改时，给了他一个优星的成绩。其他孩子收到优星都是开心，只有他拿着作业来办公室找我，问我为什么给他优星，因为他觉得自己画得并不像。我和他解释道："画画不像数学题，数学要求的是准确无误；画画也不像语文中的汉字，必须一笔一画。美术追求的是创意，不一定是画得像就是优星，每个同学的作品都有自己的风格，老师希望你能勇敢去画，而不是不敢下笔，只要你敢于画，并且认真完成，你的作品就是最棒的！"

在接下来的时间里，他的每次作业我都给予相应的鼓励。并且在一次偶然的机会里，我发现他喜欢画自己班的同学，并且通过批阅阳阳的其他作品，我发现他对于色彩的把控很敏锐。于是我又去和他交流，并和他约定，如果真的喜欢画人像，可以改变课后的作业形式，每节课后提交一幅班里的同学人像作品。

四、故事结尾

连续画了几节课，我发现他慢慢地对自己的画有了很大的自信，性格也发生了变化。从之前不善于表达，到现在只要提起他给同学画的画像，就有说不完的话。这样经历了一个学期，我的办公桌上也积累了很多他创作的人物作品。在学期末的时候，我举办了作业展示活动，把他画的所有的班级人物画像在班里进行展览，同学们都很喜欢他的作品，突然之间，他有了一个新的称号"小小艺术家"。

五、总结

与"小小艺术家"的故事，让我深刻认识到，作为一名教师，因材施教，用爱呵护，在爱的基础上，努力让自己具备敏锐的目光和非凡的洞察力，这样才能走进学生的内心。而找到问题的关键，并采取恰当的措施，才能达到良好的教育效果。教育是国之基石，教师是基石的奠基者，作为教师，我们需要对每一位学生，因材施教，用爱浇灌，守护学生的成长。

第四章　见证美丽绽放
——隐性学习品质化为显性的多元生长

　　成长好像品尝怪味豆，千滋百味，让人回味无穷。每一个孩子都有着独一无二的成长故事。在孩子们的故事中，勇敢、坚持、乐观、超越……这些优秀的学习品质，最终成为其生命里最宝贵的财富。让我们一起见证农科院附小学子的美丽绽放！

中国农业科学院附属小学"金穗"创意室

学之志

2019 级 3 班　陈怡然

愉快的暑假开始了，我翻开暑假作业看到老师写的话，孔子曰："吾十五而志于学。"这让我想起了那段在家上网课的学习经历。

记得五一劳动节放假的时候，临返校时我们接到了学校的通知，因为疫情我们要在家上网课。一听不用到校上课，我内心窃喜，但又不敢让爸爸发现，还在爸爸面前假装伤心哭了一鼻子，并拍着胸脯保证我一定会像在学校时一样认真听课。转眼间到了上网课的日子，身边没有了约束，似乎也忘记了当初的保证，我心不在焉地趴在桌子上，晃荡着双脚，左扭一下右晃一下地听老师讲课，偶尔也会把桌上的水果盘端过来，一边细细品味水果的香甜，一边听课。正当我悠闲自得时，结果被爸爸看见了，只见他怒目圆睁，像暴躁的狮子一样怒吼道："不好好上课，干什么呢？"爸爸把我狠狠地训了一顿，可是我心里却是一百万个不服气。看着我不服气的样子，爸爸没有再说什么。

后来爸爸带我去了一趟国子监孔庙，为我讲述历代读书人为何读书，给我讲了周恩来总理在十五岁的时候，立志为中华之崛起而读书的故事；讲了孙敬头悬梁、苏秦锥刺股、囊萤照读、鲁迅嚼辣椒……那一天爸爸和我聊了很多，让我意识到了读书的意义，想想他们在那么艰苦的环境下还能严格要求自己，刻苦学习，而我在空调房里这么舒服的环境下，怎能不好好学习呢？那一刻自己的内心受到了极大的触动，也心生愧疚，感觉对不起老师们辛辛苦苦为我们准备的网课，我却没有用心听课，在这么好的学习环境下，我却因为没有人约束，变得那么懒散。回来后我把"书山有路勤为径，学海无涯苦作舟"作为我的座右铭，贴在了书桌前，时时刻刻激励自己，如果在学习上想有新的成绩，就要不懈努力，付出一分努力就会换取一分收获。上网课时我也会先把桌面收拾干净，排除一切干扰物，准备好学习用品，坐在椅子上时也不再左晃晃右扭扭的了，严格要求自己，认真上网课，积极发言。偶尔要开小差或者想赖床不起时，脑海中就会浮现出古人刻苦读书的情景，提醒自己该怎么做。

虽然上网课的日子已经结束了，我们重新回到了学校的课堂，但那段时光却难以忘怀。它是我学习生活中的一段特殊经历，由起初的懒散，到后来的严格要求自己，认真上课，在这个过程中我懂得了学习的意义，不断地克服惰性，不断地努力成长，变得越来越自律了！在以后的学习生活中，无论遇到什么困难，我都会有勇气有信心面对挑战，努力向前！

学习钢琴的闯关经历

2019 级 16 班　赵若伊

我学习钢琴的四年经历就像是一场大闯关，我总是有信心完成任务，但也会有遇到困难让我想放弃的时候。其中，有一个最令我记忆犹新的挑战发生在今年春天。

那时，我正在为一场钢琴比赛做准备，我的钢琴老师为了让我在众多参赛者中突出重围、脱颖而出，为我选了一首高难度的曲子。因为以前我弹钢琴的表现是挺不错的，所以这一次比赛我刚开始是相当自信的。但当我拿到那张曲谱的时候，我一下子满头冒冷汗，失去了往常的自信，我认为自己一定是练不好它的。果不其然，我花了一两个月的时间去练习，却还是没能达到我想要的效果。我非常气馁，委屈地把曲谱翻过来、卷过去，就是不想再弹第二遍了。付出和收获完全不能对等，这曲子太难了，我甚至想把它换掉。妈妈也从我的急躁动作中感受到了我的痛苦和气馁。

于是那天下午，她认真地找我谈了谈："宝贝，这首曲子确实是很难，但是我们不能当逃兵，选择放弃。我们可以试着把它分解成几小段，然后逐一攻克，坚持就是胜利！妈妈相信你！你难道不想在比赛的时候拿个金奖？"听到"金奖"这个词，我的眼睛亮了起来。是啊，练了这么久，谁不想获得一个优秀的名次和优异的成绩呢？也许，我真的可以。

看着妈妈温柔而期待的目光，听了妈妈的鼓励和建议，我又开始给自己打气，让自己重新振作起来，向这首超难钢琴曲发起进攻。单手、双手，我不断用手指敲击着钢琴键，认真地练习着每一个音符，用心揣摩、感受这首曲子的意义境界，尽可能把曲子要表达的情感在我的指尖和身体动作中展现。一遍、两遍、三遍、四遍……连我自己都记不清我练了多少遍了，经常练到手发酸我还不肯休息。

很快比赛时间就到了。"宝贝，只要我们努力了，结果不重要，轻松上阵，妈妈永远相信你！"比赛的路上妈妈安慰着我。"赵若伊，你可以的！你一定可以的！"我在比赛时心里默念着，"加油，马上就是收获胜利的时候了。"终于，在一段优美又流畅的琴声结束后，我的表现得到了评委的认可，获得了一个不错的成绩。

从那以后，我更加自信。不管遇到什么事情，都不再轻言放弃。因为我一直记得妈妈说的话："坚持就是胜利！"

有趣的预习

2019 级 4 班　戴思齐

预习，简简单单的一个词，在很多人脑袋里却缠成了一个死结，到底该怎样预习呢？预习的方法都有哪些？那么请你继续往下看这篇关于我的预习和学习方法的分享。看完以后，相信你一定会明白预习中的奥秘！

2022 年 4 月底，由于疫情居家学习，我有了更多自主安排的时间，所以开启了四年级上学期数学的预习之旅。我觉得，预习不仅仅是学知识，更是体现自学能力的一个过程。只有提前预习，提前做了准备，才能在老师讲解的过程中，把老师讲的东西全部记熟、吃透，从而提升学习效果！尤其是越到高年级，学的知识越难，如果不提前预习，可能你还没有把这个知识点完全学会，就跳到下一个知识点了。

妈妈说:"如果你把四年级上册的数学功课全部预习完,我就带你去水上乐园。"我做梦都想不到妈妈会带我去水上乐园!机不可失,不但可以掌握知识,还可以去玩儿,太棒了!我要抓住这个机会,去水上乐园玩!所以我决定,不管经历多少艰难险阻,我都要扎扎实实把每一个知识点给学会!我为自己加油!

在预习前,妈妈帮我买好了四年级上册的数学书、教材解读、数学练习题。然后,我制订了每日学习计划,如下。

1. 每日预习四年级上册数学一课;

2. 计算一篇(保证正确率);

3. 四上语文字帖一篇(保证做到:端正、整洁、美观)。

有趣的预习开始啦!

刚开始的时候,知识点不是很难,预习起来几乎没什么困难,我对预习的兴趣很高,每天都预习一课,这样进行了十几天。可有一天因为有一课比较难,我就没写预习作业,之后那几天一直没写,这时我心里好像有两个小朋友在争吵,一个是激励意见,说:"快去预习,快去预习!"一个是反抗意见,说:"一天不写,以后还是都别写了吧!"但我觉得,既然开始了预习,就要踏踏实实地把每一个知识点预习好,绝不能半途而废!要不然,还不如不预习。预习完后两课,攻破了那个知识点,我又对预习恢复了兴趣。这不,每天写一课,又继续预习了三个单元。2022年6月底,我预习到了第六单元,打算7月中旬把整本数学书预习完,但是,第六单元才刚开始,我遇到了好几道难题,又有好几天没有写,这时我想起自己曾经说过"要踏踏实实地预习好每一个知识点,绝不能半途而废",我打开教材解读,把这道题的解析又看了一遍,总算明白了,六单元顺利过关。

疫情缓和后,我们可以开学了,期盼已久的学校向我们敞开了大门,三年级下学期的期末复习开始了。鲁迅曾说,时间就像海绵里的水,要挤总还是有的。虽然期末复习任务重,我还是利用下课休息的时间,继续预习。

7月14日,我终于预习完了数学四年级上册的内容。尽管中间遇到很多困难,但我还是坚持了下来,预习让我对四年级的学习充满信心,另外,我也可以去梦寐以求的水上乐园啦!耶!

我是一名小讲解员

2019 级 3 班　马梓漫

在我的成长路上，经历了数不清的事情，从开心玩耍到哭泣跌倒，从学习思考到批评说教，我收获着成长带来的快乐与进步！

要说成长，这个假期我真的收获很多。利用假期我参加了八一建军节慰问演出、走进消防救护站、礼让文明斑马线、京报馆小讲解员等实践活动，让我不仅丰富了知识，还体会到乐趣！使我受益匪浅的是京报馆小讲解员的活动，经历了报名培训，我成为京报馆小讲解员，拿到讲解稿，看到密密麻麻的文字，我有点退缩了，但是在妈妈的鼓励下，我先把不会的字标上拼音，再熟读，慢慢地，这些字我不再陌生，我对着镜子反复练习微笑和手势，我觉得我可以去讲解了！

这一天，我早早来到京报馆，签完到后，在展厅等待第一拨游客的到来，因为我讲解的是前两个展厅，是第一个讲解员，我直直地站在展厅门口望向入口处，心怦怦的像小兔在跳。当第一批游客进入展厅，我竟然想不起来第一句话了，我的脑袋在不停地运转，终于找到我的开场词了，游客看出我的紧张，说着鼓励的话，我磕磕巴巴地完成了为第一批游客的讲解。在等待下一批游客时，我反复背诵讲解稿，拉着妈妈听我讲，就这样我克服了心里的恐惧，不再紧张，可以轻松地讲解了。其中人最多的一次是十几个人的团队，他们胸前都佩戴着党徽，我知道他们都是党员，我自信满满地为他们讲解传奇报人邵飘萍的生平事迹，作为早期的进步报纸，从萌芽到诞生的发展历程。当我结束讲解，展厅响起了热烈的掌声！我知道这是大家对我的鼓励，正是这种鼓励让我不断成长。

在今后的成长中，我会努力学习，用行动带动更多同学一起学习百年红色知识，牢记历史，珍惜现在的幸福生活，争做爱国爱党的新时代好少年！

我的钢琴故事

2019 级 2 班　王子恒

从四岁的某一天起，我就与钢琴结下了不解之缘，从开始学琴的第一天一直走到现在，我的学琴之路上有欢笑、有泪水、有奖励、有惩罚。一路走来，可以说历经悲欢。今年暑假我参加了小肖邦国际钢琴大赛和墨尔本国际钢琴大赛，现在回想起来，这两次比赛的经历正是我在学琴道路上慢慢成长的缩影。

准备比赛的第一步是选择参赛曲目，妈妈经过深思熟虑后为我选定了两首难度较大的曲子。妈妈认为选择难度较大的曲目参加比赛，可以帮助我通过练习和比赛将学习水平迅速提高。可是对于我来说，真的就是面临着极大的难度和挑战！

准备比赛的第二步是识谱练习。这需要极其认真、细致，稍不注意就会弹错音符和节奏；还需要耐心，因为要一遍一遍反复练习，直到练得非常熟练。识谱练习是准备比赛过程中最艰难的一步。有一次，因为有几个错误的地方总改不过来，我被陪练老师留下多练习了几个小时，反复弹了几十遍才纠正了错误。还有一次，我跟老师回课的时候，因为开小差被老师严肃批评了，后来写了检讨书才得到老师的原谅。

准备比赛的最后一步就是背谱和细致处理音乐了，这也是最为关键的一步。一首曲子在背谱的时候需要分析旋律、伴奏的特点、曲子的结构，还要理解乐曲所表达的情感并把它们表现出来。通过几百遍、上千遍的反复练习，我慢慢地能够通过演奏理解作曲家写下这些美好作品时的心境，也慢慢地体会到音乐带给生活的美好。

功夫不负有心人。在小肖邦国际钢琴大赛全国总决赛上，我得到了优秀奖。不过同时也留下了小小的遗憾，距离拿到特别奖只差了 0.6 分，所以我想在一周后的墨尔本国际钢琴大赛上加把劲，取得更好的成绩。我去妈妈的老师那儿上课，老师帮我把乐曲再次精细打磨，回家后我又投入大量时间反复地努力练习。终于，我再一次站上了舞台，这一次我没有留下遗憾，成功获得了墨尔本国际钢琴大赛的一等奖。

每天几个小时的练琴，虽辛苦，但我的付出得到了回报。这也使我明白，成长的路上从来没有什么捷径，只有通过努力才能获得最后的成功。

我的学习工具箱

2019 级 13 班　李瑞泽

立秋以后，北京的天气变得凉爽起来，大朵的白云飘荡在蓝天上，宜人的秋风轻轻吹过门前的大树。在这庄稼快要收获、金秋快要到来的季节，我想将过去的学习经验与体会总结一下，收进我的学习工具箱。

一、认真听课是第一位的

从小到大，我对书特别感兴趣，常常捧起书就进入书的世界：广袤的宇宙、灿烂的星河、妙趣横生的历史、精巧智慧的发明……这些都吸引着我，让我欲罢不能。在一、二年级的时候，我常常在上课的时候悄悄看课外书。虽然老师们经常提醒我这样做不对，但我总是控制不住自己。后来发生的一件事，让我深刻地意识到上课必须好好听讲。

在做语文同步练习时，我总是弄错"继""必"等字的笔顺。我去问妈妈，她也不确定。有一天妈妈与我一起听语文老师的直播课，因为妈妈也在，这次听讲我特别认真。新课学习从字词学习开始，字形字音于老师都会分析到；在讲解配套的语文同步时，于老师不仅教我们怎么选出正确答案，还会复习巩固涉及的字词知识。我不会的知识点在上课时于老师都讲到了。通过这次认真听讲，我知道了上课专注的重要性。如果我上课认真听讲，就不会遇到百思不得其解的难题了。

二、每日晨读很重要

语文和英语学习都离不开阅读与练习，以前我特别发怵背诵古诗词和英文，总感觉记起来太难了。但三年级下学期我找到了学习语言的金钥匙。

那是在背诵《花钟》时，我怎么都不会背，临睡前我看了几遍要背的内容，早起以后妈妈叫我赶紧再晨读一下。神奇的事情发生了，我很快就背会了！妈妈说这是因为晨读符合人的记忆规律，人的大脑在晚上休息时还有一些活跃的部分在整理知识片段，晨起时大声诵读就很容易记住睡前看过的知识。原来是这样，这可真是学习的好方法。

三、坚持锻炼，为好好学习打下基础

上学期因为疫情的原因，我居家学习了近两个月。居家学习期间，爸爸妈妈特别注意让我加强身体锻炼。刚开始的时候，我不是很理解，疫情期间，加强户外活动挺不容易的，但爸爸妈妈仍然叫我克服困难、坚持见缝插针地锻炼。我心里很困惑：学习不是练"坐功"吗？爸妈为什么总叫我出去活动呢？一次与表弟的玩耍经历打消了我心头的疑虑。

那天表弟上我家画画玩儿，我们打算画大恐龙，但是画到恐龙肚子时，表弟就说累了，不能坚持，我还觉得精力充沛呢！妈妈语重心长地对我和表弟说，必须好好吃饭、坚持锻炼，身体才能健康有活力，才能坚持学习坐得住。

上面三条就是我在三年级学习中总结的好经验好做法，学习就像长跑需要长期坚持，我在坚持学习的过程中不断总结经验，最终一定能收获累累硕果。

专心上网课

2019 级 19 班　王梓滢

成长中的故事像天空中的星星数也数不清，有大有小、有苦也有甜……有些事情值得记录与反思。回顾三年级下学期的学习与生活，经历的一些平凡的小事深深启发着我。

三年级下学期，由于突发的疫情影响，五一劳动节放假后不能返校，只能在家学习。自己心里就有点想放松的小心思，最初的几天，早上我就不太想起床，心想反正是在家里学习，不用急匆匆上学，也没有老师监督，是不是可以偷懒晚点起床呢？但是想到自己是三年级学生，已经长大不能再任性了，又想到老师和同学们都在直播课堂里等着，自己是班委要起到带头作用，不能影响班集体，最后虽然很想赖床，还是毅然地很快起床、洗漱、吃早饭，然后坐在学习桌前，打开电脑准备上课。

在家独自上课期间，我那三岁的小弟弟总会不时地进来跟我说："姐姐，可以陪我玩吗？""姐姐，你什么时候能陪我玩啊！"我只能耐心地跟他说："姐姐在上课，一会儿课间休息的时候再陪你玩，好吗？"弟弟想了想，像是很懂事的样子，点点头就出去了。等我上完课，如果弟弟不是很着急要和我玩，我就先写完随堂作业，等作业做完或利用中午吃饭午休的时间陪他玩，尽量不拖拉。

在长达两个月的居家学习期间，因为没有老师的监督，更没有学校班级中的学习氛围，所以想要专心学习是件很难的事情。我从最初的自我放松，再到最后的习惯坚持，慢慢培养起了自律能力，还能在安排好学习的前提下，陪弟弟玩耍，更是让我学会了怎么去规划时间，我的收获很多，也成长了很多。

我的成长故事

2019 级 9 班　邢文玥

成长是我们每个人都会经历的过程。生活中的一件事、一句话、一些挫折、一个表扬，都可能使我们成长。成长的过程有笑有泪、有声有色，让人回味无穷。我也是在这样的经历中不断成长的。

在我五六岁的时候，妈妈总是教我读书识字。当时我总觉得读书不是我的事情，是妈妈布置给我的任务，心里不想读书。那时我还小，每天临睡前，我总让姥姥给我讲故事，讲了一个又一个。有一天，姥姥对我说："我的故事没有那么多，家里有许多故事书，你为什么不自己去看呢？"于是，我就跑到书架上找故事书看。可是，我发现书上很多字我都不认识，故事根本读不懂。妈妈带我出去玩的时候，外面标识牌上的字我也看不懂。我恍然大悟，不识字是多么可怕，简直就是睁眼瞎。从那以后，我意识到了读书的重要性，爱上了学习。

后来，我上了小学。在学校的课堂里，我学得很认真，但也遇到了一些困难。例如，当老师上课提问的时候，我总是胆小害羞，担心自己答错了，不敢举手发言，不够自信。父母知道后，经常鼓励我在家里大声朗读，在众人面前说话。渐渐地，我在老师和父母的鼓励下，变得积极发言，勇敢自信。发言的次数越来越多，我的表达能力也越来越强。

除了回答问题，刚开始我的字写得也不太好，参差不齐，忽大忽小。于是，我开始学书法。在练习的时候，我发现书法中也有学问：横要平，竖要直，横竖撇捺、间距结构都要张弛有度。这也是我们做人的道理。经过一段时间的练习，我的字取得了很大的长进，写得工整美观。我的学习也不断进步，成绩优异，一直名列前茅。

学习之余，我还有一个爱好——吹竹笛。刚开始学竹笛的时候，我总是吹不出声。后来，好不容易把笛子吹响了，却又漏风、跑气。就在我灰心丧气、准备放弃的时候，爸爸对我说："不要这么轻易就放弃，做任何事都应该有恒心和毅力，要满怀信心坚持到底。拳不离手，曲不离口，只要你不断练习，我相信你一定会成功的！加油！"爸爸的这番话使我又有了勇气。于是，我继续练起了竹笛，日复一日，通过不懈的努力，我终于吹出了悠扬的笛声。世上无难事，只怕有心人。坚持就是胜利！

回首过去，展望未来，今后我将胸怀理想、努力学习、与时俱进，在成长的道路上砥砺前行，乘风破浪，让我的人生旅途更加精彩！

小提琴学习之旅

2019 级 2 班　崔若琰

2018 年 6 月的一天，我在乐器店里买下了人生中第一把小提琴，一颗音乐的种子从此种下。从拉出第一个音符到现在，哪怕遇到困难，我也一直没有放弃。

我刚开始拉琴时，街坊邻居简直遭了殃，琴弦发出的声音非常尖锐刺耳。慢慢地，大家都说我拉小提琴有了进步。从小学一年级开始我就加入了校乐团，一眨眼，3 年过去了，我从默默无闻的普通一员到第二提琴的副首席。一路走来，经历了疫情停训，经历了寒假暑假，我从来没有停止过训练，每天至少花费一个小时来练习小提琴，结束练习时都会手酸背痛。我知道，台上一分钟，台下十年功，只有不断练习，才能使我的琴声变得优美动听。

到了三年级，乐团老师对我们有了更高的要求，练习曲越来越难，大家的配合也需要更默契。与此同时，我发现我的进步越来越慢，甚至停滞了，手指不听使唤，换弦时力不从心，每一拍的速度忽快忽慢，音乐基础知识储备也不够用，读谱时经常丢三落四，不是忘记看升降号就是节拍不对，无论怎么练习都收效甚微。那段时间，暗地里我经常默默流泪，妈妈很心疼我，安慰我说："小提琴太难了，要不放弃吧。"因为太热爱小提琴了，我毫不犹豫地拒绝了妈妈的提议："无论如何，我是不会放弃的！"

看我这么坚持，妈妈转而和我一起商量怎么提高我的水平。首先，妈妈给我报了音乐基础课，让我系统学习乐理知识；其次，妈妈给我找了很多小提琴演奏视频，让我细细观摩学习；最重要的是，她还给我请了个好老师，俗话说，名师出高徒，在好老师的指导下，我肯定能进步得更快。新老师根据我拉琴的表现，决定让我回炉重造，好好练习基本功，从头慢慢来。于是，我开始了痛苦的重塑过程，包括如何摆好拉琴的姿势，如何不用调音器而仅仅用耳朵听音来调好琴的音准，如何每一弓严格按节拍拉满，如何保持七个平面的稳定性，等等。按老师要求，我整整花了四个月的时间来练习拉空弦、换弦、双音等基本功，一首曲子都不能拉，练习过程非常枯燥乏味。我知道老师是为了我好，一咬牙就坚持下来了。渐渐地，我的琴艺有所增长，动作越来越规范，基本做到了老师的四点要求"弓要正、音要准、咬住弦、拍要合"。我的学琴之路又重新回到了正轨。

路漫漫其修远兮，吾将上下而求索。未来的路还很长，我会继续努力拉好小提琴，像我的老师一样成为有才华的人，他是中国交响乐团的乐手，经常在重要场合为国家领导人和外宾演奏。如果你也有梦想，希望你能和我一起努力，不要放弃，做事坚持到底。

我的背诵方法

2019 级 13 班　杨蕙珊

在这个学期中我学会了很多知识，也有了很多收获。在校内按照学校和老师的要求，认真完成了小学三年级的学习课程。同时，我逐渐认识到语文作文和英语背诵的重要性，这学期加强了学习，在语文作文和英语课文背诵方面得到较大的提高。

我以前背诵英语课文总是背不好，背一段就忘记下一段要说什么了，每次背课文心情都很郁闷。后来，我总结了三个方法。第一个方法是看图说话，就是在熟读课文的基础上，根据图片内容，来回忆这篇文章；第二个方法是先要理解这个课文是什么意思，然后按照意思来背；第三个方法是分成段落来背，逐段进行背诵，直到背完为止。我把这三个学习方法告诉了爸爸，爸爸还告诉我一个方法，那就是平时要多听多读，熟能生巧。正如一句谚语说的：只要功夫深，铁棒磨成针。自从我收获了这四个方法，我的英语课文背诵得越来越快，英语口语说得越来越流利，对英语的学习兴趣也越来越高。下次出国旅游，我也可以用英语对话买东西了。

在写语文作文时，我也很头疼、很苦恼，每次我都写得很慢很慢，往往憋了很久，才写三句话。我就开始想方法，想了好几个，其中有一个方法我觉得可以试一试，这个方法就是多读书。老师平日里也让我们多看书，并记录好词好句。因为书读多了，书里很多好词好句都可以用到作文里。爸爸还告诉我，平时要多注意观察周边事物，把自己的亲身感受写到作文里，会写得更生动、更丰富。于是，这学期我就广泛阅读各种书籍，每周至少看两本书，日积月累，词汇积累得越来越多。利用业余时间，爸爸妈妈会带我出去旅游，增长我的见识。我的作文写得越来越快，内容也越来越生动、丰富。

这两方面的努力让我明白了，所有的困难都要勇于面对，不要退缩，要积极想办法解决它；更要循序渐进，一步一个脚印，脚踏实地去做。这就是我的成长故事。

不平凡的一个学期

2018 级 8 班　张梓溪

　　时光飞逝，不知不觉间四年级下学期过去了。在过去的那段日子里，我们经历了在校学习和居家学习两种不同的学习方式，给了我不同的人生感受。

　　开学那天，见到了久别的老师和同学们，我心里非常高兴。我暗下决心，一定更加努力，争取更好的成绩。我制订了学习计划和方法，主要是把好三关：一是预习关，就是在老师讲新课之前，自己先预习一下，找出不懂的问题；二是认真听讲关，将听课的重点放在预习中发现的难点问题上；第三是巩固复习关，对难点问题举一反三，反复练习，弄通学会为止。我还自我规定，抓紧完成作业，最好在校内完成，腾出时间拉拉琴、看看书什么的。

　　即使这样，还是出了问题。在一次语文单元测试中，我只得了 90.5 分，这是我上学以来很少见的低分。我很震惊，也很伤心。爸爸妈妈鼓励我，帮我查找原因，主要是骄傲自满思想作怪，自认为每次考试都考得可以，这次也错不了，脑子轻飘飘的。有的错题并不是不会做，而是粗心大意，说明心里长着草，不踏实。

　　这次"事故"给我敲了警钟。在以后的学习中，我时时提醒自己："张梓溪呀张梓溪，你可别好了伤疤忘了疼啊！"我更加认真听讲，还让妈妈找来一些课外学习资料，并虚心向老师、同学及家长请教。成绩得到稳步提升，期末语文模拟测试中，我得了满分，期末统考取得了英语、数学满分，语文 99.5 的好成绩。

　　由于疫情的原因，我们不得不居家学习了一段时间，同样是上课，老师和同学不在身边，我不敢保证上课时像在课堂那样专注，但我敢保证能认真听讲和按时完成作业。

　　这段时间，除了上课以外，课余活动丰富了，户外"疯"玩的时间多了，也让我们发现了许多事情。比如，我亲眼看到做核酸检测的叔叔阿姨们穿着厚厚的防护服，在闷热的天气环境中不停地工作，多累呀！就画了一幅《抗击疫情大白加油》的漫画送给他们，他们非常高兴，工作干得更起劲了，还和我一起照了相。

再比如，我和几个玩伴看见了负责垃圾分类的环卫人员，忍受着难闻的气味，不怕脏、累，用手将那些没按要求分类的垃圾分拣在不同的垃圾箱中。很有些不忍，就一起写了张"垃圾分类人人有责"的纸条，贴在垃圾存放处，提醒那些乱扔垃圾的人按要求去做。

以前我很少干家务活，基本上是"衣来伸手，饭来张口"。这段时间我看到家长们忙忙碌碌很辛苦，就主动干一些力所能及的活，我还写了一篇题目叫"学炒菜"的作文呢。

……

我的努力得到了回报，四年级期末被评为"金穗好少年""优秀少先队员"和"区三好学生"。

我知道，自己身上还存在不少缺点，如对学习还缺乏钻劲，常有得过且过和"交差"的想法，把"三关"不能坚持，干家务活凭兴趣、不主动等。

在今后的学习中，我一定要克服缺点，再加一把劲儿，更上一层楼。加油！

我的复习秘诀

2018 级 5 班　曹珏

在期末考试来临的前几天，我抓耳挠腮地在想一个令我百思不解的难题，就是如何复习。这个问题使我本就已经很大的压力变得更大了。

为了解压，我就决定折纸放松一下。在折纸过程中，我就在思考，复习应该就是再次重温整个学期学过的知识，那么怎样在有限的几天时间内把这些知识都掌握呢？突然脑袋里灵光乍现，我可以把学过的知识点总结下来，可以按单元、按课时、按知识点来总结。说干就干，我立刻拿出一个草稿本来复习语文。可是我写着写着就走神，一有动静我就东张西望，一会儿是窗外传来的"叽叽"鸟叫声，一会儿是楼下装修发出的"突突"电钻声，一会儿是隔壁房间传来的"丁零零"电话声，总能很快把我吸引。我很想压制我的好奇心，可是怎么也压不住。一番挣扎后，我放弃了压制，开始冥思苦想：为什么不能专注到学习上呢？于是我又开始折纸。纸？对，就是纸，我可以自己用白纸亲手做一个漂亮本子！经过一番设计，我制作了一个精美小本，心想，这个小本可是花费了不少心血，这回总该要好好记录总结了吧，至少要对得起自己的小本呀。

接下来的复习过程中，果然我专注了不少，每当走神时，我就提醒自己要对得起我的精美小本哟。渐渐地，我全神贯注地投入到学习中，再也听不见鸟叫声、电钻声和电话声……随着知识点的梳理，我发现，不同课时之间的知识点存在一些联系，前后串起来后，有一种融会贯通的感觉，让我对知识理解得更加深入，掌握得更加牢固了，我感觉自己找到了复习的秘诀，越学越有劲头。

在期末考试时，我信心满满，奋笔疾书，到了拿成绩的时候我开心极了，因为每科成绩和以前的考试相比都有着明显的提高，说明我的复习秘诀帮了大忙。这就是我成长过程中的一个小故事，它让我明白了只要热爱学习，用心思考，总能找到适合自己的学习秘诀。以后我会继续努力，取得更好的成绩。

我的跑步经历

2018 级 17 班　梁子莘

我叫梁子莘，是中国农业科学院附小四年级 17 班的一名小学生。我喜欢跑步，是校田径队的成员之一，班里的同学都叫我"短跑飞毛腿"。可是，谁又记得，曾经的我几乎是班上跑步最差的同学呢？

小学一年级刚入学不久的一节体育课上，体育课陈老师让我们跑 50 米男女混合接力跑，全班分为 4 组。我是我们小组的中间一棒。当老师一声令下，前面的同学都像脱缰的野马一样冲了出去，"加油"声此起彼伏，大家都跑得热火朝天，很幸运，我们组一路领先。很快，到我接力了。被队友用力地击了个掌以后，我以最快的速度向前跑去，没想到却被旁边组的一名男生轻而易举地超越了，这名同学还不忘回头给我做了个鬼脸。

当时，我脑子忽然"轰"了一声，觉得腿变软了，跑步速度越来越慢，最后，连被我们甩在后面的四队也赶超上来了，我觉得身体一僵，腿更加不听使唤了，只能缓慢地移动脚步，等我跑到折返线，他们都已经跟下一个接力的同学击掌了。虽然我们组接下来的队员奋起直追，但由于差距太大，毫无意外地，我们组得了最后一名。

比赛结束后，我们组的队员全都来到了我的座位旁边。我以为他们是来安慰我的，没想到说出来的却是："梁子莘，你怎么跑得这么慢？但凡你能跑得快一点，我们也不至于输成这样！""就是就是！跑得简直比乌龟还慢！"我呆住了，害怕、委屈和无助深深涌了上来，那一刻，我真是太讨厌跑步了！

回到家里，妈妈发现了我的异样，问我怎么了，我一下子就哭了，把今天发生的事情告诉了妈妈。妈妈听完后对我说："在我们想完成一件事情时，大多数时候是不会一帆风顺的，肯定会有很多的挫折，但是坚持就是打败挫折的关键。如果你现在就放弃，你就永远会成为他们的笑话！"妈妈还说："其实，你跑得也不算慢，只是临场发挥不好，而且你现在才一年级，平时多多练习，你怎么知道以后就跑不快呢？"

听到这里，潜伏在我心里不服输的小火苗终于化为了熊熊大火。从此以后，平时课间，以及放学回家，我都有意识地在户外跑跑跳跳，增强自己的跑步能力。

一年级下学期的又一次体育课，我们进行了100米的跑步测试。体育老师宣布大家可以找三名和自己实力相当的同学一起分组跑。这时，几名男生往我的方向走来，其中一名跑得最快的男生说："梁子莘，你和我们一组吧，放心，我们会让你先跑10秒的，哈哈哈哈！"我说："跑就跑，谁要你们让呢。"

第一组就是我们组，当哨子一响，我便紧盯前方，用力一蹬，就像一支离弦的箭一样冲出起跑线，这是我从来都没有经历过的快的感觉，再回头看时，那三个男生正气急败坏地在追赶呢。终于，我获得了人生中第一个跑步第一名。

在这之后，我还获得了其他更多的跑步第一名并成功地入选了校田径队，这让我更深深地体会到妈妈说的，坚持，就是打败挫折的关键！并且不光是跑步，其他的很多事情，也是如此呢。

求学贵勤，努力向上
——我的语文学习故事

2018 级 5 班　闫璟祎

时间过得真快，转眼间，三年级的学习生活已经结束，通过暑期的休整，我们又迎来了新学期的开始。通过三年级的学习，我发现相比一、二年级，三年级的语文学习要求提高了很多。比如，词汇量越来越多、意思也更难理解了，阅读练习的内容更多量更大了，课文中的句型越来越复杂了……这些对我们理解能力的要求越来越高了。但是，经过不断努力，我的语文学习还是取得了很大的进步。

面对语文学习难度越来越大的挑战，我一方面积极加大时间投入，另一方面则是努力调整学习方法，不断提升学习效率，更好地适应新的学习要求。在调整学习方法方面，我主要做了下面三件重要的事情。

首先，改进课内学习方法。在语文课堂上，我努力做到注意力高度集中，积极思考、主动发言；课间积极完成作业，认真读题审题、仔细做题，并且学习多用字典词典等工具自己解决问题，不断提高自主学习的能力；课下遇到难懂的词语，就多读文章，联系上下文理解词句在文中的意思。

其次，扩大课外阅读范围。上三年级之后，老师更加鼓励我们多读书读好书，我也更加明白了阅读对于语文学习的重要性，爸爸妈妈也非常支持我读课外书。在三年级尤其是第二学期，我阅读了大量的课外书籍，有文学类的、历史类的，还有自然科学类的，比如中国四大名著《西游记》《三国演义》《水浒传》《红楼梦》，比如《上下五千年》《少年读史记》，再比如《昆虫记》《假如给我三天光明》《父与子》等世界名著。我从书中获取了更多的课外知识，开阔了视野，也提升了自己的文学素养。

最后，加强作文训练。从三年级开始，作文从看图写话到要求我们围绕一个题目独立地开展观察、思考、想象和写作文。一开始我认为作文是一件十分困难的事情，但是也没有退缩。我在家长的督促下慢慢加强作文训练，比如外出游玩时带着笔和小本，多观察、多思考、多记录，多多积累；多阅读作文书籍，参考经典文章，学习写作方法；根据老师的指导，认真完成习作，虚心接受老师的修改建议，反复修改，不断提高。

我这学期语文学习最大的收获是关于作文与生活的思考。我在大量的阅读中发现，有很多作家之所以能写出精彩的文章，是因为他们都有一个共同点，那就是深入观察生活，收集生动的写作素材。比如在我最喜欢的《昆虫记》中，作者法布尔寻找昆虫的迹象，跟随昆虫去到它生活的地方，仔细观察昆虫的一举一动，并做好详细的记录。另外，法布尔喜欢用拟人的写作手法，从昆虫的视角来写。虽然他也会告诉我们很多关于昆虫的自然知识，但更重要的是他会把昆虫当成故事的主人公。他的描写让我们仿佛看到了昆虫一整天的生活，生动有趣。我这个学期的习作《我们家中的智多星》《国宝大熊猫》是自己最为满意的作品，这两篇作文也是认真观察和思考日常生活的成果。

《周恩来寄语》中写道："求学贵勤，勤则一生之计足矣。人人能勤，则一国之事定矣。"周恩来爷爷从小立志"为中华之崛起而读书"，我们应该向先辈学习，为新时代的中国而勤奋读书，努力成才！

学游泳

2018 级 16 班　郭增睿

每个人都有自己的成长故事，我的成长故事就像好多调味包，有酸、有甜、有苦、有辣。酸的像柠檬，甜的像蜜糖，苦的像自造苦瓜粉，辣的像辣椒。今天我就给你们介绍一下蜜糖里的一件事吧！

以前的我，不会游泳，也很怕水，每次只要到有水的地方，我一定就是站在岸上观看别人开心地玩水。因为我很怕不会游泳的我一不小心会溺水，所以对游泳充满了恐惧。妈妈为了让我克服心中的恐惧，给我报了游泳班。在学游泳的过程中，出了不少的糗事，有一次，我因为水深踩不到底，就开始感到惊慌失措，一不小心差点把旁边人的裤子拉下来，想到这件事我就觉得好丢脸啊！

后来在游泳课中，我学习了很多游泳的技巧，教练也很用心地教导我，因此我越来越喜欢上了游泳。

我从害怕游泳到非常喜欢游泳，虽然没有得过奖，但是爸爸妈妈和教练不断地给我鼓励，让我充满了信心。在学习游泳的过程中，我也曾呛过水、抽过筋，虽然刚开始时觉得很辛苦，但是只要坚持下去，就越来越厉害了。

游泳其实很简单，虽然第一次下水会紧张，练习过程也很痛苦，很耗体力，可是只要克服心中的恐惧，就能体会到游泳是一项非常好玩的运动。现在的我非常喜欢游泳，只要碰到水，就会变成一条快乐的鱼儿，自由自在地游！

数学考100分的方法

2018 级 13 班　房一诺

回忆四年级下学期的学习，我的数学是成长最快的。在学习数学的过程中，我发现数学是一门很有意思的学科，它逻辑性很强，而且和我们的生活息息相关。小到买肉买菜，大到火箭上天都离不开准确计算。但是说起准确计算，我这一学期都在围绕它努力。这是为什么呢？因为有一次我在早自习的时候做了四道竖式计算题，当王老师把成绩发下来的那一刻，我呆呆地望着纸上的四个大红叉，顿时泪水在眼眶里打转儿。我当时觉得非常委屈：我认认真真地算了那么久，竟然一个对的都没有！我开始怀疑自己，甚至丧失了学好数学的信心。我该怎么办呢？我也没什么心思好好上课了，课间也不想出去玩儿了，就这样稀里糊涂地过完了一天。

那天放学的时候，妈妈来接我，我没有勇气跟妈妈讲这个事情，就默默地跟着妈妈往家走。妈妈问我："今天发生什么事情了，你看着不太高兴呀？"我只好支支吾吾地说出了今天早上数学练习全错的事儿，妈妈有点不太相信。到家后我拿出了那张数学测试纸，她看了看并没有太生气，说："一诺，你全错也不容易呢，你应该不全是粗心，估计还是有没掌握的知识点。"看妈妈这个态度，我心情好了一点，看着题目，其中有一个去括号，我就忘了用乘法结合律。我有主意似的跟妈妈说："我要想想办法了，我那么喜欢数学，算不对数可不行。"在妈妈的理解和鼓励下，我决定找数学王老师求助，老师是最专业的，肯定有办法帮到我。

第二天，当我出现在王老师办公室的时候，王老师微笑着对我说，"一诺，很高兴看见你主动来找我，是想说昨天的练习吧，你别担心，找对方法你的数学就没问题。"之后王老师给我进行了错题分析，和我讨论了两个可以帮我提高数学的办法：一是每天做一篇口算练习，计算并计时，以提高计算速度和增强数感；二是每天睡觉前把当天学过的知识点背诵一遍，起床后再检查复习一遍，加强记忆。在执行过程中，我请求妈妈的监督，慢慢地我发现数学练习只错一两个了，断断续续地有几次全对了。我渐渐认识到这两个方法还真有效，坚持了一段时间后我能连续六七次数学练习题全对。

以前当我听到有人期末考试 100 分时，我都会不服气地想："要是我能再细心一些，也能考 100 分！"经过这一学期的学习，我终于明白了考 100 分是多么不容易，就像宋代大文豪王安石所说"看似寻常最奇崛，成如容易却艰辛"。在以后的学习中，我将继续探索科学的学习方法，勤奋好学，努力争当德智体美劳全面发展的三好学生。

四步复习法

2018 级 14 班　王汀兰

期末考试前几周，我的心情像十五个吊桶打水——七上八下，担心自己考不出好成绩。为啥这么没自信呢？举个例子：我打开语文书，认真复习了一遍字词，觉得全都会了，于是合上书，信心满满地请妈妈给我听写，没想到以前不会写的字还是写错了。我整个人犹如泄了气的皮球，无精打采，不知道怎么才能有效地复习。

忽然，我想到以前在网上看过一个小姑娘"机灵姐"的视频，她讲过期末复习要点，我便按照她的复习计划开始执行，同时根据自己的实际情况做了调整。

第一步，夯实基础。

具体来说，就是根据课本目录一项项地复习基础知识点。这样做的好处是，可以从简单到复杂，一步一步走得很扎实。英语和语文差不多，都是从字词到句型进行复习，数学则是在理解的基础上记住概念和公式。因为新冠疫情，这学期大部分时间在上网课，于是遇到不明白的知识点，我就找到那节课的视频再听一遍。

第二步，整理错题。

一学期下来，我做错的题目也有不少。我把单元考卷都找出来，把错题的题目抄到一个本子上，又做了一遍。碰到依然不会做的，我就翻开课本有针对性地复习，然后再做一遍，直到把错题都弄懂为止。

第三步，巧妙利用碎片时间。

比如，泡脚的时候，我会用 App 练习英语听力；写完作业等开饭的时候，我会读爸爸给我订的杂志《喜欢写作文》。我相信，即使一天两天看不出明显的效果，日积月累也会有进步的。

第四步，劳逸结合。

虽然临近考试，但千万不能废寝忘食地学习，这样大脑的负担太重了，反倒会让人焦虑、记忆力下降。爸爸比我更明白这个道理，每天晚上都会带我出去跑步或者散步，顺便和我聊聊学校里发生的事情，帮我分析如何解决遇到的困难。每天晚上的父女相处时间，成了我最快乐的时光。

真是功夫不负有心人，期末考试成绩出来，我的语数英三门都在 95 分以上，数学更是得了 100 分。我三年级都没考过这么好呢！老师奖励了我一把漂亮的流沙尺。虽然家里有很多文具，但这把尺子是我凭自己的努力换来的，我别提多喜欢了。没想到这个四步复习法这么好用，以后我还要用，争取考出更好的成绩！

成长让我快乐有力量

2018 级 18 班 · 林筠涵

四年级即将画上完美的句号，我的成长开始了冒号：以前无感的数学难题被一一破解，还学会了削土豆皮……各种各样的成长使我快乐。

说起来数学进步这件事还得感谢老爸，为什么这样说呢？暑假前的一个周六，天气闷热，我到厨房冰箱拿冰棍儿，经过客厅发现老爸正愁眉苦脸地对着一张纸发愣。偷瞄了一眼，原来是几道数学题。"哼，要是我给算出来了，那老爸以后再对我凶的时候是不是也得掂量掂量？"回到房间我一边吃着冰棍儿，一边听着外边的动静。

啪嗒，父母房间的门响了，我看了一眼表，知道是老爸去午睡了。又过了一会儿，我悄悄溜进客厅，轻轻展开了那张被老爸扣在桌子上的纸。"奥林匹克竞赛题（小学组）"几个字映入眼帘，我差点扑哧一声笑出来，太逗了吧，几道小学的数学竞赛题竟然难倒了工科博士毕业的老爸，这我可得仔细看看。结果一看，发现确实挺难，一道题都不会。这时，老爸经常说的一句话突然出现在我的脑袋里："一打眼感到难的事儿一定有'诈'，一定要再看一眼，那个'难'其实只是一个障眼法。"对呀，那就再看看这几道题。再打量了几眼后，竟然有点思路了。我立刻坐在桌前算了起来，不一会儿，就把四道题全部做完了。"哼，必须给老爸看看！"我把那张纸又原样扣在了桌子上，正要悄悄溜回房间，啪嗒一声，父母的房门突然打开了，老爸走了出来。他好像知道我干了什么似的，紧盯着我看。"老爸，您没睡呀？"看着有点结巴的我，他嘴角一勾笑了起来，还说："怎么样儿子，题难吗？"这句话让老爸变得可疑起来，使我突然有了掉进老爸的陷阱里的感觉。正胡思乱想着，老爸已经把我写满了答案的纸翻过来拿在手上看了，看着看着，他的表情突然严肃起来，我不禁有些紧张，难道是我没有做对？顿时心里十五个吊桶打水——七上八下。没想到老爸把手里的纸一扔，隔着桌子把我一搂，嘴里喃喃着："真没想到全对，真棒儿子！告诉爸爸，解这些题的时候，你学到了什么？""学到了不怕困难，勇于思考，明白了您说的'困难没有办法多'那句话。"

老爸说我数学上道了，其实我家务劳动也上道了。那天妈妈在厨房做饭，让我削土豆皮，经验不足的我左手握着土豆，右手拿着削皮器，一下一下削着，慢慢找着感觉。时间过得可真慢呀，心里越着急手上的动作就越慢，突然，我发现顺着一个方向挨盘儿削速度很快，这个窍门让我的动作越来越快。

这就是我成长满满的四年级，学习＋思考＋劳动，等于强大有力量！

滑轮滑

2017 级 1 班　马渝真

有人说成长是苦涩的，有人说成长是甜蜜的，还有的人根本不想长大。成长是每个人必需的经历，没有人能逃脱，而我的成长是快乐伴随着汗水和泪水的。

有一次我和妈妈去商场买衣服，出了商场，有一群小朋友穿着轮滑鞋像闪电一样从我面前滑过，我想学轮滑的念头刹那间萌生了。妈妈看出了我的小心思，那年我生日，她将一双粉红色的轮滑鞋送给我做生日礼物，我开心地抱住了妈妈。

当我第一次穿上轮滑鞋，站在广场上时，感觉自己是那么高大，好像我马上就能在广场上飞奔起来。正当我扬扬得意的时候，一下子没站稳，"啪"的一声摔倒在地上，我的心一下子凉了半截，心想连站着都那么难呀！轮滑课开始了，第一节课老师教我们滑行。首先要下蹲，大腿和小腿的夹角大约是 45°，滑行过程中左脚先向左侧蹬出，向后画四分之一圆形，最后将脚收回来，站稳以后，右脚也是同样操作。在滑行过程中一定要半蹲着身体重心向前，手肘挨着膝盖，手握拳，顶住下巴。当老师发出指令后，同学们各自开始了自己的滑行。我滑得很认真，后来有点累了，忘记了老师的叮嘱，"咚"的一声摔倒了，我的屁股摔疼了，但我并没有放弃，只是掸了掸身上的灰尘，爬起来接着滑。我认真反省自己之前犯的错误，可就在拐弯的时候，一个滑滑板的小朋友和我撞到了一起，由于她的速度太快，直接把我撞趴到地上，下巴、手臂和小腿全都搓破了，鲜血直流，我顿时哭了，第一次滑行就这样草草结束。回家后，我告诉妈妈我不想学了。妈妈心平气和地对我说："如果你不学了，你的梦想怎么实现呢？""能够在广场上驰骋的梦想离我太遥远了！"我伤心地说。妈妈说："你只看到了成功者光鲜的一面，他们哪个不是在背后付出了汗水和泪水呢？"

在懦弱和勇敢间，我选择了后者。我牢记着妈妈的话，每次上课前我第一个来到广场上，下课后我最后一个离开，冬练三九夏练三伏，在一次次摔倒与爬起中坚持着。后来我参加了比赛，但并没有获得名次，虽然有一点失落，但并不伤心，因为我迈出了成长道路中的第一步。

成长是一首歌，一首陪伴我一生的歌；成长是一个礼物，一个让人惊喜的礼物；成长是一本书，一本承载着我美好童年记忆的书。

成长的三个层次

2017 级 9 班　黑奕赫

我从小小的茧里慢慢地爬出来，努力地振动翅膀，向着目标，坚韧地飞翔。

——题记

勇对挫折

老师宣布了大队委的竞选结果，我落选了。

我非常沮丧，低着头，慢慢地走回班级。站在班级的门口，我犹豫了，手伸了出去，又缩了回来，该怎么面对支持我的班主任老师和同学们呢？我辜负了他们，跟第一名足足差了两百多票！

门开的一刹那，掌声响起来了，我亲爱的同学们一齐高喊："你真棒！"我看到了周老师的笑脸，温暖、明亮。她揽着我的肩，坚定地对我说，实力的来源不是胜利，只有不懈地奋斗才能增强实力。挫折是暴风雨，熬过它才能见到更美的彩虹。

霎时间，我的心被一束光点亮，不再惆怅，充满力量。

我领会到了：成长是一种蜕变，历经挫折而不气馁，才能成就更好的自己。

突破自我

尽管经过了几个月的科技馆志愿者上岗培训，但我依然还是羞于启齿，不敢开口。看着站在面前的小朋友，我的脸憋得通红，惊慌失措。

"小志愿者，给我家孩子讲讲这个展品吧。"我强迫自己冷静下来，脑中迅速地回顾展品的讲解词，开始了磕磕巴巴的讲解，"这，这是我们的心脏，红色的……代表动脉血，蓝色的……代表静脉血……"渐渐地，我的心安定下来，讲解词也说得更加流利了。"小哥哥，你讲得真好，我学会了！"

当顺利地完成第一次讲解任务，我不再紧张和恐惧，帮助别人使我快乐，我开始主动出击，增加互动，让小朋友们寓教于乐。

我体会到了：成长是一种超越，击败恐惧，打破惯性，才能塑造一个全新的自我。

破茧成蝶

"你一定要得金牌！"跆拳道教练对我下了死命令。这次武博会摆在我面前最大的难题就是：两周之内，必须要减重4公斤。

这是泪水和汗水交织的两周。我给自己制订了一个减重计划：三餐变两餐，每天跳绳1000个，每晚十公里骑行。执行中的困难远比计划更复杂：我要克服嘴馋和饥饿，清淡饮食，减少热量摄入；要克服懒惰和疲惫，即使肌肉酸痛，也要咬牙坚持完成跳绳任务；还要克服天气影响，不管是酷暑难耐，还是刮风下雨，都要完成骑行打卡。

功夫不负有心人。我终于站在了比赛场地上，干净利落地出腿、奋力格挡，打败所有对手，实现了自己的夺冠梦想。

我领悟到了：成长是一种付出，唯有努力坚持，才能有所收获。

成长之路一直向前延伸，我想这些成长路上的困难就如同村上春树说的暴风雨一样，当暴风雨过去，你不会记得自己是如何度过，你甚至不确定暴风雨是否真正结束，但你不再是当初走进暴风雨里的那个人。这就是暴风雨的意义。

家务活不简单

2017 级 16 班　张虓杨

　　以前，我觉得，家务活都是很简单的"小事"。直到一个周末，奶奶要我帮忙做家务，我才体会到大人们的辛苦。

　　那天，奶奶先是要我帮助扫地。"太容易啦！"我心里想着。笤帚立刻舞动起来，不到 3 分钟我就扫完了客厅和两间卧室。正当我美滋滋地等着奶奶夸奖时，奶奶却一手捂着鼻子，一手指挥我猫着腰迎着阳光看，我看到很多尘土颗粒在阳光里欢快地飞扬。奶奶又要我仔细看向地面，我居然看到了笤帚扫过的一条一条的痕迹。"呀！原来好多地方没有扫到。"我的脑袋嗡的一下。奶奶笑着说："你这样扫地和没有扫的效果差不多啊！不要小看了扫地，笤帚要贴着地、一下挨着一下、不要上扬，才能扫得干净、不飞灰尘，最重要的是，踏踏实实，不要心急。"奶奶一边说，一边扫给我看。我恍然大悟！我按照奶奶说的方法重新扫了地。虽然用了十几分钟，还背酸手疼，但确实比之前干净多了，我心里很高兴。

　　接着，奶奶叫我"帮厨"。奶奶在做我爱吃的红烧肉和米饭，我负责择菜、洗菜。走进厨房，我就像锅里的包子一样，被热气包住了！我把蔬菜择好、洗完，几分钟的时间仿佛过了很久很久，脸上满是汗水，背心也被汗水浸湿了。但经过奶奶正在忙碌的灶台前时，我感到那里的温度更高，有种被烧烤的感觉。"原来做饭这么不容易！"我想。

　　我明白，扫地、做饭只是家务活中很小的一部分，奶奶的做法是引导我体会家长的辛苦，要我通过做家务锻炼自己，培养责任感，懂得感恩。后来，我每天都主动做一些力所能及的家务活，还学会了洗衣服、做好几种饭菜。

　　劳动是"采菊东篱下，悠然见南山"的闲适；是"锄禾日当午，汗滴禾下土"的付出；是"春种一粒粟，秋收万颗子"的喜悦。在做家务的过程中，我不仅学到了许多知识、学会了很多本领，而且很有成就感，从心底体会到了"劳动是一切成功的必经之路"。我感到自己真的长大了！

练琴的故事

2017 级 4 班　商家佑

　　每个人的成长经历都饱含着酸甜苦辣和喜怒哀乐，我也不例外。翻开我记忆的画册，最五彩斑斓、跌宕起伏的就是我学习小提琴的经历，妈妈爸爸经常跟我打趣道："六年的学琴生涯，小家伙快羽化成蝶了。"

　　差不多五岁时，我偶然在电视上看到一位老师站在舞台上如痴如醉地演奏，虽然不知道是什么乐器，但声音如此美妙，听得我都陶醉了，我连忙问身边的妈妈："这是什么啊？也不是钢琴啊！"妈妈告诉我这是乐器之后——小提琴。于是，我立刻央求妈妈带我去学小提琴，本以为这是很简单顺利的事情，万万没想到，小提琴的左右手配合相当困难，整整一年，我拉得都像锯木头那样难听、那样刺耳。甚至在我每天练琴时，都有受不了的邻居咣咣敲门表示抗议，还有去物业投诉的。我突然感到后悔了，为什么要学这么苦涩、枯燥的乐器？我打起了退堂鼓，跟妈妈说干脆不学了，去老师那儿把钱退回来吧。可是妈妈却鼓励我说："孩子，咱既然想学，也学了一年了，坚持就是胜利，哪能轻易放弃！"我觉得妈妈说得对，我是男子汉，不能轻易低头认输。

　　经过日复一日的练习，终于有一天，我竟然拉出了"音乐"，不再是以前的拉锯声，我欣喜若狂，练琴的劲头更足了。酷热炎夏，已然分不清琴身上是汗水还是泪水……在老师的不断鼓励下，在我的勤奋努力下，我第一次参加了中央音乐学院的考级并顺利通过，那种欣喜、那种安慰，至今都难以忘怀。

　　但随后的日子里，我却发现技术遭遇了"瓶颈"，停滞不前，我的心再一次抵抗不住，又萌生了想放弃的念头。这一次，妈妈没说什么，而是带我去国家大剧院看了一场震撼人心的国家交响乐团的演出，看到乐手们在舞台上将琴技发挥得淋漓尽致，我原本内心已经熄灭的火花重新被燃起，一并燃起的还有我坚定的信念。

如今，我已顺利通过了央院演奏八级，多次代表学校乐团参加省、市级的大型比赛，并获得优异的成绩，我觉得这份成绩不仅是荣耀，更是对我的一种肯定。有趣的是，在电梯里碰到了曾经多次投诉我的邻居们，他们纷纷表示，我的琴技进步太大了，每天听我的音乐已经成为他们生活的一部分。

未来的路还很长，屈原曾说过"路漫漫其修远兮，吾将上下而求索"。无论是学习上还是生活上，都会遇到各种困难，甚至是磨难，但我相信有了学习小提琴这段宝贵的经历，这些困难终将被战胜。相信自己，朝设定的目标努力奔跑吧，离成功会越来越近。这就是我的成长故事！

学习的苦与乐

2017 级 3 班　徐备鸿

俗话说：活到老，学到老。人毕生中最重要的事就是学习，从体育到艺术，从语言到研究，从建造房屋到设计火箭，行行都要学，事事都要学。只要肯吃苦，只要能坚持，什么都能学会。这学期，我新学的一项技能——推铅球就得到了质的飞跃，让我从中体味到学习的苦与乐。

五年级上学期，体育老师把我招进田径队的投掷组，我欣喜若狂，心想："太棒了，又可以学新的体育技能了。"参加训练后，我的激动渐渐变为失落，因为我发现自己推铅球的成绩特别差，和其他一起入队的同学相比简直是天差地别——人家能推 7 米多，而我却只能推 5 米多。每次当我用尽全身力气把铅球推出去时，它就像故意和我作对一样，有气无力地落在离沙坑很远的地方。看着缓缓滚开的铅球，无助和失落涌上我的心头。当又一次遭遇失败后，我再也忍不住了，一屁股坐到地上，牙齿紧咬下嘴唇，眉头拧成大麻花，泪水模糊了我的视线。两个小精灵在我心里争执起来，消极的小精灵说："放弃吧，退团吧，放学早点回家休息多好啊！"积极的小精灵反驳："不行！只有坚持不懈地努力训练，技能才能提升。"听着它们喋喋不休地争吵，我心烦意乱，无精打采。

就在这时，一只大手拉住我的胳膊。我赶忙擦干眼泪，抬头看去，原来是我们投掷组的教练。他问："怎么了？我看你有心事，能和老师说一说吗？"我犹豫了一下，便把心中的苦闷一股脑儿告诉了老师。他若有所思地说："我看过你练习，就是动作有点不到位，多加练习就会有进步。你是一个男子汉，怎么能半途而废呢？坚持就是胜利！"接着，教练又为我指导了几遍动作。

一周后，教练突然宣布要进行一场小型比赛，男女生分组进行。经过这一周每天的刻苦训练，我对自己有了一些信心。马上就该我上场了，教练轻轻拍了拍我的肩膀。我先深吸一口气，然后降低重心、托好铅球，随后猛地上步将铅球推了出去。只见铅球划出一道完美的抛物线，稳稳地落入沙坑。"8 米！"教练大喊道。"耶！我做到了！"我一蹦三尺高。那次，我的铅球成绩提升到了投掷组男子第三名。

这段推铅球的经历，在外人看来虽然微不足道，却让我品尝到学习中蕴含的苦乐相伴的美妙滋味。"一分耕耘，一分收获"，在人生的道路上，多少未知的事物还在等待我去探索，我相信学习一定会帮助我成长，成长的我又会遇到一次次新的学习机会，体会到不一样的苦与乐。

练习升旗

2017 级 16 班　　郭宏昀

成长犹如在沙滩上行走，每前进一步，都会留下一个崭新的脚印。成长的岁月丰富多彩，就像一个五味瓶，酸、甜、苦、辣、咸滋润着我们的生活，在成长中，有许多让我难以忘却的事情。

记得这学期，因为我在队伍中良好的站姿引起了老师的注意，所以我被选中当升旗手，那一刻，我的心情无比激动。于是，当天下午我就来到烈日炎炎的操场上进行培训，那火红的太阳丝毫没有阻挡我的热情。我们先确定好师傅和搭档就开始训练了，第一个训练项目是"抬旗"。所谓抬旗，顾名思义就是四个人各占据一个角，抬着一面巨大的五星红旗踏步走。一开始，我们四个人怎么也配合不好，不是踏步的节奏不统一，就是最后的停止点踩偏了。我们不禁有些气馁，这时，师傅语重心长对我们说："你们应该商量好先迈哪只脚，然后喊着口号踏步，这样节奏就会统一。你们应该在最后的停止点处看准一个标志物，这样就不会偏移了。"真是一语点醒梦中人！于是在第二次的训练中，我们按照师傅所说的进行了改正，果真好了很多。师傅说我们练得不错，可以去观摩男生队训练了。于是，我们一边看男生队训练一边取长补短，在第三次的训练中我们几乎称得上是"完美无瑕"。

训练好了抬旗，我们要开始第二个训练项目"升旗"。升旗一共由四名队员组成，两名负责升国旗，两名负责升校旗，国旗和校旗中各一名升旗手和一名护旗手。一开始，我和我的搭档的动作十分不协调，不是比音乐节奏快了就是比音乐节奏慢了。后来，我们请教了师傅才得知，我的搭档一抛旗我就要立刻往上升，升国旗的时间是 15 秒，升校旗的时间是 10 秒。功夫不负有心人，经过师傅的指导和我们刻苦努力的练习，我们终于要进行第一次升旗仪式了！

音乐缓缓响起……阳光下，我们慷慨激昂地喊着口号大步向前……微风中，我们庄严地敬着队礼，看着鲜艳的五星红旗和雪白的校旗在蓝天下飘扬，那一刻我们感到无比自豪。虽然升旗仪式只有短短不到 10 分钟，可我们却觉得有一个小时。升旗仪式结束后，我们欢呼雀跃："我们成功了！我们成功了！"

通过这件事，我明白了：成功者是靠百分之九十九的汗水加上百分之一的灵感而成功的！只有靠不懈的努力才能成功！坚持就是胜利！加油！

我的学习方法

2017 级 18 班　付若瑶

随着期末考试的结束、暑假生活的开启，五年级的学习生活正式画上了句号。我的耳边仿佛还是《杨氏之子》的琅琅读书声，眼前还浮现出立体几何世界中的各种图形变幻，英语一般过去时态中动词的变化形式还在脑海中清晰可见，耳旁也似乎还能听到操场上跑 50 米 ×8 时同学们一阵阵的"加油"声……这一学期的学习紧张而忙碌，我遇到了许多困难，也一一把它们克服。在这个过程中，我收获了许多学习方法，磨炼了意志，取得了优异的成绩。从最初的紧张、迷茫，到经过努力后的明确、自信，也真正让我得到了成长，是我记忆中非常重要的经历。

学期初，语文的阅读题目难度增大，我的答案总是不能够非常准确；数学的内容，要求在应用题中使用分数灵活地进行四则运算，立方体容积的计算对于空间想象能力也有很高的要求；英语的学习对于语法知识涉及的内容日益增多，阅读内容中不熟悉的英语单词也越来越多……面对各学科学习难度的提升，我陷入了一段紧张而慌乱的日子，看着作业中错题数量的增加，一时之间有些不知所措。

在经过一段时间的迷茫后，我静下心来思考，仔细地分析每个科目学习过程中的问题，尝试去针对每个问题找方法。语文坚持每天阅读，做到对重点内容的精读，完成每周两篇读后感；数学的四则运算坚持每天计时练习，动手去做各类几何模型来提高对立体几何图形的空间想象能力；英语坚持每天背单词，增加短文阅读，针对过去时态等语法知识练习写情景例句；经过一天天努力、一点点积累，一星期过去、两星期过去……语文的阅读题目慢慢都能够回答准确，数学分数的运算准确快速，几何的体积能够快速计算，英语的语法都熟练掌握，各科目练习题的准确率越来越高，我慢慢地找回了学习的自信，在期末考试中各个科目都取得了全优的成绩，评选上了三好学生。

　　这一路走来，我对于各科目的学习内容有了更深刻的理解，也积累了有效的学习方法。随着年级的升高、知识难度的加大，我认识到一定要认真面对学习中遇到的困难，及时发现问题、分析原因、对症下药，找到属于自己的学习方法。要有信心，相信自己一定能够解决问题，不断进步。

　　这一学期的经历，是我成长过程中很重要的财富。未来的学习过程中，一定还会遇到许多困难，我会用自己积累的经验和方法，努力去克服和解决难题。渴望知识、勤奋努力，应该是新时代好少年的模样。成长的过程是知识的积累、经验的提升，更是意志的磨炼，相信自己在今后的成长过程中，会一直努力，不断进步。

后记

经过两年多的悉心筹备，这本书终于要面世了。当编辑老师告知我们书稿竟然有350多页，一时间内心涌起一阵感动。这本书是学校近4年学习品质研究的阶段性成果，也见证了学校"青苗教师"的成长。书中的教学设计和教学案例部分均是由学校"青苗教师"提供的，尽管入职尚不满5年，但是他们勇于承担，在专家的引领下快速学习关于学习品质的理论，在教学中积极实践探索，在梳理、提炼的过程中不断成长。

"学会学习"是我校"生长教育"办学理念的育人目标，在"终身学习"的大背景下，我们深感学习品质研究的巨大价值。要培养孩子学会学习，就需要了解他们是如何学习的。学习品质是影响学习者学习进程与学习成效的重要因素，关注学习品质，才能充分了解学生如何学习，进而激发学生自主学习行为的出现。学习品质的理论基础是基于海淀区教科院"中小学生学习品质提升研究"课题组研究的理论成果，基于海淀区"9L"学习品质评价体系建立的，该项研究关注学生的学习认知、学习兴趣、学习动机、学习策略、学习负担、学习意志力等影响学习的因素，立足课堂教学实践，旨在培养学生的学习品质，进而提高学业成绩。我们子课题的研究以群体课题的理论研究成果作为基础，因此这本书也可以看作学生学习品质提升总课题的研究成果之一。

我们曾对学习品质一脸茫然，觉得它太抽象，落实的过程中没有抓手。撰写书稿的过程，也是我们对学习品质重新再认识的过程。关注学习品质，让我们开始进一步思考"以学生为中心"的教育理念和"以学习为中心"的教学理念。课堂教学应该是以学生的"学"为前提，教师应该关注学生如何学、学到了什么，把研究"学"作为研究"教"的根本出发点，要从"教师将知识教授给学生"向"教师引导学生自己去发现、学习知识"转变。这本书不是研究的终点，而是拉开了学校研究学生、研究学习的序幕。

本书的编写，离不开多位专家的悉心指导。感谢海淀区教科院的文军庆老师，文老师给全体教师讲授了海淀区学习品质的研究，让我们对学习品质的概念豁然开朗，并笃定了我们要加入海淀区群体课题、开展学习品质研究的决心；感谢海淀区教科院的陈朝晖老师，他作为海淀区群体课题的执行人，在课题推进的过程中为我们做了多次培训和指导，并欣然为本书作序；感谢王继舜校长的全程指导，给予了我们勇气和信心，伴随着我们进行学习品质的研究和成果的提炼。除了以上专家，也特别感谢在组稿成书过程中给予本书意见的专家、老师，没有他们的出谋划策、鼎力相助，本书出版不会如此顺利。

这本书的编写，凝聚着刘芳校长、李宁书记两位主编的教育思想以及参与编写的教师们刻苦研究的心血。本书从策划到书稿的撰写，再到形成初稿，前后有两年多的时间。青年教师不辱使命，多次修改、完善自己的教学设计、教学案例，付出了很多；在打磨教学设计和教学案例的过程中，教学干部们倾囊相授，对年轻教师的教学设计做了方向性的引领和细节性的指导。两年多的时间里，学校多次召开项目组的研讨会、书稿调度会，发掘老师们的闪光点，把研究成果固化、推广，使培训的资源像滚雪球般不断扩大。

由于青年教师进入工作岗位时间不长，在撰写时虽多次修改，但难免还会有一些不足，敬请各位专家、同人指正。最后，再次对参与本书撰写的所有指导专家、教学干部、班主任、青年教师表示感谢！

孙恩渠

2023 年 6 月